THOMAS MAYER

# DIE ORDNUNG DER FREIHEIT UND IHRE FEINDE

Vom Aufstand der Verlassenen gegen die Herrschaft der Eliten

FBV

**Bibliografische Information der Deutschen Nationalbibliothek:**
Die Deutsche Nationalbibliothek verzeichnet diese Publikation in der Deutschen Nationalbibliografie. Detaillierte bibliografische Daten sind im Internet über http://dnb.d-nb.de abrufbar.

**Für Fragen und Anregungen:**
info@finanzbuchverlag.de

Originalausgabe
1. Auflage 2018


Nymphenburger Straße 86
D-80636 München
Tel.: 089 651285-0
Fax: 089 652096



Redaktion: Matthias Michel
Korrektorat: Hella Neukötter
Umschlaggestaltung: Laura Osswald, Isabella Dorsch
Umschlagabbildung: GettyImages/UniversalImagesGroup
Satz: Carsten Klein, München
Druck: GGP Media GmbH, Pößneck
Printed in Germany

ISBN Print 978-3-95972-127-1
ISBN E-Book (PDF) 978-3-96092-226-1
ISBN E-Book (EPUB, Mobi) 978-3-96092-227-8

# INHALT

*»Den Sozialisten in allen Parteien«*[1]

1 Widmung Friedrich von Hayeks in *Der Weg zur Knechtschaft*. Olzog (München) 2003.

# EINE LANZE FÜR DEN LIBERALISMUS!

»Wer mit 17 Jahren kein Sozialist ist, hat kein Herz. Wer mit 30 Jahren noch immer Sozialist ist, hat keinen Verstand«, sagte mir mein Vater, als ich 17 Jahre alt war. Natürlich fand ich das herabwürdigend. Zu dieser Zeit schwärmte ich für Rudi Dutschke, Fritz Teufel und Rainer Langhans. Am besten gefiel mir aber Uschi Obermaier.

Mein Vater war Mitglied der FDP, die damals mit der SPD regierte. Das fand ich grenzwertig. Obwohl er mit dem Autofahren immer ein wenig auf dem Kriegsfuß stand, nahm er regelmäßig eine Fahrt von über einer Stunde in Kauf, um nach Wernau am Neckar zu reisen. Dort trafen sich einige FDP-Mitglieder zu einem Gesprächskreis, an dem auch der stellvertretende FDP-Vorsitzende von Baden-Württemberg, Martin Bangemann, öfters teilnahm. Mein Vater stritt sich regelmäßig mit Herrn Bangemann. Er verstand sich als klassischer Württemberger Liberaler und konnte der »sozial-liberalen« Politik, die Herr Bangemann vertrat, nichts abgewinnen. Schließlich trat mein Vater aus der FDP aus. Das empfand ich nun nicht mehr nur grenzwertig, sondern als direkten Verrat an der sozialistischen Sache – und als Kampfansage.

Heute verstehe ich meinen Vater und bin auf seiner Seite. Je älter ich werde, desto mehr treibt mich die Sorge um, dass wir die Grundlagen zerstören, auf denen unsere freie Gesellschaft und unser Wohlstand errichtet wurden. Die Idee des Liberalismus, der wir Freiheit und Wohlstand verdanken, kommt unter die Räder. Sie wird von der politischen Linken und Rechten bekämpft und von der politischen Mitte weichgekocht. Dabei ist die Mitte der gefährlichste Gegner, nicht nur, weil sie zahlenmäßig am größten ist, sondern auch, weil sie sich um die liberale Idee einfach nicht schert. Mit Gegnern kann man diskutieren, bei Ignoranten läuft man ins Leere.

Mit Ludwig Erhard möchte ich rufen: »*Kümmere du, Staat, dich nicht um meine Angelegenheiten, sondern gib mir so viel Freiheit und lass mir von dem Ertrag meiner Arbeit so viel, dass ich meine Existenz, mein Schicksal und dasjenige meiner Familie selbst zu gestalten in der Lage bin.*«[2] Doch zunehmend ist Erhards Ruf ein einsamer Ruf in der Wüste. Vielleicht ist es schon zu spät, aber ich versuche dennoch, in ihn einzustimmen. Das ist der Zweck dieser Schrift.

Thomas Mayer im April 2018

2 Ludwig Erhard, *Wohlstand für Alle*. Econ Verlag (Düsseldorf) 1957, S. 251–252.

# 1

# KEIN ENDE DER GESCHICHTE

Nach dem Scheitern des »real existierenden Sozialismus« Ende der 1980er Jahre schien der Sieg der liberalen Wirtschaftsordnung und der sie begründenden liberalen Gesellschaftsordnung gesichert. Daher rief im Jahr 1989 der amerikanische Politikwissenschaftler Francis Fukuyama das Ende der Geschichte aus:

> *»What we may be witnessing is not just the end of the Cold War, or the passing of a particular period of post-war history, but the end of history as such: that is, the end point of mankind's ideological evolution and the universalization of Western liberal democracy as the final form of human government.«*[3]

Was auf den ersten Blick skurril erscheint – kann es denn ein Ende der Geschichte in der Zeit geben? –, war aus der Sicht eines Politikwissenschaftlers nach dem Fall der Sowjetunion durchaus konsequent. Sozialismus und Kommunismus waren im 19. Jahrhundert der Gegenentwurf zu Kapitalismus und liberaler Wirtschaft. Karl Marx hatte prophezeit, dass eine internationale Revolution das kapitalistische System beseitigen und dem Sozialismus den Weg bah-

3 Francis Fukuyama, »The End of History?«. The National Interest 1989 (16), S. 3–18.

nen würde. Daraus würde sich der Kommunismus entwickeln – das Ende der Geschichte.[4]

Marx' Theorie wurde im größten Experiment der Geschichte getestet und mit schrecklichen Folgen für alle Teilnehmer an diesem Experiment widerlegt. Die liberale Wirtschaftsordnung siegte. Besiegelte dieser Ausgang also das Ende der Geschichte des Titanenkampfes der unterschiedlichen Gesellschaftssysteme und Wirtschaftsordnungen? So schien es. 1989 war Marx erledigt. Oder etwa nicht?

Heute kann von einem Ende der Geschichte im Sinne Fukuyamas keine Rede mehr sein. Anderthalb Jahrzehnte nach dem Zerfall der Sowjetunion erlebte die »freie Welt« ihre größte Finanz- und Wirtschaftskrise seit der Großen Depression der 1930er Jahre. Kredite fielen aus, Banken wankten und zogen die Wirtschaft in die Rezession. Die Schuld schob man dem »Neoliberalismus« in die Schuhe. Die liberale Wirtschaftsordnung ist seither schwer angeschlagen. Hatte man nicht den Teufel (Kommunismus) mit dem Beelzebub (Liberalismus) ausgetrieben? Zwar schafften es die politischen und wirtschaftlichen Eliten nach der Großen Finanzkrise von 2007/2008 und der sich daran anschließenden Großen Rezession von 2008/2009 noch einmal, das Heft in der Hand zu behalten. Um nicht in die politische Wüste geschickt zu werden, versprachen sie ihren Wählern eine sanfte wirtschaftliche Landung, die Bestrafung der angeblich für die Finanzkrise verantwortlichen Banker und Spekulanten und eine strengere staatliche Hand zur Disziplinierung der angeblich unmenschlichen Marktkräfte. Barack Obama in den USA, Angela Merkel in Deutschland, François Hollande in Frankreich und David Cameron in Großbritannien schienen eine Zeit lang als die besten Garanten für die erfolgreiche Fortführung der Geschichte.

4 Fukuyama und Marx haben zumindest eines gemeinsam: Sie folgen der Tradition des teleologischen Geschichtsbildes, das seit Jahrtausenden das Denken von Philosophen und Theologen bestimmt hat. Dagegen ist für Vertreter liberaler Philosophie der Verlauf der Geschichte offen.

Doch die Landung der Wirtschaft war weniger sanft als von vielen erwartet. Die Banker und Spekulanten machten weiterhin Geschäfte und die angekündigte Disziplinierung führte nur zu einem undurchdringlichen und teilweise in sich widersprüchlichen Dickicht von Regulierungen. Schließlich entzauberte die Völkerwanderung von 2015 die politischen Schutzpatrone. Die von den staatlichen Eliten anscheinend nicht zu kontrollierende Zuwanderung aus ärmeren und von Kriegen gebeutelten Regionen in die komfortablen Sozialsysteme der westlichen Welt brachte das durch Globalisierung und Finanzkrise ohnehin randvolle Fass der Unzufriedenheit einer kritischen Masse in den Bevölkerungen zum Überlaufen. Die Briten stimmten für Brexit, die Amerikaner wählten Donald Trump, die Franzosen stärkten Marine Le Pen und Jean-Luc Mélenchon den Rücken und die Italiener gaben 70 Prozent ihrer Wählerstimmen den Populisten Luigi Di Maio, Matteo Salvini und Silvio Berlusconi. Die Osteuropäer verfielen einem längst überwunden geglaubten Nationalismus und befehdeten die Europäische Union. In Deutschland stimmten rund 22 Prozent der Wähler bei der Bundestagswahl 2017 für rechts- oder linkspopulistische Parteien und Angela Merkel erlebt ihre Kanzlerdämmerung.

Die Protestwähler werfen dem Wohlfahrtsstaat, von dem sie Schutz erwarten, den Flirt mit der liberalen Wirtschaftsordnung vor. Dieser Flirt begann nach dem Scheitern des Sozialismus in den 1990er Jahren, als sozialdemokratische Politiker und ihre Berater einen »Dritten Weg« zwischen Kapitalismus und Sozialismus suchten. Dies konnte nicht gut gehen. Aber statt das Scheitern des Sozialismus zu akzeptieren und einzusehen, dass er auch mit Beimischung einiger liberaler Elemente nicht zu retten ist, sehen die enttäuschten Anhänger des Wohlfahrtsstaats nun den Liberalismus als ihren Feind.

Sie attackieren ihn von zwei Seiten her. Auf der politischen Linken wird die liberale Wirtschaftsordnung für die Finanzkrise, eine angeblich »ungerechte« Verteilung von Einkommen und Vermögen und den Raubbau an der »Umwelt« verantwortlich gemacht. Auf der politischen Rechten wird die liberale Wirtschaftsordnung als Bedrohung für nationale Identität und Wohlstand durch fremde Mächte gesehen. Gemäß der alten Regel, dass der Feind meines Feindes mein Freund ist, schaffen die Angriffe gegen den Liberalismus gelegentlich bizarre Koalitionen zwischen der politischen Linken und Rechten.

Angesichts der enormen Leistungen der liberalen Wirtschaftsordnung wirken die gegen sie gerichteten Anfeindungen auf den ersten Blick befremdlich. Warum halten viele Menschen an Prinzipien der Gesellschaftsordnung fest, die auf beispiellose Weise historisch getestet und widerlegt wurden? Warum bekämpfen sie dagegen eine Ordnung, die ihnen ein Leben in Freiheit und Wohlstand ermöglicht? Dafür gibt es einen Grund: das emotionale Verlangen nach Geborgenheit und menschlicher Nähe, das die liberale Wirtschafts- und Gesellschaftsordnung nicht befriedigen kann. Dieses Verlangen schuf nach dem Zusammenbruch des Sozialismus den Wohlfahrtsstaat, der die Menschen und die Natur behüten und lenken will. Doch der hat seine Mündel enttäuscht. Nun sinnen sie auf Rache.

Zweck dieser Streitschrift ist es, eine Lanze für den Liberalismus zu brechen. Manch einer wird da gleich abwinken. Oft höre ich, man habe genug von Diskussionen über die verschiedenen »Ismen«. Das seien doch Fragen von gestern, die längst nicht mehr gestellt zu werden brauchen. Leute, die so reden, loben dann im nächsten Satz meist den »Pragmatismus«. Was aber soll nun dieser »Ismus« sein? Kurz, man kommt um eine Ortsbestimmung nicht herum. Diese soll hier erfolgen, indem die Ordnung der Stammesgesellschaft und ihrer Nachfolger derjenigen der liberalen Gesellschaft entgegengestellt wird.

Den Prinzipien des Liberalismus verdanken wir, was wir erreicht haben und was wir sind. Doch die Prinzipien der liberalen Gesellschaftsordnung werden kaum noch verstanden. Dies gibt konstruktivistischen und opportunistischen Politikern, die an menschliche Instinkte statt an den Intellekt appellieren, die Gelegenheit, sie auszuhebeln oder mindestens zu verwässern. Die Erosion des Liberalismus ist keine folgenlose Episode in der Ideengeschichte. Sie kostet uns Freiheit und wirtschaftlichen Wohlstand. Wenn wir das nicht verstehen, werden wir alle verlieren.

Im anschließenden Kapitel beschreibe ich den Weg, auf dem wir von der Familie über die Stammesgesellschaft zur organisierten Gesellschaft gekommen sind. Dieser Weg erwies sich zwar als Holzweg, weil die Organisationsprinzipien der Familie und der Stammesgesellschaft sich nicht auf die große Gesellschaft übertragen lassen, in der die Beziehungen der Mitglieder untereinander anonym sind. Doch steckt in uns die Sehnsucht nach der Geborgenheit der Familie und des Stamms, so dass uns die organisierte Gesellschaft als Paradies auf Erden erscheinen kann. Das Herz siegt oft über den Verstand, auch wenn die Architekten der organisierten Gesellschaft meist die Hölle statt des Paradieses auf Erden schufen.

Das dritte Kapitel widmet sich der Antwort des Liberalismus auf das Problem, anonyme Beziehungen in der großen Gesellschaft zum Nutzen aller zu organisieren. Am Anfang steht die Überzeugung, dass der Mensch nicht anderer Menschen untertan zu sein hat. Für die Entstehung der Überzeugung von der Freiheit des Menschen spielte sicherlich die christliche Lehre eine Rolle, nach der jeder Mensch das Geschöpf eines Gottes ist, der über dieser Welt angesiedelt ist. Daher kann kein Mensch beanspruchen, auf einer höheren Stufe des Seins als ein anderer Mensch zu stehen, und jeder Mensch ist frei, über seine Handlungen selbst zu entscheiden, ohne von einem anderen gezwungen zu werden. Damit dies für jeden Menschen möglich ist, muss jedoch die Freiheit des einen dort enden, wo die Freiheit des anderen beginnt. Über die Zeit hat die menschliche Gesellschaft sich Regeln geschaffen, welche die zur größtmöglichen Freiheit aller notwendigen Grenzen der Freiheit Einzelner ziehen. Dadurch, dass sie den Freiheitsraum des Einzelnen maximiert, hat die liberale Gesellschaft ihren Mitgliedern einen bis dahin nicht gekannten Wohlstand gebracht.

Kapitel 4 befasst sich mit der Geschichte des Liberalismus in Deutschland. Zwar gehören deutsche Philosophen zu den Wegbereitern des Liberalismus, doch hatte es der Liberalismus schwer, in Deutschland Fuß zu fassen. Ein Grund waren die Geburtswehen bei der Schaffung des deutschen Nationalstaats, ein anderer Grund die frühe Entwicklung des Sozialstaats in Reaktion auf die Entwicklung der Sozialdemokratie. Trotz des Scheiterns der sozialistischen Staatsform auf deutschem Boden ist der Sozialstaat die bevorzugte Staatsform geblieben, weil er die Geborgenheit vermittelt, welche die eigenverantwortliche Gesellschaftsordnung des Liberalismus nicht liefern kann.

Kapitel 5 zeichnet den Niedergang des Liberalismus durch den »Dritten Weg« zwischen Sozialismus und Liberalismus nach. Auf den ersten Blick erscheint es bestechend, mikroökonomische Flexibilität mit makroökonomischer Stabilität zu verbinden und den Strukturwandel abzufedern. Und eigentlich sollte niemand etwas dagegen haben können, wenn die Steuerungsfunktion des Marktes nicht behindert, sondern ergänzt und verbessert wird. Leider ist dies aber zu schön, um wahr zu sein. Denn die Steuerungsfunktion des Marktes lässt sich durch politische Planung nicht ergänzen und verbessern, sondern nur aushebeln.

Kapitel 6 befasst sich mit dem Traum vom behütenden Wohlfahrtsstaat und seinen Ausprägungen in der Wirklichkeit. Der behütende Wohlfahrtsstaat will die Schöpfung erhalten und für soziale Gerechtigkeit sorgen. Dabei unterminiert er das wirtschaftliche Wachstum und pervertiert die liberale Demokratie, indem er Interessengruppen Tür und Tor für die Steuerung der Politik in ihrem Sinne öffnet. Beim Umweltschutz geht es längst nicht mehr um die Frage, welche Eingriffe in die Eigentumsrechte der Bürger auf der Grundlage unseres begrenzten Wissens über naturwissenschaftliche Zusammenhänge gerechtfertigt werden können, sondern um einen erbitterten Kampf zwischen »Umweltschützern« und »Umweltzerstörern«, der an die Religionskriege erinnert. Unter »sozialer Gerechtigkeit« wird nicht Hilfe für unverschuldet in Not geratene Mitbürger, sondern die Umgestaltung der Gesellschaft nach den Vorstellungen von selbst ernannten Sozialplanern verstanden.

Da der behütende Wohlfahrtsstaat nicht liefern kann, was er versprochen hat, werden seine Bewohner unzufrieden. Es kommt zum Aufstand der verlassenen Mündel, der in Kapitel 7 beschrieben wird. Der Zorn der Enttäuschten richtet sich gegen die Globalisierung, gegen die Nutznießer einer Marktwirtschaft ohne Verantwortung und Haftung und gegen die von den Eliten des Wohlfahrtsstaats zur Bestätigung ihrer moralischen Überlegenheit tolerierten Zuwanderung der Mühseligen und Beladenen dieser Welt. Die Folgen davon sind Ressentiments und der Verlust von Vertrauen der Gesellschaftsmitglieder untereinander und in die Eliten. Dies nagt an den politischen und wirtschaftlichen Grundlagen des Wohlstands in Europa und den USA.

Kapitel 8 nimmt die Reaktion in China auf die Krise des liberalen Westens unter die Lupe. Dort gewinnt zunehmend die Einschätzung an Gewicht, dass die westliche liberale Demokratie und mit ihr die liberale Wirtschaftsordnung auf dem Totenbett liegen. Die chinesische Führung ist dabei, ihre eigene Antwort darauf zu geben. Angesichts des von ihr diagnostizierten Niedergangs des Westens fällt diese dezidiert antiliberal aus. Sie will die Gesellschaft auf von ihr definierte strategische Ziele verpflichten und die dafür erforderliche gesellschaftliche Zusammenarbeit mit Hilfe neuer Technologien erzwingen. Über alldem wacht ein auf Lebenszeit ernannter »oberster Führer«.

In Kapitel 9 versuche ich, die Antwort auf die chinesische Herausforderung zu geben. Notwendig ist die Rückkehr zur klassisch-liberalen Ordnung. Die liberale Erneuerung sollte vier Leitlinien folgen: (1) der Stärkung von Eigentumsrechten, (2) der Stärkung von individueller Selbstbestimmung, (3) der Wiederherstellung von Vertrauen und (4) der Rückbesinnung auf die Regierung unter dem Recht. Dies wird jedoch kaum in einem großen Sprung möglich sein. Möglich sind aber viele kleine Schritte, im Sinne der »Stückwerk-Technik« Karl Poppers.

Kapitel 10 zieht ein vorläufiges Fazit aus den Überlegungen dieser Schrift. Der Westen hat zwei Möglichkeiten, auf die chinesische Herausforderung zu reagieren. Er kann erstens versuchen, das chinesische Modell nachzuahmen. Der Preis für diese Strategie wäre aber der endgültige Verzicht auf individuelle Freiheit in der liberalen Gesellschaftsordnung. Allenfalls bliebe dem Einzelnen noch begrenzte Freiheit bei wirtschaftlichen Handlungen, die allerdings in einem vom Staat gesetzten und streng kontrollierten Rahmen zu erfolgen hätten. Zweitens kann er sich auf seine liberalen Werte besinnen, die liberale Gesellschaftsordnung erneut stärken und weiterhin die Avantgarde einer Weltgeschichte sein, deren Ende nicht abzusehen ist.

# 2

# VON DER STAMMESGESELLSCHAFT ZUR ORGANISIERTEN GESELLSCHAFT

Wir suchen menschliche Nähe und finden sie in der Partnerschaft und in der Familie. Früher war die erweiterte Familie der Stamm, heute ist sie die organisierte Gemeinschaft des Volkes oder der Völker.[5] Für gesellschaftliche Utopien, die uns Gemeinschaft versprechen, können wir uns leicht begeistern. Auch wenn diese Utopien regelmäßig an der Wirklichkeit scheitern, kommen wir immer wieder auf sie zurück. Sie wärmen uns das Herz.

In der Regel werden wir als unfertige Lebewesen in eine Familie hineingeboren. Die Familie kann groß und weit verzweigt sein. So war es meist früher der Fall. Oder sie kann sehr klein sein, bis hinunter zur Kleinfamilie von Mutter oder Vater und Kind, wie es heute immer öfter der Fall ist. Die Beziehungen in der funktionierenden Familie beruhen auf Vertrauen und Zuneigung, man könnte auch Liebe sagen. Haben wir das Glück, in einer solchen Familie aufzuwachsen, lernen wir, Vertrauen und Zuneigung nicht nur zu empfangen, sondern auch zu geben. Die Familie kümmert sich

---

5 Zum Konzept der Stammesgesellschaft und organisierten Gesellschaft siehe Friedrich von Hayek, *Recht, Gesetz und Freiheit*. Gesammelte Schriften. Mohr Siebeck (Tübingen) 2003.

um unsere wirtschaftliche Versorgung. Innerhalb der Familie beruht unser wirtschaftlicher Austausch auf Geben und Nehmen, ohne dass wir auf sofortigen Ausgleich bestehen oder Buch darüber führen. Die Familie ist umso wichtiger, je weniger wir uns auf die Ordnung der Gesellschaft insgesamt verlassen können.[6]

Wir lernen, den in der Familie gepflegten Prinzipien auch in anderen Kleingruppen zu folgen, in die wir im Prozess der Erweiterung unseres sozialen Umfelds eintreten. Im Kindergarten gehört es sich nicht, dem Spielkameraden das Spielzeug einfach wegzunehmen, weil wir es selbst gerne hätten. In der Schule zollen wir dem Lehrer Respekt (früher stand man auf, wenn er das Klassenzimmer betrat), und wir entwickeln freundschaftliche Beziehungen zu unseren Mitschülern. Ohne dass wir uns dessen bewusst sind, übertragen wir die in der Familie erlernten Prinzipien auf immer andere und auch immer größere Gruppen.

## Von der Familie zum Stamm

Aus der Erweiterung und Verzweigung der Familie ergab sich der Stamm und aus der Familienordnung entwickelte sich die Stammesordnung. Wie in der Familie bestimmen Blutsbande und Abhängigkeiten sowie Zuneigung und Vertrauen die Verhältnisse der Stammesmitglieder untereinander. Und wie die traditionelle Familie ist die Stammesgesellschaft meist hierarchisch organisiert. An der Spitze steht der Stammeshäuptling oder der Stammesführer, der dem Familienoberhaupt entspricht. Von den Mitgliedern der unteren Hierarchiestufe wird Gehorsam gegenüber denjenigen auf der höheren Stufe verlangt. Im Gegenzug kann eine wohlwollende

6 Daher bestimmen in weniger entwickelten Gesellschaften oft Großfamilien – oder »Clans« – das gesellschaftliche Leben. Wer in einer solchen Umgebung aufgewachsen ist, hat es meist schwer, sich in eine höher entwickelte Gesellschaft einzufügen.

Stammesführung auch eine Fürsorgepflicht für die Mitglieder empfinden.

Die Führung der Stammesgesellschaft kann durch Blutsbande oder religiös legitimiert sein, oder sie kann ihren Machtanspruch auf Gewalt gründen. Meist spielen in historischen Stammesgesellschaften alle drei Faktoren für die Begründung der Führung eine Rolle. Eine stammesgesellschaftlich organisierte Räuberbande kann ihren Anführer auch durch demokratische Abstimmung küren. In jedem Fall will die Stammesgesellschaft ihre Mitglieder zur Verfolgung gemeinsamer Zwecke verpflichten (was aber bei internen Streitigkeiten nicht immer klappt).

Wichtigster Zweck der Stammesgesellschaft ist, den Stamm zu erhalten, sein Wachstum zu fördern und seinen Wohlstand zu maximieren. Daher ist sie nach innen orientiert und neigt dazu, dem Fremden zu misstrauen. Wachstum wird durch eigene Fortpflanzung oder die kriegerische Eroberung und Unterwerfung anderer Stämme erreicht. Gleiches gilt für die Maximierung des Wohlstands. Kriegerische Auseinandersetzungen sind daher dort besonders häufig, wo verschiedene Stämme eng beieinander wohnen. Bevölkerungswachstum bringt die Stämme näher zueinander. Konflikte häufen sich. Dies war in der Vergangenheit in Europa und ist heute in Teilen Afrikas und des Nahen Ostens zu beobachten.

Die Stammesmitglieder sind gehalten, sich gegenseitig zu unterstützen. Dies ergibt sich schon aus dem Versprechen menschlicher Nähe. Auch können gemeinsame Zwecke leichter verfolgt werden, wenn man sich gegenseitig hilft. »Solidarität« ist deshalb von hohem gesellschaftlichem Wert. Es ist schwer, Stammesmitglieder auf die Verfolgung gemeinsamer Zwecke zu verpflichten, wenn sie spüren, dass manche mehr davon profitieren als andere. Solidarität ist daher mehr als reine Nothilfe. Sie will die individuellen Ergebnisse der Anstrengungen zur Verfolgung der gemeinsamen Zwecke ausgleichen.

In der typischen Stammesgesellschaft kann das einzelne Mitglied daher nicht über Eigentum frei verfügen. Es hat zwar Besitzrechte an verschiedenen Dingen, aber es hat nicht das Recht, über diese Dinge nach Belieben zu disponieren.[7] Zum Beispiel mag ein Stammesmitglied eine Hütte besitzen, die es exklusiv nutzen darf, aber es kann diese Hütte nicht verkaufen und mit dem Erlös den Stamm verlassen. Es kann sie auch nicht verpfänden, um einen Kredit zur Durchführung eines Projekts aufzunehmen. Besitzrechte werden von der Stammesführung vergeben und können auf der Grundlage von gepflegten Traditionen weitergegeben werden. Doch kann man nicht davon ausgehen, dass die jeweilige Stammesführung Traditionen immer respektiert. Sie kann Besitz auch nach eigenem Gutdünken zuteilen oder umverteilen.

Inwieweit die Besitzrechte so verteilt werden, dass von ihrer Nutzung der wirtschaftliche Erfolg des Stammes gesteigert wird, hängt von der Weisheit der Stammesführung ab. Doch können Einzelne nie so klug sein wie die Gesamtheit freier Individuen. Wo Blutsbande oder persönliche Neigungen die Verteilung dominieren, fällt der Erfolg in der Regel besonders mager aus. Dagegen ist der Erfolg dort besser, wo die Verteilung der Besitzrechte die Fähigkeiten der Gesellschaftsmitglieder berücksichtigt. Daher war das stammesgesellschaftlich organisierte China dem ebenfalls stammesgesellschaftlich organisierten Afrika haushoch überlegen. In China wurde die Führung nach ihren Fähigkeiten bestimmt, in Afrika bestimmten meist Blutsbande und Tradition die Organisation der Stämme. Unabhängig davon fiel der wirtschaftliche Erfolg der Stammesgesellschaften im Lauf der Geschichte eher bescheiden aus.

7 Heinsohn und Steiger zitieren dazu die Arbeiten führender ökonomischer Ethnologen: »Ein Anspruch auf Privateigentum, auf gesonderte Grundstücke innerhalb des (Stammes-)Gebiets wird allgemein nicht anerkannt.« Siehe Gunnar Heinsohn und Otto Steiger, *Eigentumsökonomik*. Metropolis (Marburg) 2008, S. 19.

# Früher Ausbruch aus der Stammesordnung

Einen frühen Ausbruch aus der Organisationsform der Stammesgesellschaft gab es in Athen im 5. Jahrhundert vor Christus. Zunächst scheiterte unter der Herrschaft Solons, einem Mitglied im Rat der Adligen, die Beteiligung der Bürger an den Regierungsgeschäften und es kam zur Tyrannenherrschaft (»Tyrannis«). Nach Beseitigung der Tyrannis im Jahr 510 v. Chr. wurde die Bestimmung der Regierungsgeschäfte wieder an die Bürger übertragen, diesmal mit nachhaltiger Wirkung. Vollbürger – freie gebürtige Athener ab 30 Jahre – durften durch Abstimmung Entscheidungen treffen, die die Regierung umzusetzen hatte. Das wurde Demokratie genannt, die »Herrschaft des Staatsvolks«.[8]

Wichtig war die Gleichheit aller Bürger vor dem Gesetz. Dafür gab es den Begriff »Isonomia«. In der Demokratie sollten die Gesetze und nicht einzelne Personen herrschen. Auch sollte Demokratie nicht einfach die unbeschränkte Herrschaft der Mehrheit sein. Der Philosoph Aristoteles war gegen eine Regierung, bei der Volksbeschlüsse endgültig entscheidend sind und nicht das Gesetz: *»Denn wo nicht die Gesetze regieren, da liegt keine Staatsordnung vor. Denn das Gesetz muss über alles gebieten.«*[9] Die Entscheidungen des Gesetzgebers sollten nicht für den besonderen Fall, sondern für die Zukunft und allgemein gelten. Athen war ein früher Hort der Freiheit und des Wohlstands vieler.[10] Doch den Athener Bürgern fehlte die soziale Technik, ihr Demokratiemodell auf eine größere Gesell-

8 Friedrich von Hayek bezeichnet die »spontane« (gewachsene) Ordnung in der liberalen Gesellschaftsordnung deshalb mit dem griechischen Wort *kosmos*. Siehe Friedrich von Hayek, *Die Verfassung der Freiheit*. Gesammelte Schriften. Mohr Siebeck (Tübingen) 2005.

9 Zitiert nach Hayek (2005), S. 217.

10 Wozu der nach den Perserkriegen in den Jahren 478/477 v. Chr. gegründete Attische Seebund beitrug.

schaft zu übertragen. Dazu sind allgemeine und abstrakte Regeln für das Zusammenleben nötig, über die noch ausführlich zu sprechen sein wird.

Ungefähr zur gleichen Zeit, um 500 v. Chr., stürzte der Adel in Rom den König. An seine Stelle traten zwei jeweils auf ein Jahr gewählte Konsuln und eine gesetzgebende Versammlung, der Senat, mit 300 Mitgliedern. In den Senat konnten nur Angehörige der Aristokratie gewählt werden, und das Volk war nach Vermögen in Klassen mit abgestuften Rechten und Pflichten eingeteilt. Wer ohne Vermögen war, die sogenannten Proletarier, hatte kaum Rechte, musste aber auch keinen Kriegsdienst leisten.

Der im 1. Jahrhundert vor Christi Geburt lebende römische Senator Marcus Tullius Cicero war der wichtigste Vordenker des späteren Liberalismus. Er wollte, dass allgemeine Regeln die Gesetzgebung leiten, und meinte, dass man den Gesetzen gehorchen müsse, um frei zu sein. Der Richter sollte der Mund sein, durch den das Gesetz spricht.

Cicero war auch einer der Ersten, die die Stärke des Pluralismus in der freien Gesellschaft erkannten:

> *»Dieser Mann [Cato] pflegte zu sagen, darin liege der Grund des Vorzuges unserer Verfassung vor der der übrigen Staaten, dass, während in diesen immer nur Einzelne lebten, die, jeder in seinem Vaterland, die Verfassung des Staates durch ihre Gesetze und Einrichtungen begründet hätten; zum Beispiel bei den Kretern Minos, bei den Spartanern Lykurgos; [...] dagegen in unserem Staat nicht das Talent eines Einzelnen, sondern vieler, die Verfassung begründete. [...] Denn, sagte er, nie und nirgends gab es wohl einen Mann von so allumfassendem Geist, dem gar nichts entgangen wäre; auch ist es unmöglich, dass ein Verein aller Talente in einem Zeitraum alles so auf die*

*Dauer berechnen könnte, dass er die Erfahrung und die Probe der Zeit zu ersetzen vermöchte.«* [11]

Obwohl die Realität nicht ganz den Idealvorstellungen Ciceros entsprach, wurde Rom zum Weltreich. Doch mit der Zeit wurden die vorhandenen Elemente der liberalen Ordnung verwässert. Im 1. Jahrhundert vor Christus geriet die römische Republik wirtschaftlich und militärisch immer stärker unter Druck. Die Bauern wurden vom Militärdienst befreit, da sie wegen der Erntezeiten nur mit Unterbrechung zur Verfügung standen, und eine Berufsarmee entstand. Dadurch stieg der politische Einfluss der Heerführer. Mit dem »Triumvirat« (Herrschaft der Drei) der beiden Feldherrn Caesar und Pompeius im Bund mit dem Finanzmann Crassus endete die römische Republik. Nach der Ermordung Caesars, der sich zum Alleinherrscher aufgeschwungen hatte, übernahmen dessen Vertrauter Marcus Antonius und Octavian, der spätere Kaiser Augustus, die Macht. Mit der Ermordung Ciceros verkamen trotz gegenteiliger Darstellung des Augustus die letzten Reste des liberalen Rechtstaats. Schließlich wurde die Zuwanderung aus traditionellen Stammesgesellschaften dem Römischen Reich zum Verhängnis. Je mehr Germanen kamen, desto schwieriger wurde die Integration. Als eine kritische Menge überschritten war und die Zuwanderer sich als eigenständige und handlungsfähige Gruppen organisierten, verschob sich das Machtgefüge. Die alte Ordnung löste sich auf.[12]

11 Marcus Tullius Cicero, *De re publica II* (übers. von Georg Heinrich Moser). Metzler (Stuttgart) 1828.

12 Siehe Alexander Demandt, »Das Ende der alten Ordnung«. *Frankfurter Allgemeine Zeitung* vom 22. Januar 2016.

# Der Weg zum modernen Konstruktivismus

Nach dem Untergang des Römischen Reichs dominierte im mittelalterlichen Europa zunächst die Organisationsform der durch Religion und Machtgewalt des Führers bestimmten Stammesgesellschaft. Ab dem 11. Jahrhundert lösten sich die Stämme als handlungsbestimmende Macht zu Gunsten des (später Heiliges Römisches Reich Deutscher Nation genannten) Kaiserreichs auf. Gleichzeitig entdeckte man die Sammlung altrömischer Rechtsliteratur durch den oströmischen Kaiser Justinian, der diese im Jahr 533 in Kraft gesetzt hatte, und nahm sie zur Grundlage der Rechtsordnung.

Im 15. und 16. Jahrhundert kam es in Kunst und Philosophie zur Wiederentdeckung der Antike in größerem Umfang. Im Rückblick fand man für dieses Zeitalter die Bezeichnung Renaissance. Die Rückbesinnung auf die griechische und römische Philosophie in der Renaissance bereitete den Boden für das sich anschließende Zeitalter der Aufklärung. Fußend auf dem in der Renaissance wiederbelebten Humanismus rückte in der Aufklärung die menschliche Vernunft ins Zentrum der Betrachtung. Zwei Fragen waren von besonderer Bedeutung: Was konnte man der menschlichen Vernunft zutrauen? Und wie sollte eine auf Vernunft (und nicht Tradition) gegründete Gesellschaftsordnung aussehen?

Auf die erste Frage gab der französische Philosoph René Descartes die Antwort, dass mit reiner menschlicher Vernunft die Grundlagen unseres Daseins durchdrungen und dieses folglich auch mit Vernunft gestaltet werden könne.[13] Folglich lasse sich auch die Gesellschaftsordnung vernünftig organisieren. Auf die zweite Frage gab der englische Philosoph Thomas Hobbes die Antwort,

13 Schon Anselm von Canterbury (1033–1109) hatte versucht, durch reine Logik die Existenz Gottes zu beweisen.

dass die absolute Monarchie die beste Gesellschaftsordnung sei, da ohne die durch einen absoluten Herrscher hergestellte Ordnung die Menschen im Naturzustand in den Krieg aller gegen alle versinken würden. Der Theorie Hobbes' widersprach der aus Genf stammende und in Frankreich wirkende Philosoph Jean-Jacques Rousseau. Er war der Ansicht, dass die Menschen ursprünglich in einem friedlichen und selbstgenügsamen Naturzustand lebten, jedoch durch Arbeitsteilung und Herausbildung von Privateigentum zur zerstörerischen Selbstsucht verführt worden seien. Harmonie könne nur durch einen Gesellschaftsvertrag wiederhergestellt werden, in dem die Bestrebungen der Einzelnen zu einem allgemeinen Volkswille verbunden werden.

Obwohl sie völlig unterschiedliche Vorstellungen über den »Naturzustand« der menschlichen Gemeinschaft hatten, einte Hobbes und Rousseau die Vorstellung, dass mit menschlicher Vernunft die richtige Gesellschaftsordnung gestaltet werden könne. Vernunft ersetzte Instinkt und Tradition als Organisationsprinzip. Maximilien de Robespierre, der Rousseau verehrte, wollte während der Französischen Revolution den von ihm definierten Gemeinwillen durch Terror zur Tugend aller Gesellschaftsmitglieder erheben.[14] Die konstruierte Gesellschaft als Nachfolger der traditionellen Stammesgesellschaft – im Weiteren die »organisierte Gesellschaft« – sollte mit Gewalt durchgesetzt werden.[15]

Ebenso skeptisch wie Rousseau sah Karl Marx die Arbeitsteilung und die damit verbundene Herausbildung von Eigentum im Kapitalismus. Die Arbeitsteilung war für ihn die Quelle der »Entfremdung« des Arbeiters von den Früchten seiner Arbeit und der Kapitalismus ein Mittel seiner Ausbeutung durch die herrschende Klasse. Marx erkannte weitsichtig das durch Arbeitsteilung und Eigentumsbildung

14 Die moderne, vernünftig organisierte Gesellschaft appelliert zur Motivation ihrer Mitglieder lieber an die gesellschaftliche »Solidarität« und vermiest ihnen die Verfolgung individueller Interessen.

15 Hayek (2005) nennt die im Gegensatz zum *kosmos* stehende organisierte Gesellschaft *taxis*.

geschaffene enorme Potenzial des Kapitalismus. Anders als in der feudalistischen Stammesgesellschaft konnte in der liberalen Gesellschaftsordnung jeder, unabhängig von seiner Herkunft, Eigentum bilden, wenn er dazu fähig war. Das allgemeine Recht auf Eigentum ermöglichte die Bildung von Kapital, das nun nicht mehr notwendigerweise an vererbtes Landeigentum gebunden war. Die »ursprüngliche Akkumulation von Kapital« (Marx) ermöglichte die Hebelung der Arbeitskraft durch den Einsatz von Maschinen. Marx beobachtete, wie dadurch die Produktivität der eigentumslosen Arbeiter im England des frühen 19. Jahrhunderts stieg.[16]

Marx dachte in den Dimensionen der geschlossenen Wirtschaft. Er sah, wie in England während der industriellen Revolution Arbeiter vom Land in die Städte wanderten, um dort in den Fabriken immer mehr Güter herzustellen. Solange der Zuzug anhielt, konnten die Löhne nicht steigen. Die Produktion von Gütern wuchs, aber die Kaufkraft der Arbeiter, die die Masse der Bevölkerung ausmachten, blieb dahinter zurück. Er zog daraus den Schluss, dass es zum Verfall der Güterpreise und der ruinösen Konkurrenz der die Fabriken besitzenden Kapitalisten kommen würde. Die Kapitalisten würden versuchen, die Löhne immer weiter zu drücken, um in diesem Konkurrenzkampf überleben zu können. Die daraus sich ergebende Verelendung der Arbeiter, des Proletariats, würde schließlich zum allgemeinen Aufstand gegen die »Ausbeuter« führen.

Marx war stark beeinflusst von der Französischen Revolution. Anlass für die 1789 ausgebrochene Revolution des dritten Standes, der Bürger, gegen den ersten und zweiten Stand, Adel und Klerus, war, dass Letztere keine gesellschaftlich nützlichen Funktionen mehr ausübten. Die bürgerliche Revolution war für Marx aber nur die Vorstufe einer weiteren Revolution, in der das Proletariat den inzwischen funktionslos gewordenen Stand der Bürger abschaffen

16 Karl Marx und Friedrich Engels, *Das Kapital*. Bd. I. 24. Kapitel »Die ursprüngliche Akkumulation des Kapitals«. Dietz Verlag (Berlin) 1968.

würde. Er und sein Weggefährte und Sponsor Friedrich Engels prophezeiten, dass der Kampf der Eigentumslosen gegen die Eigentümer, der Klassenkampf der Arbeiter gegen die Kapitalisten, in den fortgeschrittenen Industrieländern zur proletarischen Revolution führen würde:

> *»Wodurch überwindet die Bourgeoisie die Krisen? Einerseits durch die erzwungene Vernichtung einer Masse von Produktivkräften; anderseits durch die Eroberung neuer Märkte und die gründlichere Ausbeutung alter Märkte. Wodurch also? Dadurch, dass sie allseitigere und gewaltigere Krisen vorbereitet und die Mittel, den Krisen vorzubeugen, vermindert. Die Waffen, womit die Bourgeoisie den Feudalismus zu Boden geschlagen hat, richten sich jetzt gegen die Bourgeoisie selbst. Aber die Bourgeoisie hat nicht nur die Waffen geschmiedet, die ihr den Tod bringen; sie hat auch die Männer gezeugt, die diese Waffen führen werden – die modernen Arbeiter, die Proletarier.«*[17]

Aus der durch die Revolution entstehenden Herrschaft des Proletariats (später dann »Diktatur« genannt) würde sich die klassenlose Gesellschaft entwickeln, in der zunächst jeder nach seinen Leistungen entlohnt, dann aber seinen Bedürfnissen entsprechend versorgt würde:

> *»Alle Eigentumsverhältnisse waren einem beständigen geschichtlichen Wandel, einer beständigen geschichtlichen Veränderung unterworfen. Die Französische Revolution z.B. schaffte das Feudaleigentum zu Gunsten des bürgerlichen ab. Was den Kommunismus auszeichnet, ist nicht die Abschaffung des Eigentums überhaupt, sondern die Abschaffung des bür-*

17 Karl Marx und Friedrich Engels, *Manifest der Kommunistischen Partei*. Veröffentlicht im Februar 1848.

*gerlichen Eigentums. Aber das moderne bürgerliche Privateigentum ist der letzte und vollendetste Ausdruck der Erzeugung und Aneignung der Produkte, die auf Klassengegensätzen, auf der Ausbeutung der einen durch die andern beruht. In diesem Sinn können die Kommunisten ihre Theorie in dem einen Ausdruck: Aufhebung des Privateigentums, zusammenfassen.«*[18]

Auch Marx und Engels sahen, dass Gewalt angewendet werden musste, um die organisierte Gesellschaft durchzusetzen:

*»Die politische Gewalt im eigentlichen Sinne ist die organisierte Gewalt einer Klasse zur Unterdrückung einer andern. Wenn das Proletariat im Kampfe gegen die Bourgeoisie sich notwendig zur Klasse vereint, durch eine Revolution sich zur herrschenden Klasse macht und als herrschende Klasse gewaltsam die alten Produktionsverhältnisse aufhebt, so hebt es mit diesen Produktionsverhältnissen die Existenzbedingungen des Klassengegensatzes, die Klassen überhaupt, und damit seine eigene Herrschaft als Klasse auf. An die Stelle der alten bürgerlichen Gesellschaft mit ihren Klassen und Klassengegensätzen tritt eine Assoziation, worin die freie Entwicklung eines jeden die freie Entwicklung aller ist.«*[19]

Die bürgerliche Revolution von 1789 stellte das Ziel der Freiheit noch vor die Ziele der Gleichheit und Brüderlichkeit. Bei Marx und Engels war Freiheit aber vor allem »Einsicht in die Notwendigkeit«. Engels bezieht sich auf den Philosophen Georg Friedrich Wilhelm Hegel, wenn er festhält:

18 Marx und Engels (1848).

19 Marx und Engels (1848).

*»Freiheit besteht also in der auf Erkenntnis der Naturnotwendigkeiten gegründeten Herrschaft über uns selbst und über die äußere Natur; sie ist damit notwendig ein Produkt der geschichtlichen Entwicklung.«*[20]

Irgendwann einmal, im Kommunismus, wo nicht mehr aus wirtschaftlichen Gründen gearbeitet werden muss, gibt es dann »wahre Freiheit«:

*»Die Dampfmaschine wird nie einen so gewaltigen Sprung in der Menschheitsentwicklung zu Stande bringen, sosehr sie uns auch als Repräsentantin aller jener an sie sich anlehnenden gewaltigen Produktivkräfte gilt, mit deren Hülfe allein ein Gesellschaftszustand ermöglicht wird, worin es keine Klassenunterschiede, keine Sorgen um die individuellen Existenzmittel mehr gibt, und worin von wirklicher menschlicher Freiheit, von einer Existenz in Harmonie mit den erkannten Naturgesetzen, zum ersten Mal die Rede sein kann.«*[21]

Freiheit ist also erst dort verwirklicht, wo die eigene Schöpferkraft von dem Zwang befreit ist, zwischen vorgegebenen Alternativen wählen zu müssen, und selbstgesetzten Zwecken folgen kann. In der Zwischenzeit ging es Marx und Engels um Gleichheit. Wie aber aus der Aufhebung des Privateigentums und der Diktatur des Proletariats zur Herstellung von Gleichheit Freiheit für jeden und alle in einer fernen Zukunft kommen soll, erschließt sich weder durch logisches Denken noch geschichtliche Erfahrung.[22]

---

20 Friedrich Engels, »Herrn Eugen Dührings Umwälzung der Wissenschaft«. In: Karl Marx/Friedrich Engels, *Werke*. Dietz Verlag (Berlin) 1962, Bd. 20, S. 106.

21 Karl Marx/Friedrich Engels (1962), S. 107.

22 Die teleologische Idee einer sich über die Zukunft entwickelnden Gesellschaft bis hin zur Idealform der kommunistischen Gesellschaft hat zwar eine lange Vorgeschichte in der griechischen Philosophie, ist aber von der geschichtlichen Entwicklung ziemlich klar widerlegt worden.

Für Marx war der fortgeschrittene Kapitalismus die Voraussetzung für die proletarische Revolution und den Übergang zu Sozialismus und schließlich Kommunismus. Entgegen dieser Prognose fand die erste kommunistische Revolution jedoch im rückständigen und agrarisch geprägten Russland statt.[23] Marx hatte nicht bedacht, dass es in einer für internationalen Handel und Migration offenen liberalen Wirtschaft für die in der Phase der ursprünglichen Akkumulation des Kapitals entstehende Überproduktion Sicherheitsventile gibt. Die Steigerung der Arbeitsproduktivität in Großbritannien führte während der industriellen Revolution eben nicht zu Überschussproduktion, Preisverfall, ruinösem Wettbewerb und Verelendung, sondern zum Export von Gütern und Arbeitskräften. In den Jahren der ersten industriellen Revolution betrug der kumulierte britische Leistungsbilanzüberschuss von 1816 bis 1850 213 Millionen Pfund. In der zweiten industriellen Revolution betrug der Leistungsbilanzüberschuss 3,6 Milliarden Pfund. Gleichzeitig »exportierte« Großbritannien während des gesamten 19. Jahrhunderts eine große Zahl von Arbeitskräften in seine Kolonien und in die USA.

Auch in China führte die »ursprüngliche Akkumulation von Kapital« nach dem Ende der maoistischen zentralen Planwirtschaft zu hohen Leistungsbilanzüberschüssen. Wie im Großbritannien des 19. Jahrhunderts wurde eine durch »Unterkonsumtion« ausgelöste Krise durch Export der Überschussproduktion vermieden. Dabei war der Beitritt Chinas zur World Trade Organisation im Jahr 2001 besonders wichtig. In den 20 Jahren von 1982 bis 2001 be-

23 Der Historiker Heinrich August Winkler schreibt dazu: »Von dem traditionellen marxistischen Argument, dass die gesellschaftlichen Verhältnisse Russlands für eine sozialistische Revolution noch nicht reif waren, ließen sich die Bolschewiki weder 1917 noch später irritieren. Zwei Jahre nach Lenins Tod, im Jahre 1926, stellte Stalin Marx gewissermaßen auf den Kopf. In seiner Schrift ›Zu den Fragen des Leninismus‹ behauptete er, dass die Staatsmacht des revolutionären Proletariats im Gegensatz zur Staatsmacht des revolutionären Bürgertums die sozialökonomischen Bedingungen der neuen Gesellschaftsformation nicht einfach vorfinde, sondern erst hervorbringen müsse.« (»Zur Wiederholung nicht empfohlen«. *Frankfurter Allgemeine Zeitung* vom 6. November 2017.)

trug der kumulierte Leistungsbilanzüberschuss Chinas 149 Milliarden US-Dollar. In den 15 Jahren von 2002 bis 2016 lag er bei dann bei 3.003 Milliarden US-Dollar.

Hätte Marx' Theorie stimmen können, wenn es keine Möglichkeit zum Export der Überproduktion gegeben hätte? Wohl kaum. Bevor es zu dem von ihm beschriebenen Prozess der ruinösen Konkurrenz unter den Kapitalisten, der Verelendung des Proletariats und dann der proletarischen Revolution hätte kommen können, hätten selbstregulierende Kräfte auch in der liberalen Gesellschaft den Konflikt sehr wahrscheinlich entschärft. Der deutsche Reichskanzler Otto von Bismarck, der weder ein Liberaler noch ein Freund der Sozialisten war, veranlasste im Jahr 1883, dem Todesjahr von Marx, aus ebendiesem Grund die Einführung der Sozialversicherung. Aus dem Nachlass seines Freundes Marx veröffentlichte Friedrich Engels den zweiten Band von *Das Kapital* im Jahr 1885 und den dritten Band im Jahr 1894. Marx hatte keine Gelegenheit mehr, seine Theorie des historischen Materialismus vor dem Hintergrund der Bismarck'schen Sozialgesetze zu überdenken.

Aber nicht nur erwies sich Marx' Prognose der proletarischen Revolution im Spätkapitalismus als falsch, sondern der im vorkapitalistischen Russland begonnene Versuch der sozialistischen Planwirtschaft endete auch im sowjetischen Russland Ende der 1980er Jahre mit einem kompletten Fehlschlag. Marx bestimmte den Wert eines Produkts allein durch die zu seiner Herstellung nötige Arbeitsmenge. Die Leistungen der Unternehmer und Kapitalisten spielten für ihn keine Rolle. Er meinte, sie eigneten sich den von den Arbeitern geschaffenen Mehrwert an, ohne selbst zur Produktion beizutragen. Dabei übersah er völlig den Beitrag dieser Gruppen zur Koordination wirtschaftlichen Handelns und zur Bildung von Produktivkapital. Beides könnte nach seinen Vorstellungen besser durch zentrale Planung geregelt werden. Er irrte.

## Scheitern der Zentralplanung im Sozialismus

Im Sozialismus wurde versucht, die Prinzipien der traditionellen Stammesgesellschaft, in der die Beziehungen der Mitglieder überwiegend persönlicher Natur sind und von der Stammesführung geordnet werden können, für die große Gesellschaft zu rekonstruieren, in der die Beziehungen der Mitglieder zueinander anonym sind. Zentrale Planung durch den Staat statt persönliche Zuweisung durch den Stammesführer oder die Tradition sollte für den Einzelnen seinen Platz in Wirtschaft und Gesellschaft bestimmen. Er sollte dort so versorgt werden, dass alle Gesellschaftsmitglieder wirtschaftlich gleichgestellt wären. Koordination wirtschaftlichen Handelns und der Verteilung der Einkommen durch den Markt würde zu sozialer Ungerechtigkeit, gesellschaftlichen Spannungen und schließlich zum Zusammenbruch führen.[24]

Dabei wurde ausgeblendet, dass dem zentralen Planer die Information fehlt, seine Aufgabe zu erledigen.[25] Die Information über die Bedürfnisse einer großen Zahl von Gesellschaftsmitgliedern kann nur durch Preisgebote am Markt an andere übermittelt werden, die diese Bedürfnisse zu den gebotenen Preisen befriedigen können. Ohne die in Marktpreisen kristallisierte Information über die Bereitschaft zur Zahlung für und Lieferung von Gütern tappt der zentrale Planer im Dunkeln. Der Übergang zur Zentralplanung war nach der russischen Oktoberrevolution von 1917 überhaupt nur möglich, weil die Tauschverhältnisse anfangs aus Marktpreisen abgeleitet werden konnten. Ohne diese Orientierungshilfe wäre es unmöglich

24 Eine Begleiterscheinung davon war die Entmündigung der Familie bzw. des Clans durch die staatliche Bürokratie.

25 Jesús Huerta de Soto, *Sozialismus, Wirtschaftsrechnung und unternehmerische Funktion*. De Gruyter (Oldenburg), 2013.

gewesen, ein Preisgerüst aufzustellen.[26] Mit zunehmendem zeitlichem Abstand zur vorausgegangenen Markwirtschaft kam es in der Planwirtschaft zu immer stärkerer Fehlallokation von Ressourcen und Fehlproduktion.

Orientierungshilfe für die Planer in den sozialistischen Wirtschaften boten die kapitalistischen Marktwirtschaften, mit denen sie Handel trieben. Doch konnten die von dort eintreffenden Preissignale von den Zentralplanern nur schwerfällig in die heimischen Preisgerüste übersetzt werden, so dass die sozialistischen Länder immer weiter hinter die kapitalistischen zurückfielen. Die Zentralplaner steckten in einer Zwickmühle: Schotteten sie sich komplett von der kapitalistischen Welt ab, fehlten ihnen jegliche Anhaltspunkte für die Planung. Ließen sie Handel zu, sahen ihre Bevölkerungen die Unterlegenheit der sozialistischen Planwirtschaft gegenüber der kapitalistischen Marktwirtschaft.

Die meisten Planer entschieden sich für die zweite Option – und verloren den Rückhalt ihrer Bevölkerungen. Ende der 1980er Jahre lehnten sich die Bevölkerungen der sozialistischen Länder gegen das herrschende Regime auf und beendeten es. Wenige Planer wählten die erste Option – und verteidigen die Fehlleistungen sozialistischer Zentralplanung durch immer härtere Repression ihrer Bevölkerungen bis heute. Nordkorea ist dafür das krasseste Beispiel. Angesichts des grandiosen Scheiterns des gigantischen Feldversuchs der sozialistischen Planwirtschaft ist es verständlich, dass Francis Fukuyama die liberale Gesellschaftsordnung als Krönung der gesellschaftlichen Evolution empfand und bei ihrem Triumpf über den Sozialismus das Ende der Geschichte ausrief. Doch hatte er nicht mit der emotionalen Anziehungskraft der Stammesgesellschaft und ihrer Varianten gerechnet.

26 Dennoch waren die frühen Jahre nach der Revolution von Hungersnöten geprägt. Unter Stalin kam es dann 1932–33 anlässlich der Zwangskollektivierung der Bauern zu einer großen Hungersnot in der Ukraine (genannt Holodomor), in der viele Millionen Menschen starben.

An die Stelle des »real existierenden Sozialismus«, der durch den ihm innewohnenden Totalitarismus und seine eklatanten wirtschaftlichen Fehlleistungen diskreditiert war, trat nach dessen Scheitern der lenkende Wohlfahrtsstaat. Bismarck wies den Weg dorthin. Der lenkende Wohlfahrtsstaat erfreute sich großer Beliebtheit, denn er versprach einen »Dritten Weg« zwischen Sozialismus und Kapitalismus und damit das jeweils Beste beider Systeme: die Geborgenheit des Sozialismus und den wirtschaftlichen Wohlstand des Kapitalismus.

Aber auch wenn sich im lenkenden Wohlfahrtsstaat die Planung auf Eingriffe in den Markt statt seiner kompletten Abschaffung beschränkt, geht Information verloren und es kommt zu Fehlern. Gleiches gilt, wenn die Planung die am Markt erwirtschafteten Einkommen und Vermögen im Namen der »Solidarität« umverteilt. Denn dann werden die Marktpreise durch die Manipulation der Bereitschaft zur Lieferung von Gütern und zu deren Bezahlung indirekt verzerrt. Insofern ist der Übergang vom real existierenden Sozialismus zum lenkenden Wohlfahrtsstaat fließend: Dort erlitt die Wirtschaft durch Zentralplanung einen Totalschaden, hier wird die Wirtschaft »nur« durch mehr oder weniger schwere »Blechschäden« verformt. Der lenkende Wohlfahrtsstaat kann nicht liefern, was er verspricht, aber er wärmt das Herz – und das zählt.

# 3

# DIE LIBERALE GESELLSCHAFT UND IHRE WIRTSCHAFTSORDNUNG

Auf die zwei zentralen Fragen der Aufklärung – Was kann man der menschlichen Vernunft zutrauen? und Wie soll eine auf Vernunft gegründete Gesellschaftsordnung aussehen? – gab es auch ganz andere Antworten. Für René Descartes war reine Vernunft der Schlüssel zu aller Erkenntnis. Der schottische Philosoph David Hume sah diesen Schlüssel dagegen in der Erfahrung. Nur durch Empfindungen und deren Interpretation – und nicht durch reine Vernunft – konnte der Mensch, so Hume, Erkenntnis gewinnen. Aber wie sollte der Mensch denn die Empfindungen interpretieren können? Konnte sich der Erkenntnisgewinn etwa allein durch die Aneinanderreihung von Empfindungen (also durch Induktion) einstellen?

# Von der Erkenntnistheorie zur Gesellschaftstheorie

Der deutsche Philosoph Immanuel Kant war nicht davon überzeugt. Er fand stattdessen einen einleuchtenden Mittelweg zwischen diesen beiden Positionen. Nach Kant sind weder reine Vernunft noch pure Erfahrung die Grundlagen menschlicher Erkenntnis. Vielmehr braucht menschliche Erkenntnis beide. Dabei werden die Dinge mit menschlicher Vernunft wie durch eine Brille erfahren. Man sieht nur, was man sehen kann, und das kann nicht identisch mit dem sein, was tatsächlich ist, weil dies außerhalb unserer Erfahrungsmöglichkeit liegt. Wir bilden Theorien über die Zusammenhänge in der Welt, die wir erfassen können, mit unserem Verstand, müssen diese Theorien aber mit unserer Erfahrung der Wirklichkeit abgleichen.

Die zweite Frage nach der Gesellschaftsordnung beantwortete der englische Philosoph John Locke auf seine Weise. Sein Landsmann Hobbes sah den Naturzustand durch den Kampf des Einzelnen ums Überleben bestimmt, so dass eine Gesellschaft im Naturzustand Krieg aller gegen alle bedeutete; Rettung vor diesem Zustand versprach er sich von der absoluten Monarchie. Für Rousseau war der Naturzustand ein friedliches Nebeneinanderleben autarker Menschen; Arbeitsteilung und Privateigentum lösten die Autarkie des Einzelnen auf und machten einen Gesellschaftsvertrag notwendig, in dem der allgemeine Wille niedergelegt wurde. Im Gegensatz zu beiden sah Locke Freiheit als bestimmende Eigenschaft des menschlichen Naturzustands.

Zur Freiheit gehörte bei Locke nicht nur Bestimmung über die eigene Person, sondern auch Bestimmung über selbst erworbene oder erschaffene Dinge, also die freie Verfügbarkeit über Eigentum. Doch konnte die Freiheit des einen in Konflikt mit der Freiheit des anderen kommen. Locke hielt deshalb einen Gesellschaftsvertrag für notwendig, in dem die Freiheit des einen durch allgemeine Regeln dort begrenzt wurde, wo die Freiheit des anderen begann. Statt ihre Freiheit an eine absolute Staatsgewalt abzutreten, wie von Hobbes vorgeschlagen, oder sie einem allgemeinen Willen der Mehrheit unterzuordnen, wie von Rousseau gefordert, sollten die Menschen Regeln finden und beachten, die ihnen Raum bieten, ihre eigenen Ziele, einschließlich der Bildung von und Verfügung über Privateigentum, zu verfolgen.

Die Erkenntnistheorie Humes und Kants zusammen mit der Gesellschaftstheorie Lockes führten zu einer ganz anderen Vorstellung über die Gesellschaftsordnung als die aus den Theorien Descartes', Hobbes' und Rousseaus abgeleitete Ordnung. Diese führte zur organisierten Gesellschaft, wie sie im Absolutismus durch den »wohlwollenden Diktator« und in der Moderne im Sozialismus verwirklicht wurde. Aus jener entwickelte sich die »spontane« (d. h. nicht bewusst geplante) Ordnung der Gesellschaft, wie sie im liberalen Rechtsstaat verwirklicht wurde. Friedrich von Hayek hat die Entstehung der spontanen Ordnung im Lauf der Zeit nachgezeichnet.[27]

Wie schon erwähnt überlebten Elemente des römischen Rechts den Untergang Roms und gingen schließlich in das Heilige Römische Reich Deutscher Nation ein. Klagen gegen das Reich, den Kaiser oder einzelne Fürsten waren möglich und nicht chancenlos. Von dem preußischen König Friedrich dem Großen ist der Satz überliefert: »Wenn die Gerichte sprechen, muss der König schweigen.« Die Verwirklichung des liberalen Rechtsstaats in der Moderne wurde jedoch stark von den Entwicklungen in Großbritannien beeinflusst. Von dort wurde die Botschaft von Auswanderern in die amerikanischen Kolonien getragen und bei der Gründung der Vereinigten Staaten konsequenter umgesetzt als zuvor. Herrschaft des Rechts und Gewaltenteilung im Staat waren zentrale Anliegen der Staatsgründer, um die größtmögliche Freiheit der Staatsbürger zu ermög-

27 Hayek (2005).

lichen. In der Unabhängigkeitserklärung der Vereinigten Staaten von Amerika vom 4. Juli 1776 heißt es:

> *»Folgende Wahrheiten erachten wir als selbstverständlich: dass alle Menschen gleich geschaffen sind; dass sie von ihrem Schöpfer mit gewissen unveräußerlichen Rechten ausgestattet sind; dass dazu Leben, Freiheit und das Streben nach Glück gehören; dass zur Sicherung dieser Rechte Regierungen unter den Menschen eingerichtet werden, die ihre rechtmäßige Macht aus der Zustimmung der Regierten herleiten; dass, wenn irgendeine Regierungsform sich für diese Zwecke als schädlich erweist, es das Recht des Volkes ist, sie zu ändern oder abzuschaffen und eine neue Regierung einzusetzen und sie auf solchen Grundsätzen aufzubauen und ihre Gewalten in der Form zu organisieren, wie es zur Gewährleistung ihrer Sicherheit und ihres Glücks geboten zu sein scheint.«*[28]

Menschen sind gleich in dem Sinn, dass keiner von Natur aus über einem anderen steht. Sie haben das Recht, ihre eigenen Zwecke zu verfolgen, und es ist Zweck der Regierung, dieses Recht zu sichern. Erfüllt die Regierung diesen Zweck nicht, dann kann das Volk sie ändern oder abschaffen. Größer könnte der Gegensatz dieser Worte zu den Vorstellungen Rousseaus von der Durchsetzung eines allgemeinen Willens durch die Regierung nicht sein.

28 Unabhängigkeitserklärung der Vereinigten Staaten von Amerika, 4. Juli 1776 (https://usa.usembassy.de/etexts/gov/unabhaengigkeit.pdf).

# Die Gesellschaftsordnung der Freiheit

Der höchste Wert im liberalen Rechtsstaat ist die Freiheit des Einzelnen. Einerseits kann die Freiheit utilitaristisch begründet werden, wie Cicero es tat. Eine Gesellschaft freier Menschen ist produktiver als der von einem Häuptling angeführte Stamm. Andererseits kann sie religiös damit begründet werden, dass vor Gott alle Menschen gleich sind und daher kein Mensch über einem anderen stehen kann. Aber unbeschränkte Freiheit ist nicht möglich. Schon unsere Lebenswirklichkeit setzt unserem Willen laufend Grenzen. Außerdem können wir uns als Mitglieder menschlicher Gemeinschaften nicht beliebig ausleben. Friedrich von Hayek definiert Freiheit deshalb nicht als die Möglichkeit zu tun, was immer man beliebt, sondern als die Abwesenheit der Ausübung von Zwang des einen über den anderen:

> *»Freiheit als Abwesenheit von Zwang. Wir befassen uns in diesem Buch mit jenem Zustand der Menschen, in dem Zwang auf einige von Seiten anderer Menschen so weit herabgemindert ist, dass dies im Gesellschaftsleben möglich ist. Diesen Zustand werde wir durchweg einen Zustand der Freiheit nennen.«*[29]

Freiheit ist »Freiheit von …« und nicht »Freiheit zu …«. Das heißt, wir können nicht alles tun, was wir wollen, aber wir können das, was wir tun, ohne willkürlichen Zwang durch einen anderen tun.

Damit individuelle Freiheit in der menschlichen Gemeinschaft möglich ist, müssen sich in der Gesellschaft Regeln entwickeln, die der Freiheit des einen dort Grenzen setzen, wo die Freiheit des anderen beginnt. Dies bietet dem in der Gemeinschaft mit anderen lebenden Einzelnen die größtmögliche Freiheit zur Entfaltung sei-

29 Hayek (2005), S. 13.

ner Fähigkeiten. Zwang kann folglich nicht völlig vermieden werden, »weil die einzige Methode, ihn zu verhindern, die Androhung von Zwang ist«.[30] Dies ist in der freien Gesellschaft dem Staat vorbehalten, dem die Gesellschaft ein Monopol der Zwangsausübung in Fällen überträgt, in denen dies zur Vermeidung von Zwang durch private Personen erforderlich ist. Dadurch wird Zwang ein Werkzeug, das Individuen bei der Verfolgung eigener Ziele hilft und nicht zum Mittel anderer wird.

Freiheit schaffende Regeln sind abstrakt, von allgemeiner Natur und meist als Verbote formuliert. Wären sie konkret, spezifisch und als Gebote ausgedrückt, wären sie Bestandteil des Regelwerks der organisierten Gesellschaft oder des Stammes, die einen bestimmten Zweck verfolgen. Die Verpflichtung dort auf staatlich oder herrschaftlich verordnete, konkrete Gebote zur Erreichung dieses Zwecks ist mit dem Ziel der Freiheit für den Einzelnen aber unvereinbar.

Aus der Erkenntnistheorie von Hume und Kant folgt, dass Wissen nicht durch reine Vernunft, sondern durch Versuch und Irrtum wächst.[31] Dieses Prinzip ist aber nicht auf die Entwicklung des Wissens beschränkt. Auch die Evolution von Lebewesen und die Regeln des gesellschaftlichen Umgangs im liberalen Rechtsstaat entwickeln sich durch Versuch und Irrtum weiter.[32] Weder der Gesetzgeber noch der urteilende Richter erschaffen die gesellschaftlichen Regeln mit ihrem Verstand. Vielmehr spüren sie die im gesellschaftlichen Umgang entstandenen und über die Zeit bewährten Regeln auf und formulieren sie oder wenden sie auf konkrete Fragestellungen an.[33]

---

30 Hayek (2005), S. 29, und Philipp Batthyani, *Zwang als Grundübel in der Gesellschaft?* Mohr Siebeck (Tübingen) 2007.

31 Karl Popper, *Ausgewählte Texte zur Erkenntnistheorie, Philosophie der Naturwissenschaften, Metaphysik, Sozialphilosophie.* Mohr Siebeck (Tübingen), Uni-Taschenbücher 2000, 1997.

32 Dazu auch Karl Popper, *Die offene Gesellschaft und ihre Feinde.* Mohr Siebeck (Tübingen) 1992.

33 Besonders im angelsächsischen *common law*, weniger dagegen im (kodifizierten) *civil law* des europäischen Kontinents. Hayek (2005) nennt das in gesellschaftlicher Übereinkunft entstandene Gesetz *nomos*. Dem gegenüber steht das für die Organisation gemachte Gesetz, *thesis*.

Das Recht ist von einer Vielzahl von Menschen aus der Erfahrung gesellschaftlichen Zusammenlebens in einem evolutorischen Prozess erschaffen worden. Kein Einzelner hätte es erfinden können. Der Einzelne kann dieses Gesamtgebilde nur aufspüren (und kann es dann als »selbstverständlich« im wörtlichen Sinn bezeichnen, wie die Verfasser der amerikanischen Unabhängigkeitserklärung).

Die Komplexität des über die Zeit durch Versuch und Irrtum entstandenen gesamten Regelwerks der Gesellschaft übersteigt also die Fähigkeit eines einzelnen Verstands, es zu konstruieren. Deshalb ist es unsinnig, gesellschaftliche Utopien zu entwerfen (wie es unzählige große und kleine Denker getan haben), und es ist verbrecherisch, sie gewaltsam zu verwirklichen (wie es die großen Verbrecher unter den Politkern mit hohen Menschenopfern getan haben).

Der liberale Rechtsstaat stellt höchste Ansprüche an die Mündigkeit der Bürger in einer Gesellschaft. Sie müssen sich darauf einigen können, dass die Freiheit des Einzelnen über der Durchsetzung der von einer Mehrheit in der Gesellschaft verfolgten Ziele steht, auch wenn diese Mehrheit demokratisch legitimiert ist. Schon die alten Griechen und (ansatzweise) Römer wussten, dass Regeln auch einer demokratisch gewählten Regierung Grenzen setzen müssen. Denn ohne diese Beschränkung würde der Unterschied zwischen der Demokratie und der Diktatur nur darin bestehen, dass in der Demokratie die Mehrheit statt einer Minderheit totale Macht ausübt.

Deshalb darf der liberale Rechtsstaat niemals seinen Bürgern von den Regierenden oder einflussreichen Interessenverbänden geprägte Vorstellungen aufzwingen. Denn wenn Zwang nur zur Durchsetzung allgemeiner Regeln ausgeübt werden darf, dann darf er nicht angewendet werden, um konkrete gesellschaftliche Ziele zu erreichen. Aus dem Ziel, »soziale Gerechtigkeit« herzustellen, ergibt sich eine besonders große Bedrohung für den liberalen Rechtsstaat. Was »sozial gerecht« ist, kann nur von einem Machthaber oder einer Planungsbehörde definiert werden, die sich auf bestimmte Moralvorstellungen oder die Vorstellungen bestimmter gesellschaftlicher Gruppen stützt.

Der »Kampf um soziale Gerechtigkeit« wird dadurch zum Kampf um die Macht im Staat von organisierten Interessengruppen. Für Hayek ist daher das Konzept der sozialen Gerechtigkeit das trojanische Pferd, in dem der Totalitarismus in den liberalen Rechtsstaat eindringt.[34] Diesem ist die zwangsweise Umverteilung von am Markt erzielten Einkommen wesensfremd. Er kann seine erfolgreichen Bürger allenfalls zur Hilfe für ohne eigenes Verschulden in Not geratene Mitbürger verpflichten (dazu mehr im Folgenden).

Im liberalen Rechtsstaat herrscht Religionsfreiheit. Doch nicht jede Religion ist mit seinen Prinzipien kompatibel. Einerseits können Religionen die Idee der Freiheit vorantragen, indem sie die Gleichheit der Menschen vor Gott feststellen und Respekt für Regeln des gesellschaftlichen Zusammenlebens einfordern. Auch wenn Max Webers These von der Bedeutung der protestantischen Ethik für die Entwicklung des Kapitalismus umstritten ist, so dürfte das Anliegen der Reformation, Regeltreue im christlichen Glauben und Leben wiederherzustellen, dafür hilfreich gewesen sein.

Andererseits zerstört eine Religion die Freiheit, wenn sie absoluten Gehorsam für ihre Gebote einfordert. Beansprucht eine Glaubensgemeinde, aufgrund göttlicher Ermächtigung Recht setzen und die Gesellschaft regieren zu dürfen, so widerspricht dies den liberalen Prinzipien. In diesem Fall muss der liberale Rechtsstaat die Glaubensgemeinde zwingen, ihren Anspruch aufzugeben, Zwang gegen andere auszuüben. Staatlicher Zwang ist hier das Werkzeug, um die Freiheit Einzelner zu schützen.

Gegenwärtig muss sich der liberale Rechtsstaat vor allem gegen den Herrschaftsanspruch des fundamentalistischen Islam wehren. Dort wird das Recht nicht als von der Gesellschaft entwickelt und damit veränderlich, sondern von als Gott gesetzt und absolut ver-

34 Hayek (2003).

standen. Alle, auch die »Ungläubigen«, sind gehalten, sich diesem Recht zu unterwerfen, und müssen mit Zwang bis zur Todesstrafe rechnen, wenn sie sich dem widersetzen.

Der auf Regeln fußende liberale Rechtsstaat, der die Verfolgung konkreter Zwecke allein seinen Mitgliedern überlässt, bildet die Grundlage unseres heutigen Wohlstands. Aber er ist intellektorientiert und hat es schwer, Herzen zu wärmen. Er muss sich auf die Intelligenz der Bürger verlassen, seine Vorzüge zu erkennen. Dazu müssen die Bürger den Zusammenhang zwischen der Ordnung von Gesellschaft und Wirtschaft und ihrem Wohlbefinden und wirtschaftlichen Erfolg verstehen. Das ist ein großes, vielleicht zu großes Ansinnen. Die Masse der Bevölkerung ist für politische Bewegungen empfänglich, die ihr das Wohlgefühl der Stammesordnung versprechen. Folglich ist der Liberalismus im Bewusstsein der Bürger nie fest verankert, und Rückfälle auf niedrigere Stufen der Evolution der Gesellschaftsordnung lauern immer um die Ecke. Bisher hat sich der Liberalismus von all seinen Rückschlägen wieder erholt. Aber seine Geschichte ist noch jung und sein Überleben nicht gesichert.

## Die Rolle des Privateigentums

Freiheit heißt nicht nur Selbstbestimmung, sondern auch Bestimmung über erworbenes Eigentum. Die Sicherung des Privateigentums im liberalen Rechtsstaat ist daher ein Grundpfeiler der mit ihm einhergehenden liberalen Wirtschaftsordnung. Privateigentum im Rahmen der liberalen Wirtschaftsordnung ermöglichte wiederum die Entstehung des Kapitalismus und die Industrialisierung und damit unseren heutigen Wohlstand.

Der Anreiz zur wirtschaftlichen Leistung ist dort am größten, wo der Einzelne über die Früchte seiner Leistung frei verfügen kann. Dazu aber müssen sie ihm »zu eigen« sein, gleich ob sie materiell oder immateriell sind. Auch werden knappe Ressourcen dort am effizientesten verteilt, wo die Eigentumsrechte geklärt sind und für deren Aufrechterhaltung gesorgt wird. Denn wenn Produzenten für die Übertragung der zur Produktion notwendigen Ressourcen die Eigentümer entschädigen müssen, dann werden sie gerade so viele Ressourcen nachfragen, wie sie zur Befriedigung der Nachfrager für die von ihnen hergestellten Produkte brauchen. Dies gilt für Ressourcen in Form von Rohstoffen, Land, Arbeitskraft, aber auch in Form von sauberer Luft, sauberem Wasser und Ruhe.

Privates Eigentum spornt den Einzelnen nicht nur zu Höchstleistungen an, es erlaubt ihm auch, seine eigene Leistung über die Leihe fremder Mittel zu hebeln. Denn Privateigentum kann zur Aufnahme von Krediten verpfändet werden. Dem Gläubiger fällt das verpfändete Eigentum zu, wenn der Schuldner die Schuld nicht mehr bedienen kann. Ohne dieses Pfandrecht hätte der Gläubiger keine Möglichkeit, seine Ansprüche aus dem Schuldverhältnis durchzusetzen. Der Schuldner könnte seine Verpflichtungen einfach abwerfen. Deshalb hätte er es schwer, Kredite zu bekommen. Wie privates Eigentum zur Freiheit gehört Haftung für eingegangene Verpflichtungen zum Privateigentum.

Bis zum 20. Jahrhundert erstreckte sich die Verpfändung von Eigentum bis zur eigenen Person des Schuldners und noch im 19. Jahrhundert wanderten zahlungsunfähige Schuldner in Schuldgefängnisse. Heute können auf legale Weise nur noch Dinge verpfändet werden. Dies erleichtert die Korrektur von Irrtümern im wirtschaftlichen Handeln durch Bankrott. Die eigene Person wird aber gelegentlich immer noch in illegalen Kreditbeziehungen verpfändet. Zahlungsunfähigkeit wird dort durch Körperverletzung geahndet. Dies ist eine nicht nur rechtlich und moralisch zu verurteilende, sondern auch sehr ineffektive Art der Gläubiger, mit Fehlentscheidungen bei der Kreditvergabe umzugehen.

In der vorkapitalistischen Wirtschaft war Land neben der Arbeit der einzige weitere wesentliche Produktionsfaktor. Mit der Entstehung der Eigentümergesellschaft und der Mechanisierung der Produktion kam Kapital dazu. Aller Wahrscheinlichkeit nach schuf die Eigentümergesellschaft die Voraussetzung für die Mechanisierung und die damit verbundene kapitalistische Produktionsweise. Die Verwirklichung liberaler Ordnungsprinzipien in Gesellschaft und Wirtschaft ging der industriellen Revolution voraus, und diese begann dort, wo diese Prinzipien erstmals verwirklicht wurden, nämlich im England des frühen 19. Jahrhunderts.[35]

In der kapitalistischen Wirtschaft können Menschen ohne eigenes Eigentum vom Eigentum anderer profitieren, indem sie ihre Arbeitskraft an die Eigentümer vermieten oder ihre Erfindungskraft mit dem Eigentum anderer verbünden. Dadurch werden die Kräfte der Arbeitsteilung über die Kombination der Arbeit mit Produktionsmitteln gehebelt. Doch nur eine Minderheit besitzt die zum Aufbau und wirtschaftlichen Einsatz der Produktionsmittel nötige Energie und Talent: die Kapitalisten und die mit ihnen verbündeten Unternehmer. Minderheiten treiben den Fortschritt voran, und es ist der Respekt vor Minderheiten, der die Stärke des Liberalismus ausmacht.

Gäbe es keinen Kapitalismus und kapitalistische Unternehmer, wären die meisten Menschen gar nicht auf der Welt, weil sie keine Existenzgrundlage hätten, oder sie wären Arbeitssklaven einer anderen Minderheit, der Landbesitzer, die aus historischen Gründen politische Macht über sie erlangt hat. Diejenigen in den entwickelten Ländern, die heute über Armut klagen und dafür die liberale Wirtschaftsordnung verantwortlich machen, gibt es nur, weil es ihnen diese Wirtschaftsordnung ermöglicht hat, geboren zu werden. Doch Minderheiten sind den Prinzipien der Stammesordnung ver-

35 Dies wirft die Frage auf, ob die kapitalistische Produktionsweise nicht ebenso in der Antike hätte entstehen können, als sich in dieser Zeit eine liberale Gesellschaftsordnung (*kosmos*) bildete. Tatsächlich gab es im Römischen Reich Ansätze dazu. Kapital wurde akkumuliert und die Technik machte Fortschritte. Der Rückfall in die Ordnungsprinzipien der Stammesgesellschaft durch unkontrollierte Zuwanderung leitete jedoch den Rückschritt ein, der im Untergang des Römischen Reichs endete.

hafteten Menschen suspekt. Argwohn und Neid der Mehrheit motivieren zu ihrer Unterdrückung.

Dort, wo die Prinzipien der liberalen Gesellschafts- und Wirtschaftsordnung aus ideologischer Verblendung oder der Machtgier weniger mit Rückendeckung der Mehrheit ausgehebelt wurden, sank der Wohlstand und stieg die Sterblichkeit. Beispiellos für die Folgen der Zerstörung der liberalen Wirtschaftsordnung durch staatliche Planung ist der durch den sogenannten »Großen Sprung nach vorn« im kommunistischen China unter Mao Zedong ausgelöste Hungertod von etwa 50 Millionen Menschen Ende der 1950er Jahre.

Im Jahr 1958 initiierte Mao eine Kampagne zur Entwicklung der ländlichen Räume in China durch eine Reihe von Projekten. In einem Kraftakt sollte das Land nach den Vorstellungen des zentralen Planers modernisiert werden. Bauern wurden zur Arbeit in den Modernisierungsprojekten verpflichtet und von ihrer gewohnten Landarbeit abgezogen. Wegen der Zwangskollektivierung der Landwirtschaft, der Zusatzbelastung der Bauern durch Arbeitseinsätze an Infrastruktur- und Industrialisierungsprojekten und der Abwanderung der Landbevölkerung in die Städte sank die landwirtschaftliche Produktion in den Jahren von 1959 bis 1961. Gleichzeitig setzte der Staat Getreideabgaben als Steuer und für den Export stark herauf und mit Zwangsmaßnahmen durch. Die Folge war eine Hungerkatastrophe beispiellosen Ausmaßes.

Der »Große Sprung« ist die eindrucksvollste und zugleich grausamste Illustration der Folgen zentraler Wirtschaftsplanung. Was im Gehirn eines allmächtigen Zentralplaners als einleuchtende Maßnahme zur Verbesserung des Wohls der Menschheit erscheinen mag, kann für die Menschheit aufgrund der Unwissenheit des Planers die Katastrophe bedeuten. Vermutlich sind keine größeren Wirtschaftsverbrechen gegen die Menschheit begannen worden als die durch die Anmaßung von Wissen verblendeter Zentralplaner.[36]

36 Neben Mao Zedong wären hier noch Josef Stalin und Adolf Hitler zu nennen.

# Liberale Wirtschaftsordnung und wirtschaftliche Entwicklung

Die liberale Wirtschafts- und Gesellschaftsordnung hat es ermöglicht, dass immer mehr Menschen auf der Erde leben können. Die Ende des 18. Jahrhunderts angestellte düstere Prognose des gelernten Pfarrers Thomas Malthus erfüllte sich nicht. Malthus ging davon aus, dass sich die Bevölkerung entsprechend einer geometrischen Reihe vermehre, also mit einer konstanten Rate wachse. Dagegen steige die Produktion von Nahrungsmittel gemäß einer arithmetischen Reihe, also mit abnehmender Wachstumsrate. Aufgrund dieser »Gesetzlichkeit« drohe eine immerwährende Überbevölkerung, die durch eine unendliche Reihe von Hungersnöten und Krankheiten korrigiert würde.

Doch durch Arbeitsteilung und Tausch der Früchte der Arbeit der auf ihre jeweiligen besonderen Fähigkeiten spezialisierten Menschen stieg die Kapazität der Versorgung mit den Lebensnotwendigkeiten steil an. Entgegen Malthus' Theorie wuchs die wirtschaftliche Produktion schneller als die Bevölkerung. Das Einkommen pro Kopf stieg trotz hohen Bevölkerungswachstums. Wären die Menschen Jäger und Sammler geblieben, könnte nur ein kleiner Bruchteil der heutigen Bevölkerung überhaupt überleben.[37] Die liberale Wirtschaftsordnung hat die Menschheit nicht nur vor malthusischen Hungerkatastrophen bewahrt, sondern ihr einen über lange Zeit unvorstellbaren Reichtum gebracht. Der 2010 verstorbene Wirtschaftshistoriker Angus Maddison hat den Anstieg des britischen realen Bruttoinlandsprodukts pro Kopf von Christi Geburt bis 1650, dem Beginn des Aufstiegs des Liberalismus, auf gut 50 Prozent taxiert (wobei das natürlich nur eine grobe Schätzung sein kann). In

37 Siehe dazu Friedrich von Hayek, *Die verhängnisvolle Anmaßung. Die Irrtümer des Sozialismus*. Gesammelte Schriften. Mohr Siebeck (Tübingen) 2011.

den 360 Jahren danach stieg das reale BIP pro Kopf dann um rund 2.470 Prozent.

Wann und wo immer die liberale Wirtschaftsordnung gestärkt wurde, entwickelte sich auch die Wirtschaft besser – und umgekehrt. Die Beispiele für diesen Zusammenhang aus der jüngeren Geschichte reichen über das durch Währungsreform und Freigabe der Preise geschaffene »Wirtschaftswunder« im Nachkriegsdeutschland über den durch die Liberalisierung der Wirtschaft ausgelösten Aufschwung in den USA und Großbritannien im Verlauf der 1980er Jahre bis zum Wiederaufstieg Chinas durch die Öffnung zur Marktwirtschaft seit den 1980er Jahren. Negative Beispiele sind die wirtschaftliche Stagnation in traditionellen Stammesgesellschaften und die dürftige wirtschaftliche Entwicklung in den sozialistischen Ländern.

Wie wichtig die liberale Wirtschaftsordnung für wirtschaftliche Entwicklung und Wohlstand ist, kann man erfassen, wenn man zwei einander auf allen anderen Gebieten sehr ähnliche Gesellschaften vergleicht. Nehmen wir Süd- und Nordkorea sowie das frühere West- und Ostdeutschland. Sowohl in den beiden Koreas als auch den beiden Deutschlands spricht man die gleiche Sprache, profitiert vom gleichen gemäßigten Klima und hat die gleichen kulturellen Wurzeln. Südkorea und Westdeutschland wurden jedoch nach dem Zweiten Weltkrieg vom Modell der liberalen Gesellschaftsordnung, Nordkorea und das frühere Ostdeutschland vom sozialistischen Befehlssystem geprägt. Sowohl Nordkorea als auch das frühere Ostdeutschland sind wirtschaftlich gescheitert, Südkorea und Westdeutschland haben sich in die Spitzengruppe der wohlhabenden Länder der Welt emporgearbeitet.

China und Singapur zeigen, dass die Wirtschaftsordnung wichtiger als alle anderen Faktoren für die wirtschaftliche Entwicklung ist. Im sozialistischen Befehlssystem unter Mao Zedong war China bettelarm. Mit der Einführung von Besitzrechten als Vorstufe von Eigentumsrechten zunächst an Land und später an Produktivkapital und Immobilien unter Deng Xiaoping im Lauf der 1980er Jahre begann der wirtschaftliche Aufstieg des Landes zur heute zweitgrößten Wirtschaftskraft der Welt. Der Umstand, dass sich China bis heute nicht zu einer Demokratie westlicher Prägung entwickelt hat, war kein Hinderungsgrund für den Aufstieg. Was zählte, war die Entwicklung hin zu Eigentumsrechten. Das demokratische Indien, in dem Eigentumsrechte von einem ineffektiven und interventionistischen Staat weniger geschützt sind, konnte mit China nicht mithalten.

Singapur war noch in den 1960er Jahren ein armer Flecken. Nach der Unabhängigkeit von Großbritannien im Jahr 1963 entstand unter der Führung von Lee Kuan Yew eine wirtschaftlich sehr erfolgreiche und wohlhabende Eigentumsgesellschaft. Auch in Singapur wird die Regierung nicht demokratisch gewählt und kontrolliert; zudem herrscht in der Region, in der der Stadtstaat liegt, alles andere als ein gemäßigtes Klima. Aber weder die autoritäre politische Führung noch das tropische feuchtwarme Klima konnten den Aufstieg Singapurs verhindern. Ausschlaggebend dafür war die Entstehung der Eigentumsgesellschaft.

Heißt dies, dass die Staatsform für die wirtschaftliche Entwicklung keine Rolle spielt, solange die Eigentumsrechte gesichert sind? Nicht unbedingt. Probleme entstehen, wenn eine autoritäre Staatsordnung die freie Verfügung über das Eigentum zum Erhalt ihrer Macht einschränkt. Freiheit des Denkens und Handelns ist eine wichtige Voraussetzung für wirtschaftlichen und kulturellen Fortschritt.[38] Nur wenn alle die Möglichkeit haben, ihren Absichten innerhalb allgemein akzeptierter Regeln ohne Zwang durch den Staat oder andere übergeordnete Organisationen nachzugehen, können sich Wirtschaft und Kultur voll entfalten. Wichtiger als die Freiheit der Mehrheit, ihren Absichten nachzugehen, ist die Freiheit von Minderheiten und Einzelner, denn nur uneingeschränkte Vielfalt

38 Siehe dazu Hayek (2005).

führt zur bestmöglichen Mehrung unseres Wissens, auf dem wirtschaftliche und kulturelle Entwicklung fußt.

Insofern kann auch eine formal demokratische Staatsform der Entwicklung hinderlich sein, wenn diese sich so versteht, dass in ihr die Mehrheit uneingeschränkt herrscht. Eine demokratisch gewählte Regierung, die die Minderheit oder auch nur einzelne Menschen unterdrückt, kann der Entwicklung sogar mehr schaden als eine wohlwollende autoritäre Staatsführung. Obwohl zum Beispiel Singapur keine demokratisch gewählte Regierung hat, erfreuen sich seine Bewohner höherer Wohlfahrt als beispielsweise die Einwohner der Türkei, wo eine demokratisch gewählte Mehrheit der Minderheit ihren Willen aufzwingt.

Auch haben autoritäre Staatsordnungen oft Schwierigkeiten, die Nachfolge in der Staatsführung zu regeln. Besteht die Gesellschaft aus Eigentümern, haben die Mitglieder der Gesellschaft ein Interesse daran, bei der Nachfolge mitzuwirken. Sie wollen sicherstellen, dass die Eigentumsordnung aufrechterhalten wird. Wird ihnen die Mitsprache verwehrt, sind sie der Staatsführung ausgeliefert. Auf einen »wohlwollenden autoritären Staatsführer« könnte ein anderer folgen, der die unter dem Vorgänger geschaffene Eigentumsordnung nicht respektiert. Das schafft Unsicherheit, die das wirtschaftliche Handeln beeinflusst.[39]

Der große Vorzug einer demokratischen Gesellschaftsordnung ist, dass die Nachfolge in der Staatsführung institutionalisiert ist. Auch durch Wahlen entsteht Unsicherheit über den Wechsel an der Staatsspitze, aber diese ist wesentlich geringer als beim Führungswechsel im autoritären System. Die neue, demokratisch gewählte Staatsführung muss sich an die bestehende Rechtsordnung halten und kann wieder abgewählt werden.[40] Dadurch wird die Möglich-

39 Siehe dazu Mancur Olson, *Power and Prosperity*. Basic Books (New York) 2000.

40 Popper (1992).

keit zum Politikwechsel begrenzt und die Planungssicherheit für die Mitglieder der Eigentümergesellschaft erhöht.

Bisher ist es sowohl Singapur als auch China gelungen, die Staatsführungen in ihrer autoritären Staatsordnung so zu wechseln, dass den Ländern kein wirtschaftlicher Nachteil entstanden ist. Singapur kann man als begrenzte Demokratie bezeichnen, und China bekam von Deng Xiaoping einen turnusmäßigen Führungswechsel verordnet, um die Machtkonzentration in einer Hand wie unter Mao zu vermeiden. Solange die Wirtschaft brummt, hat die Mehrzahl der Bewohner dieser Länder an der Form der Staatsordnung wenig auszusetzen. Dies könnte sich jedoch ändern, wenn das Wirtschaftswachstum nachlässt. Kann sich die Unzufriedenheit der Einwohner dann dadurch ausdrücken, dass sie eine neue Staatsführung wählen, die Besserung verspricht? Oder wird die herrschende Staatsführung die Unzufriedenheit unterdrücken, indem sie gegen die Unmutsäußerungen der Bevölkerung gewaltsam vorgeht? Der chinesische Staatschef Xi Jinping scheint sich für diese Eventualitäten wappnen zu wollen. Im März 2018 ließ er die seit 1982 geltende Begrenzung der Amtszeit des Präsidenten auf zwei aufeinanderfolgende Amtsperioden von insgesamt zehn Jahren abschaffen. Mit zunehmender Machtfülle und Zementierung der Staatsführung könnte sich schnell eine Abwärtsspirale aus eingeschränkten Eigentumsrechten und wirtschaftlichem Zerfall entwickeln.[41]

41 Die zunehmende Machtfülle der chinesischen Regierung beginnt, das Vertrauen der Bürger zu erschüttern. Nach der Ankündigung der Aufhebung der Amtszeitbegrenzung für den Präsidenten registrierte die Internetsuchmaschine Baidu einen steilen Anstieg der Suchanfragen zur Auswanderung. Prompt wurde kurz darauf das Suchwort »Auswandern« gelöscht.

# Die Rolle des gegenseitigen Vertrauens

Dem russischen Revolutionsführer Lenin wird der Satz zugeschrieben: »Vertrauen ist gut, Kontrolle ist besser!«[42] Dahinter steht die Vorstellung, dass der organisierte Staat darauf zu achten hat, dass seine Anweisungen ausgeführt werden. Nicht immer kann er darauf vertrauen, dass die Staatsbürger gehorchen. Daher die Notwendigkeit der Kontrolle. In der liberalen Gesellschaftsordnung gibt es nicht viele Anweisungen von oben, die kontrolliert werden müssten. Doch Vertrauen ist die Grundlage für den Umgang der Mitglieder der liberalen Gesellschaft untereinander. Mit der zunehmenden Komplexität unseres wirtschaftlichen Umfelds ist die Notwendigkeit gestiegen, dass wir uns gegenseitig vertrauen können. Dazu haben wir geeignete Techniken entwickelt, aber diese Techniken haben sich für unsere heutige Zeit als unvollständig erwiesen und müssen weiterentwickelt werden.

Während in der typischen Stammesgesellschaft der Einzelne eine von der Tradition bestimmte oder von der Stammesführung vorgegebene wirtschaftliche Aufgabe zu erledigen hat, eröffnet die liberale Gesellschaft ihren Mitgliedern die Möglichkeit, denjenigen wirtschaftlichen Aktivitäten nachzugehen, die ihren Fähigkeiten am besten entsprechen. Im Tausch der Früchte ihrer Arbeit am Markt können sie Dinge erwerben, die von anderen hergestellt wurden. Wenn sich jeder auf das spezialisiert, was er am besten kann, ist die Versorgung besser, als wenn jeder alle Dinge selbst herstellen muss, die er benötigt, oder wenn ihm vorgeschrieben wird, was er zu tun hat. Der im 18. Jahrhundert lebende schottische Ökonom und Moralphilosoph Adam Smith meinte, der Markt steuere die Versorgung

42 Ob er das wirklich so gesagt hat, ist zweifelhaft. Belegt ist aber, dass er oft das russische Sprichwort »Vertraue, aber prüfe nach« gebraucht hat. Unterm Strich läuft es auf das Gleiche hinaus.

mit Gütern wie von einer unsichtbaren Hand geleitet, wenn jeder seinen eigenen Vorteil suchen könne: *»Es ist nicht die Wohltätigkeit des Metzgers, des Brauers oder des Bäckers, die uns unser Abendessen erwarten lässt, sondern dass sie nach ihrem eigenen Vorteil trachten.«*[43]

Zu der Zeit, in der Smith lebte, war es nicht sehr schwer, die Qualität der Dinge zu beurteilen, die man am Markt gegen eigene Produkte eintauschen wollte. Man hatte eine gute Vorstellung davon, was der Metzger, Brauer oder Bäcker machte. Ja, man hätte es wohl auch selbst tun können, nur nicht mit der gleichen Fertigkeit wie spezialisierte Handwerker. Vor allem deshalb und nicht, weil man sonst ganz ohne diese Produkte hätte auskommen müssen, tauschte man sie am Markt gegen selbst hergestellte Dinge ein.

Sehr viel schwieriger war es in der arbeitsteiligen Industriegesellschaft, sich am Markt mit dem Notwendigen oder Gewünschten zu versorgen. Die Produkte waren so komplex geworden, dass man nicht mehr unbedingt verstand, wie sie funktionierten und ob sie auch die erwartete Funktion erfüllen würden. Man musste darauf vertrauen, dass das, was man am Markt erwarb, auch das hielt, was der Verkäufer versprochen hatte. Aber anders als in der dörflichen Gesellschaft der Handwerker waren einem die Anbieter in der arbeitsteiligen Industriegesellschaft nicht persönlich bekannt. Man musste Vertrauen auf andere Weise schaffen als durch die Kenntnis der Funktionsweise des Produkts und der Person des Herstellers. Dies geschah durch den Aufbau von Marken, die Vertrautheit mit und Vertrauen in die unter dieser Marke verkauften Produkte schafften. Und es wurde erreicht, indem die Anbieter die Funktion der Produkte garantierten.

Der Kunde brauchte die Funktionsweise des komplexen Produkts nicht mehr zu verstehen, er brauchte den Hersteller nicht mehr zu

43 Adam Smith, *An Inquiry into the Nature and Causes of the Wealth of Nations.* Book 1, Chapter 2 (Of the Principle which gives occasion to the Division of Labour) (1776).

kennen. Er brauchte nur noch zu wissen, dass sich die unter dieser Marke verkauften Produkte am Markt behauptet hatten und dass er das von ihm erworbene Produkt dem Hersteller zurückgeben konnte, wenn es die versprochene Funktion nicht erfüllte. Auch wenn der Autohersteller, der Computerproduzent oder der Softwareverkäufer nur nach ihrem Vorteil trachteten, so konnte man doch darauf vertrauen, dass sie einen nicht um ihres Vorteils willen betrügen würden. Die Marke würde leiden und sehr schnell vom Markt verschwinden und man könnte die fehlerhaften Produkte zurücktauschen, wenn der Anbieter mit falschen Versprechungen aufwartete.

Noch schwieriger wird es jedoch in unserer heutigen wissensteiligen Dienstleistungsgesellschaft. Kann ich darauf vertrauen, dass ich in Angelegenheiten, von denen ich nichts verstehe, gut beraten werde? Was, wenn ich für eine Beratung heute zu zahlen habe, sich aber erst morgen herausstellt, ob der Rat gut oder schlecht war? Unser lenkender Wohlfahrtsstaat nimmt sich Lenins Spruch sehr zu Herzen und überzieht die Wirtschaft mit Vorschriften und Kontrollen. Das hat nicht funktioniert und deshalb zu einem schwerwiegenden Vertrauensverlust in unsere bestehende Gesellschaftsordnung geführt, den wir in Kapitel 8 diskutieren wollen. Aber die liberale Gesellschaftsordnung kann auch mit diesen Problemen umgehen. Die Darstellung, wie dies möglich ist, soll an dieser Stelle zurückgestellt und dann in Kapitel 9 im Rahmen eines Aufrufs zur liberalen Erneuerung gegeben werden.

# 4

# DAS GEBROCHENE VERHÄLTNIS DER DEUTSCHEN ZUM LIBERALISMUS

Mit Immanuel Kant und Wilhelm von Humboldt können die Deutschen einen wichtigen Wegbereiter und einen prominenten Befürworter des Liberalismus vorweisen. Dennoch hatte es der Liberalismus schwer, in Deutschland Fuß zu fassen. Ein Grund dafür waren sicherlich die Geburtswehen bei der Schaffung des deutschen Nationalstaats. Ein anderer Grund war die frühe Entwicklung des Sozialstaats in Reaktion auf die Entwicklung der Sozialdemokratie.

## Einigkeit vor Freiheit

Unter dem Einfluss des französischen Nachbarn verbreiteten sich im Südwesten Deutschlands Anfang des 19. Jahrhunderts liberale Ideen, die in der Zeit des sogenannten Vormärz Proteste gegen die im Jahr 1815 auf dem Wiener Kongress eingeleitete Restauration der absoluten Monarchie inspirierten. Beeinflusst von der »Februarrevolution« in Frankreich im Jahr 1848 kam es in den südwestlichen Staaten des Deutschen Bunds zu Aufständen. Die Protestwelle schaukelte sich zur »Märzrevolution« auf, die Preußen, Österreich und alle anderen Mitgliedsstaaten im Deutschen Bund erfasste. Eine Nationalversammlung wurde gewählt, in der die Gründung eines liberalen deutschen Nationalstaats vorbereitet werden sollte. Doch der deutsche Liberalismus verzettelte sich in der Verfolgung des Doppelziels der Gründung eines Nationalstaats und einer liberalen Gesellschaftsordnung.

Österreich widersetzte sich der Abschaffung der absoluten zu Gunsten einer konstitutionellen Monarchie, in der die Rechte des Monarchen durch die Verfassung beschränkt sind. Preußen war zwar auf dem Weg zu einer konstitutionellen Monarchie (allerdings mit sehr eingeschränkten Rechten des Parlaments), aber der preußische König war gegen die parlamentarische Monarchie, in der das Parlament Regierung und Kaiser wählen würde. Eine liberale großdeutsche Nation, die Preußen und Österreich einschloss, war folglich unmöglich. Außerdem passte der österreichische Vielvölkerstaat nicht in einen deutschen Nationalstaat und der österreichische Kaiser lehnte eine Abspaltung der deutschsprachigen Gebiete ab. Wenn überhaupt, konnte es für die Nation daher nur eine »kleindeutsche Lösung« geben, mit Preußen und den Ländern des Deutschen Bundes, aber ohne Österreich.

Die Lage war so: Ohne Preußen war nicht einmal Kleindeutschland und mit Preußen waren nur begrenzte liberale Korrekturen an der Staatsform der absoluten Monarchie möglich. Am Ende entschloss sich die Mehrheit der Liberalen für den kleindeutschen Nationalstaat, wohl in der Hoffnung, dass die Staatsordnung Schritt für Schritt im liberalen Sinne umgestaltet werden könnte. In den Jahren 1866/67 spaltete sich in Preußen die Nationalliberale Partei von der 1861 gegründeten liberalen Deutschen Fortschrittspartei ab. Die Spaltung der Liberalen hallt bis heute in der Gliederung in national-liberale, klassisch-liberale und sozial-liberale Strömungen nach.

Das Eintreten für den Nationalstaat zahlte sich für die Nationalliberalen aus. Aus der ersten Reichstagwahl im März 1871 gingen sie mit 30,2 Prozent als die weitaus stärkste Partei hervor, während die dem Nationalstaat kritischer gegenüberstehende Fortschrittspartei nur 8,2 Prozent der Stimmen bekam. In Bayern erhielten die liberalen Parteien insgesamt, in Württemberg und Baden die Partei der Nationalliberalen allein absolute Mehrheiten.[44] Doch die Verwirklichung einer liberalen Staatsordnung sollte am zähen Widerstand der preußisch geprägten Staatsführung scheitern (wie heute liberale Politik oft an schwarz-grün-roten Vorstellungen scheitert). Deutschland war zwar vereint, aber in einem autoritären, von Preußen dominierten Staat.

## Zuckerbrot und Peitsche

Das Ende des Amerikanischen Bürgerkriegs 1865 und die deutsche Reichsgründung 1871 führten zu einem Wirtschaftsaufschwung und einem Boom in der Gründung von Aktiengesellschaften auf beiden Seiten des Atlantiks. Die neuen Unternehmen befassten sich vor allem mit dem Bau von Eisenbahnen und der Rohstoffgewinnung. Aktienbanken entstanden, in Deutschland unter anderem die Deutsche Bank. Der Aktienmarkt haussierte – bis 1873 die Wiener Börse zusammenbrach. Mit dem Börsenkrach fiel die Wirtschaft in eine Depression, die bis 1896 anhielt. Der Gründerboom wurde in der öffentlichen Wahrnehmung zunehmend zum »Gründerschwindel« umgemünzt, für den die Politik des »laissez faire, laissez aller« des Liberalismus verantwortlich gemacht wurde. Das ist bis heute gängige Praxis geblieben. Der Historiker Heinrich August Winkler schreibt dazu:

44 Heinrich August Winkler, *Der lange Weg nach Westen*. C. H. Beck (München) 2014, Bd. I, S. 216.

> *»Der ›große Krach‹ von 1873 war nur das auslösende Moment, das einer zeitweilig zurückgestauten Bewegung zum Durchbruch verhalf – dem Protest nicht gegen die Reichsgründung als solche, aber gegen alles, was sie mit dem Liberalismus verband. Gegen den Liberalismus ließen sich besonders leicht Schichten mobilisieren, die sich von der fortschrittlichen Industrialisierung bedroht fühlten: Bauern, Handwerker und kleine Kaufleute in vorderster Linie.«*[45]

Nach dem Krach wurden Schutzzölle erhoben und Eisenbahngesellschaften verstaatlicht. Außerdem setzte der Antiliberalismus den latent vorhandenen Antisemitismus frei und bereitete dem Nationalismus den Boden.

Der Rückfall in die Ordnungsprinzipien der Stammesgesellschaft begann. Während die Depression die Liberalen schwächte, stärkte sie die politische Linke und machte sie zum wichtigsten Gegenspieler der etablierten Mächte. Im Jahr 1875 wurde die Sozialistische Arbeiterpartei (SAP) gegründet, die eine revolutionäre Änderung der Wirtschafts- und Gesellschaftsordnung hin zum Sozialismus und Kommunismus anstrebte. Der deutsche Nationalstaat reagierte auf diese Herausforderung mit einer »Politik von Zuckerbrot und Peitsche«.

Mit dem »Sozialistengesetz« von 1878 wollte Reichskanzler Otto von Bismarck die Sozialistische Arbeiterpartei niederhalten. Gleichzeitig versuchte er, ihr den Wind aus den Segeln zu nehmen, indem er die von der Depression ausgelösten gesellschaftlichen Konflikte durch eine Sozialgesetzgebung entschärfte. 1883 wurde die Krankenversicherung, 1884 die Unfallversicherung und 1889 die Rentenversicherung eingeführt. Von den Versicherungen sollten vor allem die Facharbeiter profitieren, auf die sich die SAP stützte, die aber

---

45 Winkler (2014), S. 230.

auch der Großindustrie am Herzen lagen.[46] Das Zuckerbrot blieb, aber die Peitsche verschwand mit der Entlassung Bismarcks im Jahr 1890. Das Sozialistengesetz wurde aufgehoben, und aus der SAP wurde die Sozialdemokratische Partei Deutschlands.

## Aufstieg der Sozialdemokratie

In der zunächst streng marxistisch ausgerichteten SPD kam um die Jahrhundertwende die Frage auf, ob der Kapitalismus statt durch Klassenkampf und Revolution nicht besser durch weitere soziale Reformen im Sinne der Arbeiter verändert werden könnte. Der SPD-Parteistratege Eduard Bernstein befand, dass sowohl die von dem preußischen Staatsphilosophen Hegel als Prinzip der geschichtlichen Entwicklung behauptete »Dialektik« als auch die von Marx daraus abgeleitete Theorie des historischen Materialismus von »metaphysischer Natur« seien. Die Marx'sche Theorie sei daher unwissenschaftlich und tauge nicht als Grundlage für eine Politik der Sozialdemokratie. Stattdessen solle sie sich von der Philosophie Immanuel Kants leiten lassen, nach der es absolute Gewissheit über den Lauf der Dinge nicht geben kann. Kant war ein Wegbereiter liberaler Ideen. Aber trotz seiner Empfehlung von Kants Philosophie wäre es verkehrt, Bernstein als Liberalen zu bezeichnen. Eher könnte man in ihm einen frühen Vertreter des »Dritten Wegs« zwischen Kapitalismus und Sozialismus sehen, der viel später wichtig werden und Schaden stiften sollte (siehe unten).

Um die vorige Jahrhundertwende war die Zeit nicht reif für Bernsteins Reform der Sozialdemokratie. Die Mehrheit der SPD unter der Führung von August Bebel bestand auf der im Parteiprogramm formulierten Abschaffung der Klassengesellschaft durch die Revolu-

46 Siehe dazu Werner Abelshauser, »Die verflixte Bürgerversicherung«. *Frankfurter Allgemeine Sonntagszeitung* vom 4. Februar 2018.

tion. In der Tagespolitik wurde allerdings nicht so heiß gegessen, wie von den Parteistrategen gekocht wurde. Die SPD kooperierte mit der monarchischen Staatsführung und versuchte, von den Eliten des Kaiserreichs anerkannt zu werden. Damit wurde sie für breitere Kreise der Bevölkerung wählbar. In den Wahlen von 1912 gewann die SPD 34,8 Prozent der Stimmen und war damit nicht nur die stärkste deutsche Partei, sondern stellte auch die stärkste Fraktion im Reichstag. Den finalen Beweis für ihr staatstragendes Verhalten lieferte die Partei im August 1914. Innerhalb weniger Tage gab sie ihren Widerstand gegen einen Krieg auf und stimmte Kriegskrediten nahezu geschlossen und für die ganze Dauer des Ersten Weltkriegs zu. Kaiser Wilhelm II. honorierte dies mit dem Satz: »Ich kenne keine Parteien mehr, ich kenne nur noch Deutsche.«

Nach dem Sturz der Monarchie in der Novemberrevolution von 1918 entwickelte sich die SPD zur neuen Stütze des Staates, während die Liberalen in eine national- und eine links-liberale Partei gespalten waren. Die Errichtung einer demokratischen Republik unter der Führung der SPD brachte nicht den Durchbruch zu einer liberalen Gesellschaftsordnung. Der einzige liberale Politiker von größerer Bedeutung in der Weimarer Zeit war Gustav Stresemann. Obwohl er überzeugter Nationalliberaler war, setzte er sich für einen engeren Zusammenschluss der europäischen Staaten ein. Dafür erhielt er zusammen mit dem französischen Außenminister Aristide Briand im Jahr 1926 den Friedensnobelpreis. Doch Stresemanns Politik der Aussöhnung hatte keinen nachhaltigen Einfluss auf die weitere Entwicklung der Republik.

Von Anfang an war die Weimarer Republik von ihrer Vorgeschichte belastet: Zum einen durch die sie erdrosselnden Reparationsforderungen der Siegermächte des Ersten Weltkriegs und zum anderen durch den Widerstand großer Teile der noch kaiserlich gesinnten Bevölkerung, darunter vor allem der höheren Beamtenschaft. Mit der Wahl des früheren Generalfeldmarschalls Paul von Hindenburg zum Reichspräsidenten im Jahr 1925 als Nachfolger des verstorbenen sozialdemokratischen Friedrich Ebert setzten sich die konservativen und nationalen Kräfte schließlich durch. Als die Weimarer Republik in den Strudel der Weltwirtschaftskrise geriet, versank sie schließlich im nationalsozialistischen »Dritten Reich«. Dabei wurde ihr zum Verhängnis, dass die Verfassung die Tür zu einer »kommissarischen Diktatur des Reichspräsidenten« öffnete. Wenn sich die Parteien nicht einig waren, konnte der Präsident per Notverordnungen regieren. Die Weimarer Republik war »so verfasst, dass sie sich selbst aufheben konnte«.[47]

Die Nationalsozialisten wollten eine vollständig auf ihren Führer ausgerichtete Volksgemeinschaft konstruieren. Sämtliche Verbände, Standesorganisationen und Parteigliederungen waren vom Willen des *einen* Führers abhängig – und konnten sich gleichzeitig als Teilhaber seiner Herrschaft fühlen.[48] Das Recht machte keine Ausnahme. Der Staatsrechtler Carl Schmitt schrieb: *»Der wahre Führer ist immer auch Richter.«* Und: *»Aus dem Führertum fließt das Richtertum. Wer beides voneinander trennen oder sogar entgegensetzen will, macht den Richter entweder zum Gegenführer oder zum Werkzeug eines Gegenführers und sucht den Staat mit Hilfe der Justiz aus den Angeln zu heben.«*[49] Den Deutschen gefiel die auf den Führer ausgerichtete Volksgemeinschaft. Bei der Reichstagswahl im November 1933 entfielen 87,8 Prozent der Stimmen aller Stimmberechtigten auf die Einheitsliste der NSDAP. Ein gutes halbes Jahr später, im August 1934, sprachen sich nach dem Tod des Reichspräsidenten Hindenburg in einer Volksabstimmung 84,3 Prozent aller Stimmberechtigten für die Zusammenlegung der Ämter des Reichskanzlers und des Reichspräsidenten aus. Adolf Hitler verfügte nun

47 Winkler (2014), Bd. I, S.407.

48 Winkler (2014), Bd. II, S. 30.

49 Winkler (2014), Bd. II, S. 37. Genau so scheinen es auch heutige Autokraten noch zu sehen, zum Beispiel der türkische Präsident Recep Tayyip Erdoğan, der sich die Gerichte untertan gemacht hat.

über eine persönliche Machtfülle, wie es sie seit der Zeit des Absolutismus nicht mehr gegeben hatte.

Die Volksgemeinschaft war bei den Nationalsozialisten nicht »national«, sondern rassisch definiert. Am 9. April 1940, dem Tag des deutschen Überfalls auf Dänemark und Norwegen, erklärte Hitler vor seinen engsten Mitarbeitern, es werde ein »großgermanisches Reich« entstehen, so wie 1866 das Reich Bismarcks entstanden sei. In diesem Reich, das sich durch rassische Reinheit statt durch die Nation auszeichne, sollten sich unter deutscher Führung germanische Völker wie Dänen, Norweger, Niederländer und Flamen zusammenschließen.[50] Der nationalsozialistische Rassenwahn führte in die größte Katastrophe der deutschen Geschichte. Die verbrecherische Selbstüberhöhung bereitete den Boden für eine spätere Selbstverachtung, die bis zur Selbstverleugnung reichte. Alles schien besser, als deutsch zu sein – und manche sehen das auch heute noch so. Immer sind es Minderheiten oder einige wenige, die uns retten. Wenn nicht deutsche Bürger wie Georg Elser, die Geschwister Scholl und ihre Freunde sowie die Attentäter des 20. Juli 1944 den Widerstand gegen dieses Regime gewagt hätten, wäre es uns womöglich tatsächlich verwehrt gewesen, als Nation Selbstachtung zurückzugewinnen.

## Die Ära Erhard

Nach dem Krieg erhielt Westdeutschland einen stabilen liberalen Rechtsstaat schließlich von den westlichen Siegermächten des Zweiten Weltkriegs, allen voran den USA. Nach dem Ersten Weltkrieg hatten die Amerikaner die Europäer schnell wieder sich selbst überlassen. Das war nicht gut gegangen. Nach dem Zweiten Weltkrieg blieben sie in Europa, wozu natürlich auch die Konfrontation mit

50 Winkler (2014), Bd. II, S. 78.

ihrem früheren sowjetischen Verbündeten beitrug. Ohne wirtschaftliche Erholung hätte sich ein liberaler deutscher Rechtsstaat auf dem Gebiet der westlichen Besatzungszonen wahrscheinlich ebenso wenig entwickelt wie im früheren Reichsgebiet der Weimarer Republik. Ohne die Einführung einer liberalen Wirtschaftsordnung wäre aber eine wirtschaftliche Erholung kaum möglich gewesen. Und ohne die Unterstützung von Lucius D. Clay, des Militärgouverneurs der amerikanischen Besatzungszone, hätte Ludwig Erhard, der Direktor der Verwaltung für Wirtschaft des Vereinigten Wirtschaftsgebietes der amerikanischen und britischen Besatzungszone, niemals im Juni 1948 mit der Einführung der D-Mark die Preise freigeben und damit den Grundstein für die liberale Wirtschaftsordnung legen können.[51]

Im Ahlener Programm der CDU von 1947 hatte es zur Neuordnung der Wirtschaft noch geheißen:

> *»Das kapitalistische Wirtschaftssystem ist den staatlichen und sozialen Lebensinteressen des deutschen Volkes nicht gerecht geworden [...] Inhalt und Ziel dieser sozialen und wirtschaftlichen Neuordnung kann nicht mehr das kapitalistische Gewinn- und Machtstreben, sondern nur das Wohlergehen unseres Volkes sein. Durch eine gemeinwirtschaftliche Ordnung soll das deutsche Volk eine Wirtschafts- und Sozialverfassung erhalten, die dem Recht und der Würde des Menschen entspricht, dem geistigen und materiellen Aufbau unseres Volkes dient und den inneren und äußeren Frieden sichert.«*[52]

51 Erhard hob die Preiskontrollen eigenmächtig auf und wurde deswegen zum Militärgouverneur zitiert. Clay warf ihm angeblich vor: »Herr Erhard, meine Berater sagen mir, dass Sie einen furchtbaren Fehler begangen haben.« Erhard soll darauf erwidert haben: »Herr General, hören Sie nicht darauf. Meine Berater sagen mir das Gleiche.« Die Preise blieben frei.

52 http://www.kas.de/upload/themen/programmatik_der_cdu/programme/1947_Ahlener-Programm.pdf. Die Skepsis gegenüber dem »Kapitalismus« und der liberalen Wirtschaftsordnung hat sich auch im 1949 erlassenen Grundgesetz niedergeschlagen. Art. 14(2) GG: »Eigentum verpflichtet. Sein Gebrauch soll zugleich dem Wohle der Allgemeinheit dienen.« Art. 20(1) GG: »Die Bundesrepublik Deutschland ist ein demokratischer und sozialer Bundesstaat.«

Die von Erhard durchgesetzte liberale Wirtschaftsordnung läutete die Zeit des deutschen »Wirtschaftswunders« ein. Von Anfang der 1950er Jahre bis Mitte der 1960er Jahre wuchs das westdeutsche Bruttosozialprodukt pro Kopf in realen Größen gerechnet um knapp 6 Prozent pro Jahr. Die D-Mark wurde zum Symbol für den Wiederaufstieg Deutschlands. Und mit dem wirtschaftlichen Erfolg und dem Erfolg der neuen deutschen Währung, die durch die Einführung der liberalen Wirtschaftsordnung möglich geworden waren, gewann der Liberalismus im Bewusstsein der Deutschen an Boden. Hilfreich dabei war bestimmt auch die weit schwächere wirtschaftliche Entwicklung in der sowjetischen Besatzungszone und späteren DDR. Hilfreich war wohl auch, dass der deutsche Liberalismus nicht länger von der Sorge um »die Nation« überschattet war. Dieser Begriff war nach zwei fürchterlichen Kriegen in Deutschland Mitte des 20. Jahrhunderts diskreditiert.

Entgegen einer heute populären Lesart verband Ludwig Erhard mit dem Konzept der »Sozialen Marktwirtschaft« keineswegs die Umverteilung der am Markt erarbeiteten Einkommen und Vermögen.[53] Im Gegenteil, er sah darin eine große Gefahr:

> *»Die Blindheit und intellektuelle Fahrlässigkeit, mit der wir dem Versorgungs- und Wohlfahrtsstaat zusteuern, kann nur zu unserem Unheil ausschlagen. Dieser Drang und Hang ist mehr als alles andere geeignet, die echten menschlichen Tugenden: Verantwortungsfreudigkeit, Nächsten- und Menschenliebe, das Verlangen nach Bewährung, die Bereitschaft zur Selbstvorsorge und noch vieles Gute mehr allmählich, aber sicher absterben zu lassen – und am Ende steht vielleicht nicht die klassenlose, wohl aber die seelenlos mechanisierte Gesellschaft. Besonders unverständlich erscheint dieser Prozess,*

53 Siehe dazu Sarah Wagenknecht, *Freiheit statt Sozialismus.* Eichborn Verlag (Frankfurt am Main) 2011.

*weil in dem gleichen Maße, in dem sich der Wohlstand ausbreitet und die wirtschaftliche Sicherheit wächst, dazu unsere wirtschaftlichen Grundlagen sich festigen, das Verlangen, das so Erreichte gegen alle Fährnisse der Zukunft absichern zu wollen, alle anderen Bedenken überschattet. Hier liegt ein wahrlich tragischer Irrtum vor, denn man will offenbar nicht erkennen, dass wirtschaftlicher Fortschritt und leistungsmäßig fundierter Wohlstand mit einem System kollektiver Sicherheit unvereinbar sind.«*[54]

Erhard war sich bewusst, dass der Versorgungs- und Wohlfahrtsstaat den Rückfall in die organisierte Gesellschaft mit all ihren nicht nur wirtschaftlichen Nachteilen bedeutet hätte:

*»Die wachsende Sozialisierung der Einkommensverwendung, die um sich greifende Kollektivierung der Lebensplanung, die weitgehende Entmündigung des Einzelnen und die zunehmende Abhängigkeit vom Kollektiv oder vom Staat – aber damit zwangsläufig auch die Verkümmerung eines freien und funktionsfähigen Kapitalmarktes als einer wesentlichen Voraussetzung für die Expansion der Marktwirtschaft – müssen die Folgen dieses gefährlichen Weges hin zum Versorgungsstaat sein, an dessen Ende der soziale Untertan und die bevormundete Garantierung der materiellen Sicherheit durch einen allmächtigen Staat, aber in gleicher Weise auch die Lähmung des wirtschaftlichen Fortschritts in Freiheit stehen wird.«*[55]

Aber er sah auch die Notwendigkeit der Absicherung von unverschuldet in Not geratenen Mitbürgern:

54 Ludwig Erhard (1957), S. 248–49.

55 Erhard (1957), S. 252.

> *»Aus all diesen Ausführungen wird der Wunsch ersichtlich, den Bereich der kollektiven Sicherung eingedämmt zu wissen, d. h. ihn eher enger als weiter zu fassen. Um jedoch Missdeutungen auszuschließen, sei in diesem Zusammenhang betont, dass auch ich es als selbstverständliche Pflicht der Gemeinschaft erachte, für die Sicherung des Lebensabends derjenigen zu sorgen, die jetzt alt sind und die ohne eigene Schuld ihre Ersparnisse infolge einer schlechten Politik, die zu zwei Inflationen geführt hat, verloren haben.«*[56]

Die Ablehnung von Verteilungspolitik ergibt sich aus der Funktion des Marktes als Koordinationsinstrument wirtschaftlicher Aktivitäten. Die am Markt erzielten Einkommen ergeben sich aus einer »spontanen«, von den Menschen nicht geplanten Ordnung. Deshalb können sie nicht nach den Vorstellungen von »sozialer Gerechtigkeit« Einzelner oder der Mehrheit der Bevölkerung beurteilt werden.[57] Die Verteilung von Markteinkommen ist ebenso »gerecht« oder »ungerecht« wie die Verteilung von Lebenschancen durch das »Schicksal«.

## Die Jugendrevolte

Mit zunehmendem Wohlstand wuchs die Unzufriedenheit mit einer als verkrustet empfundenen bürgerlichen Gesellschaftsordnung. Zum Teil war diese Unzufriedenheit durchaus berechtigt. Die deutsche Gesellschaftsordnung der Nachkriegszeit war in beträchtlichem Maße noch von Wertvorstellungen aus den vorausgegangenen autoritären Gesellschaftsordnungen geprägt. Durch den 1947 ausbrechenden »Kalten Krieg« zwischen dem Ostblock unter

56 Erhard (1957), S. 254–255.

57 Hayek (2003).

der Führung der Sowjetunion und den Westmächten unter Führung der USA wurde die durch die »Entnazifizierung« begonnene Aufarbeitung der Nazivergangenheit schnell beiseitegelegt. Es bestand also zweifellos erheblicher »Reformbedarf«.

Vorangetragen wurde die Unzufriedenheit mit den bestehenden Verhältnissen von der in der Zeit des Wirtschaftswunders aufgewachsenen Jugend, insbesondere den Studenten. Doch die jungen Kritiker wollten mehr als nur Reformen. Ihnen ging es nicht in erster Linie um die Aufarbeitung der Vergangenheit und Anpassung überholter Regeln innerhalb der liberalen Gesellschaftsordnung an veränderte gesellschaftliche Wertvorstellungen, sondern um den Umsturz der liberalen Gesellschaftsordnung und der mit ihr verbundenen liberalen Wirtschaftsordnung an sich. Angefeuert wurde die Bewegung vom üblichen Konflikt der Generationen. Doch dieser war in Deutschland aufgrund der unbewältigten Nazivergangenheit besonders scharf. Nach der frühzeitig beendeten »Entnazifizierung« durch die Besatzungsmächte direkt nach dem Krieg hatte es bis dahin keine Aufarbeitung durch die deutsche Bevölkerung gegeben.

Im Jahr 1968 entlud sich die Kritik an den bestehenden Verhältnissen in der »Studentenrevolte«. Inspiriert wurden die sogenannten Achtundsechziger von den Theorien Sigmund Freuds, der in den bürgerlichen Konventionen eine im Unbewussten verankerte Quelle psychischer Störungen verortete, und von den Vorstellungen Karl Marx', der in der liberalen Wirtschaftsordnung ein Instrument der Ausbeutung der besitzlosen durch die besitzende Klasse sah. Beide Theoretiker lieferten den Rebellen die Munition in ihrem Kampf gegen die bestehenden Verhältnisse (und deren Vertreter, das »Establishment«): Marx, weil er die organisierte Gesellschaft als vom Gesetz der Geschichte bestimmten Nachfolger der liberalen Ordnung sah, und Freud, weil er Regeln des gesellschaftlichen Zusammenlebens als Krankheitsursache darstellte und die Tür für Befürworter des Auslebens von Trieben öffnete. Vereint wurden beide Lehren in der »Frankfurter Schule«, einer Gruppe von Philosophen und anderen Wissenschaftlern, zu deren herausragenden Köpfen Max Horkheimer, Theodor W. Adorno und Herbert Marcuse gehörten.

## *Die Achtundsechziger und Sigmund Freud*

Freud entwickelte seine Psychologie nicht aus dem Nichts. Vielmehr folgte er einer aus der Aufklärung kommenden deutschen Schule der Philosophie. Die Spur von Freuds Theorie kann bis zu dem Frankfurter Philosophen Arthur Schopenhauer zurückverfolgt werden, der im Sinne Kants Erkenntnis als eine auf menschliche Wahrnehmungsfähigkeit gründende »Vorstellung« der Welt verstand und den Mensch selbst von einem ihm unbewussten »Willen« getrieben sah. Während Schopenhauer aus der Dominanz eines blinden »Willens« für die Entwicklung der Welt ein pessimistisches Weltbild ableitete, ergab sich für seinen Bewunderer und Kritiker Friedrich Nietzsche daraus die Bejahung des menschlichen Lebens. Dementsprechend ging es Freud um die Befreiung des Ichs von seinem Über-Ich. Er war sich seiner Nähe zu Schopenhauer und Nietzsche so bewusst, dass er fast entschuldigend festhielt.

> *»Die weitgehende Übereinstimmung der Psychoanalyse mit der Philosophie Schopenhauers – er hat nicht nur den Primat der Affektivität und die überragende Bedeutung der Sexualität vertreten, sondern selbst den Mechanismus der Verdrängung gekannt – lässt sich nicht auf meine Bekanntschaft mit seiner Lehre zurückführen. Ich habe Schopenhauer sehr spät im Leben gelesen. Nietzsche, den anderen Philosophen, dessen Ahnungen und Einsichten sich oft in der erstaunlichsten Weise mit den mühsamen Ergebnissen der Psychoanalyse decken, habe ich gerade darum lange gemieden, an der Priorität lag mir ja weniger als an der Erhaltung der Unbefangenheit.«*[58]

58 Sigmund Freud, *Selbstdarstellung*. S. Fischer (Frankfurt a. M.) 1971, S. 87.

Der Seelenarzt Sigmund Freud unterschied ganz im Sinne des Philosophen Friedrich Nietzsche zwischen dem »Bewussten« (bei Nietzsche »Apollonischen«) und dem »Unbewussten« (»Dionysischen«). Im unbewussten Bereich wirken nach Freud zwei Kräfte auf das Bewusstsein der Person (Ich) ein. Zum einen sind dies die Triebe (genannt Es) – vor allem sexuelles Verlangen und Aggressivität –, zum anderen sind es die durch gesellschaftliche Wertvorstellungen und Normen geformten Verbote und Gebote (Über-Ich).

Freud sah ein, dass gesellschaftliches Leben nur möglich ist, wenn nicht alle Triebe grenzenlos ausgelebt werden. Also müssen sie sozialverträglich eingedämmt (sublimiert) werden. Das braucht nicht schlecht zu sein, wenn dadurch andere Energien, zum Beispiel auf künstlerischem Gebiet, freigesetzt werden. Aber wenn die Sublimierung nicht gelingt und Triebe in einer Weise befriedigt werden, die sich mit gutem Sozialverhalten nicht vertragen, dann kann das zu einem vom Über-Ich erzeugten schlechten Gewissen führen. Die im Über-Ich aufgenommenen gesellschaftlichen Werte und Normen können nun so übermächtig werden, dass es zu einer krank machenden Unterdrückung der Triebe kommt. Heilung naht, wenn man sich dieser Unterdrückung bewusst wird.

Der Arzt und Psychoanalytiker Wilhelm Reich trieb Freuds Theorie auf die Spitze und verpasste ihr eine politische Bedeutung. Er vertrat die Ansicht, dass faschistische Bewegungen auf die Unterdrückung von sexuellen Trieben über Generationen zurückzuführen seien. Der in der patriarchalischen Familie ausgeübte Zwang erzeuge Charaktere, die sich der repressiven Ordnung unterwerfen, obwohl sie diese erniedrigt. Faschismus werde strukturell geschaffen und sei nicht von Individuen oder politischen oder ethnischen Gruppen erfunden worden. Freud distanzierte sich von Reichs Schlussfolgerungen aus seiner Lehre. Dies hielt die Achtundsechziger aber nicht davon ab, Reichs Theorie aufzunehmen und sie auf die politischen Verhältnisse ihrer Zeit zu projizieren. *»Die gesamte bürgerliche Gesellschaft wurde als eine Gesellschaft der*

*Unterdrückung und Deformation gesehen, und da im Nationalsozialismus die entsetzlichsten Grausamkeiten vorgekommen waren, war es klar, hier die Gipfel- oder Entartungsform der bürgerlichen Sexualität zu sehen.«*[59]

## *Die Achtundsechziger und Karl Marx*

Freud hätte auch auf Karl Marx als Stichwortgeber für seine Seelentheorie verweisen können. Marx entwickelte eine Theorie zur Erklärung der Evolution der Gesellschaftsordnung, die er »historischen Materialismus« nannte. Dabei bediente er sich Georg Wilhelm Friedrich Hegels Konzept der Dialektik. Nach Hegel entfaltet sich der die Geschichte bestimmende Geist, indem er aus einer These eine Gegenthese entwickelt und den daraus entstehenden Widerspruch in einer Synthese auflöst. Diese provoziert ihrerseits wieder eine Gegenthese und so weiter. Marx erklärte, er habe die Hegel'sche Dialektik umgedreht, sie »vom Kopf auf die Füße« gestellt. Bei ihm bestimmte nicht der »Geist« die Geschichte, sondern die Geschichte den »Geist«. Und die Geschichte wiederum entwickelt sich auf dialektische Weise aus dem Widerstreit der jeweiligen materiellen Bedingungen. Für Marx galt: *»Es ist nicht das Bewusstsein der Menschen, das ihr Sein, sondern umgekehrt ihr gesellschaftliches Sein, das ihr Bewusstsein bestimmt.«*[60] Bei Freud heißt das gesellschaftliche Sein »Über-Ich«.

## *Die Achtundsechziger und Herbert Marcuse*

Herbert Marcuse, ein prominenter Vertreter der Frankfurter Schule, galt als politischer Spiritus Rector der Achtundsechziger. Er glaub-

59 Gerhard Fritz, *Geschichte der Sexualität.* Verlag Regionalkultur (Ubstadt-Weiher) 2016, S. 379.

60 Karl Marx/Friedrich Engels, *Werke.* Dietz Verlag (Berlin), Bd. 13, 7. Auflage 1971, Berlin/DDR. S. 7–11.

te, die »technologische Rationalität« der kapitalistischen Industriegesellschaft erzeuge einen eindimensionalen Menschen, der politisch und geistig gleichgeschaltet sei. In der Gesellschaft herrsche eine »komfortable, reibungslose, vernünftige, demokratische Unfreiheit«. Diese könne überwunden werden, wenn

> *»ohne jede Rationalisierung und ohne das geringste puritanische Schuldgefühl wirklich genossen wird, wenn die Sinnlichkeit von der Seele also ganz freigegeben ist, dann entsteht der erste Glanz einer anderen Kultur.«*[61]

Marcuse war auch ein entschiedener Gegner des Liberalismus und gab damit seinen Anhängern das Stichwort für ihre Opposition gegen die liberale Wirtschafts- und Gesellschaftsordnung. Laut Marcuse habe der Nationalsozialismus zwar den Liberalismus bekämpft, stelle jedoch seine konsequente geschichtliche Weiterentwicklung dar, weil bei

> *»aller strukturellen Verschiedenheit des Liberalismus und seiner Träger in den einzelnen Ländern und Epochen [...] die einheitliche Grundlage erhalten [bleibe]: die freie Verfügung des individuellen Wirtschaftssubjekts über das Privateigentum und die staatlich-rechtlich garantierte Sicherheit dieser Verfügung. Alle ökonomischen und sozialen Forderungen des Liberalismus sind wandelbar um dies eine stabile Zentrum – wandelbar bis zur Selbstaufhebung.«*[62]

---

61 Herbert Marcuse, »Über den affirmativen Charakter der Kultur« (1937). In: Herbert Marcuse, *Kultur und Gesellschaft*, Bd. 1, Suhrkamp (Frankfurt a. M.) 1965, S. 85.

62 Herbert Marcuse, »Der Kampf gegen den Liberalismus in der totalitären Staatsauffassung« (1934). In: Herbert Marcuse, *Kultur und Gesellschaft*, Bd. 1, Suhrkamp (Frankfurt a. M.) 1965, S. 22.

Weil er das Privateigentum ins Zentrum seiner Betrachtung stelle, habe sich der Liberalismus im Gewand des Nationalsozialismus zum totalitären Staat und Monopolkapitalismus gewandelt. Mit seinem Aufruf gegen die Nazi-Elterngeneration, gegen das aus der liberalen Politik Erhards entstandene Wirtschaftswunder und für mehr Sex ohne puritanische Schuldgefühle war Marcuse der Held der Achtundsechziger (auch wenn sie seine Texte nicht lasen oder verstanden).

Die Achtundsechziger sahen sich als Aufklärer: über das Erbe der Nazizeit, über die vermeintliche Unterdrückung durch die liberale Wirtschaftsordnung, über die sexuelle Repression durch gesellschaftliche Konvention, über den US-Imperialismus und so weiter. Von Wahrhaftigkeit, Offenheit und Respekt vor dem Gegenüber, den Tugenden der Aufklärer, war jedoch wenig zu spüren. Der ehemalige Reutlinger Oberbürgermeister Stefan Schultes erinnert an diese Zeit:

> *»Insgesamt verbinde ich diese Zeit mit erlebter Gewalt, Gewalttätigkeit und -bereitschaft, Intoleranz, Niederschreien der ›anderen‹, Überheblichkeit, Hysterie und bedenkenloser Manipulation im Interesse der ›richtigen‹ Sache. Und nicht ein Jota war von Friede, Versöhnung, Aufarbeitung der Vergangenheit, Europa die Rede, niemals, auch nicht ein Wörtchen, allenfalls von marxistischem Internationalismus.«*[63]

---

63 Stefan Schultes, »Von Europa war nicht die Rede«. *Frankfurter Allgemeine Zeitung* vom 22. Dezember 2017.

# Gegen jede Regel der Gesellschaft

Die Studentenbewegung von 1968 nahm im Sinne der Frankfurter Schule sowohl die Freud'sche als auch die Marx'sche Version der These von der gesellschaftlichen Fremdbestimmung des Menschen auf. Sie wendete sich einerseits gegen die bestehenden gesellschaftlichen Regeln und andererseits gegen die mit der Währungsreform eingeführte liberale Wirtschaftsordnung. Die gesellschaftlichen Revolutionäre kleideten sich anders, trugen andere Frisuren, liebten andere Musik und pflegten einen anderen Lebensstil als der »normale« Bürger. Wenn es nach ihnen ginge, sollte der Mensch sexuell befreit werden, da die Unterdrückung der Sexualität durch bürgerliche Wertvorstellungen Kreativität töte und Machtverhältnisse zementiere. »Macht kaputt, was euch kaputt macht«, war ihr Slogan, auch wenn dadurch die Regeln des gesellschaftlichen Zusammenlebens ausgehebelt würden.

Im Jahre 1967 wurde die erste Kommune Deutschlands (Kommune 1) in Berlin gegründet. Studenten aus der Gruppe »Münchner Subversive Aktion« und dem »Sozialistischen Deutschen Studentenbund« (SDS) wollten ein Zeichen gegen die spießige Kleinfamilie und hierarchische Familienstruktur setzen, die sie als Keimzellen des Faschismus sahen. Frauen, Männer und Kinder sollten gleichberechtigt in einer stammesähnlichen Gemeinschaft leben. Sex, Musik und Drogen bestimmten das Leben in der Kommune, das sich vor allem um von Testosteron gesteuerte junge Männer drehte.

Eine besonders niederträchtige Rolle spielten die sogenannten Kinderläden. Der Theorie Wilhelm Reichs folgend sollten Kinder nicht nur »antiautoritär«, sondern auch »sexualrepressionsfrei« erzogen werden.[64] Freud hatte ja, wie man meinte, bewiesen, dass Kinder zu Sex fähig wären. Sauberkeit wurde als Resultat einer Störung der analen Phase und damit als eine der Wurzeln der NS-Verbre-

64 Fritz (2016), S. 386.

chen gesehen. Die Schriftstellerin Ulla Hahn erzählt, wie Kinder in einer Wohngemeinschaft, die ihre Notdurft vor statt in der Toilette verrichteten, deswegen nicht ermahnt werden durften. »Reinlichkeit erzeuge eine Gesinnung, die ›Menschen in den Ofen schickt‹«.[65] Wo aber Kinder ständig als Sexualwesen und zur Sexualität fähig definiert wurden, lag Pädophilie nahe. Im Programm der Partei der Grünen von 1980 hieß es noch, dass Sex mit Minderjährigen *»nur [bei] Anwendung oder Androhung von Gewalt oder Missbrauch eines Abhängigkeitsverhältnisses bei sexuellen Handlungen unter Strafe zu stellen [ist]«*. Diese Passage blieb bis 1993 Bestandteil des Bundesprogramms der Partei.[66]

Den politischen Revolutionären war aber sexuelle Befreiung und die damit verbundene Erosion gesellschaftlicher Regeln nicht genug. Sie wollten den bürgerlichen Staat aktiv zerstören, und zwar mit Gewalt. Am 2. April 1968 legte eine Gruppe von Studenten und Sympathisanten um Andreas Baader und Gudrun Ensslin Brände in zwei Frankfurter Kaufhäusern. Damit wollten sie gegen den Vietnamkrieg protestieren. Gewalt war in ihren Augen legitim, zunächst, wenn sie gegen Sachen angewendet wurde, später dann, wenn sie sich gegen Vertreter des Staates richtete. Aus den Brandstiftern entwickelten sich in wenigen Jahren Stadtguerilleros nach lateinamerikanischem Vorbild, die 1970 die Terrorgruppe Rote Armee Fraktion (RAF) gründeten. In einem 1971 verbreiteten »Positionspapier« stellte sich die RAF als Vorkämpfer für die proletarische Revolution dar:

65 Ulla Hahn, *Wir werden erwartet*. Deutsche Verlags-Anstalt (München) 2017, S. 28.

66 Im Jahr 1982 sagte der prominente Grünen-Politiker Cohn-Bendit in einer französischen Talkshow dazu: *»Wissen Sie, die Sexualität eines Kindes ist etwas absolut Fantastisches. [...] Wissen Sie, wenn ein kleines fünfjähriges Mädchen beginnt, Sie auszuziehen, ist das großartig. Es ist großartig, weil es ein Spiel ist, ein wahnsinnig erotisches Spiel.«* (https://de.wikipedia.org/wiki/P%C3%A4dophilie-Debatte_(B%C3%BCndnis_90/Die_Gr%C3%BCnen)).

*»Wir behaupten, dass die Organisierung von bewaffneten Widerstandsgruppen zu diesem Zeitpunkt in der Bundesrepublik und Westberlin richtig ist, möglich ist, gerechtfertigt ist. Dass es richtig, möglich und gerechtfertigt ist, hier und jetzt Stadtguerilla zu machen. Dass der bewaffnete Kampf als ›die höchste Form des Marxismus-Leninismus‹ (Mao) jetzt begonnen werden kann und muss, dass es ohne das keinen antiimperialistischen Kampf in den Metropolen gibt.«*[67]

Für viele Protagonisten der Studentenrevolte waren sexuelle und politische Revolution zwei Seiten der gleichen Medaille. Auf der sexuellen Seite drangen sie bei der breiten Masse der Bevölkerung schließlich durch. Eine Welle der »sexuellen Aufklärung« ging durch die Gesellschaft, unter anderem angetrieben von den Filmen des ehemaligen Journalisten Oswalt Kolle. Aber die Absicht, einen politischen Systemwechsel vom liberalen Rechtsstaat zum sozialistischen Parteistaat notfalls mit Gewalt zu erzwingen, scheiterte. Sie musste scheitern, weil es der breiten Masse der Bevölkerung in der Bundesrepublik wirtschaftlich viel zu gut ging, um sich auf sozialistische Experimente einzulassen. Sogar die Unzufriedenen waren kaum von den Vorzügen des Sozialismus zu überzeugen, konnten sie doch klar und deutlich sehen, dass es den Einwohnern der sozialistischen Deutschen Demokratischen Republik deutlich schlechter ging als ihnen. Nur eine spätpubertierende, in einem ungewöhnlich heftigen Generationenkonflikt stehende Jugend konnte auf die Idee kommen, die wirtschaftliche Gans schlachten zu wollen, die goldene Eier legte.

Dagegen hatte die Studentenbewegung großen und nachhaltigen Erfolg in der Aufweichung bürgerlicher sozialer Normen, und zwar

67 Ulrike Meinhof, »Das Konzept Stadtguerilla« (1970). In: Christiane Schneider (Hrsg.): *Ausgewählte Dokumente der Zeitgeschichte: Bundesrepublik Deutschland (BRD) – Rote Armee Fraktion (RAF)*. Verlagsgesellschaft Politische Berichte (Köln) 1987.

nicht nur auf sexuellem Gebiet. Die Familienbande wurden lockerer, überlieferte Autorität wurde nicht mehr respektiert und die Achtung vor bestehendem Recht und Gesetz sank. Das alles war nur vor dem Hintergrund einer prosperierenden liberalen Marktwirtschaft möglich, welche die ökonomische Absicherung durch die Familie nicht mehr brauchte. Dieser elementare Sachverhalt war den Achtundsechzigern und ist ihren Nachfolgern bis heute nicht bewusst. Bezeichnend für die Reichweite der »Gesellschaftskritik« der Achtundsechziger ist der Kommentar des ehemaligen SPD-Vorsitzenden Oskar Lafontaine zum NATO-Doppelbeschluss Anfang der 1980er Jahre:

> *»Helmut Schmidt spricht weiter von Pflichtgefühl, Berechenbarkeit, Machbarkeit, Standhaftigkeit. Das sind Sekundärtugenden. Ganz präzis gesagt: Damit kann man auch ein KZ betreiben.«*[68]

Das war der von einem Altachtundsechziger geführte Stich ins Herz der bürgerlichen Tugenden, auf dem die erfolgreiche liberale Wirtschaftsordnung beruhte.

Mit der Studentenbewegung verschob sich die politische Mitte der Gesamtgesellschaft nach links. Der Profiteur davon war die Sozialdemokratie. In ihrem Godesberger Programm von 1959 hatte sich die SPD schließlich von ihren sozialistischen Wunschvorstellungen verabschiedet und war auf Bernsteins Linie eingeschwenkt. Man wolle keine »letzten Wahrheiten« mehr verkünden, hieß es. Das die Partei einigende Band seien die Grundwerte und das gemeinsame Ziel des demokratischen Sozialismus. Sozialismus sei dabei nicht das Endziel historischer Entwicklungen, sondern die dauernde Aufgabe, »Freiheit und Gerechtigkeit zu erkämpfen, sie zu be-

---

68 Zitiert am 15. Juli 1982 im *Stern* zur Diskussion um den NATO-Doppelbeschluss (https://de.wikiquote.org/wiki/Oskar_Lafontaine).

wahren und sich in ihnen zu bewähren«. Die Partei schwor zwar dem Sozialismus nicht ab, aber sie relativierte ihn.

Für die Wirtschaftspolitik bedeutete dies, dass nun nicht mehr die dysfunktionale sozialistische Zentralplanung, sondern makroökonomische Globalsteuerung angesagt war. Das war zwar ein bedeutender Fortschritt für die politische Linke, bewahrte aber eine antiliberale, konstruktivistische Sicht auf die Ordnung von Gesellschaft und Wirtschaft. Die Blaupause für konstruktivistische Wirtschaftspolitik lieferte John Maynard Keynes, der Mitte der 1930er Jahre die Feinsteuerung der Wirtschaft durch den Staat propagiert hatte.

## Von Marx zu Keynes

Keynes ließ sich von der Marx'schen Unterkonsumtionstheorie inspirieren. Aus ihr schloss er, dass Sparen aus individueller Sicht durchaus Sinn haben, aus gesamtwirtschaftlicher Sicht aber verheerend sein konnte. Der Staat hatte einzugreifen, um der Unterkonsumtion zu begegnen. Die These von einer durch Unterkonsumtion ausgelösten Ersparnisschwemme geistert seit biblischen Zeiten durch die Welt. *»Mancher teilt aus und bekommt immer mehr, ein anderer kargt übers Maß und wird doch ärmer«*, heißt es schon in der Bibel (Sprüche 11,24). In den 1920er Jahren brachten die Ökonomen Waddill Catchings und William Foster die These von der Unterkonsumtion lange vor Keynes dem breiten Publikum in den USA bei.

Ganz im biblischen Sinn formulierten Catchings und Foster die Theorie, dass es zwar für den Einzelnen sinnvoll sei zu sparen, es aber zu Nachfragemangel und Rezession führe, wenn alle dies täten. Um die Theorie unters Volk zu bringen, setzten sie ein Preisgeld von 5.000 US-Dollar (beinahe 70.000 US-Dollar in heutigen Preisen) für denjenigen aus, der die besten Gegenargumente liefern würde. Die Rechnung ging auf, und die Theorie von Catchings und Foster wurde als »Sparparadox« berühmt. So richtig passte sie allerdings nicht in die Zeit. In den »Roaring Twenties« boomten Wirtschaft und Aktienmarkt, von Nachfragemangel keine Spur. Catchings drehte als Chef von Goldman Sachs das ganz große Rad und legte finanziell hoch gehebelte Investment Trusts auf. Es herrschte kein Mangel an Konsum.

Als Goldman Sachs nach dem Aktienkrach von 1929 wegen Catchings' Geschäftspolitik an den Rand des Ruins gelangte, verlor dieser nicht nur seinen Job, sondern er verlor auch das Sparparadox an den ökonomischen Großmeister der Depression. Keynes baute es in seine Theorie ein. Dass Friedrich von Hayek das Paradox schon 1929 detailliert kritisiert hatte, störte Keynes dabei wenig. Hayek hatte Catchings und Foster vorgeworfen, verkannt zu haben, dass Ersparnisse dazu verwendet werden, den Produktionsprozess von Konsumgütern tiefer zu gliedern.[69] Mehr Kapital werde gebildet, um mehr Konsumgüter herzustellen. Der Zins spiegle die Zeitpräferenz der Akteure wider und steuere die Tiefe des Produktionsprozesses. Da auch die in den Vorstufen der Konsumgüterproduktion Beschäftigten mit den in der Endstufe hergestellten Konsumgütern versorgt werden müssten, führe Ersparnis keineswegs zu einem Konsumgüterüberschuss

Weil Catchings und Foster, wie später auch Keynes, in volkswirtschaftlichen Aggregaten statt Strukturen dachten, passte das Sparparadox in ihr Weltbild. Keynes wollte dem mit gezielter staatlicher Fiskal- und Geldpolitik begegnen. Statt sich mit Produktion und Nachfrage auf der Ebene einzelner Betriebe und Güter zu befassen, wie die sozialistischen Zentralplaner, wollte Keynes die gesamtwirtschaftlichen Aggregate planmäßig steuern. Keynes wie die Zentralplaner dachten in den Kategorien der organisierten Gesellschaft, nur auf unterschiedlichen Ebenen. Mit Keynes' Aufstieg zum Lordsiegelbewahrer des heutigen Mainstreams der ökonomischen Lehre fand das Sparparadox als Krankheitsbild und die da-

69 Friedrich von Hayek, »Gibt es einen Widersinn des Sparens?«. *Zeitschrift für Nationalökonomie*, Bd. I, Heft III, 1929.

für passende Therapie Eingang in jede Einführungsvorlesung der Volkswirtschaftslehre (und ist heute in jeder Fernsehtalkshow zu Wirtschaftsthemen vertreten).[70]

Mit dem von der Studentenrevolte ausgelösten Linksruck in der deutschen Gesellschaft trat die SPD 1966 zum ersten Mal in der Geschichte der Bundesrepublik in die Regierung ein. Nachdem die Koalition zwischen CDU/CSU und FDP unter Kanzler Ludwig Erhard geplatzt war, bildete die CDU/CSU mit der SPD eine große Regierungskoalition. Der Volkswirtschaftsprofessor Karl Schiller wurde Wirtschaftsminister. Für die Ökonomen und Politiker der 1960er Jahre schien Keynes den Schlüssel zu einem von Rezessionen unbeeinträchtigten stetigen Wachstum der Wirtschaft gefunden zu haben. Während seiner Amtszeit, von 1966 bis 1972 als Wirtschaftsminister und 1971 bis 1972 zudem noch als Finanzminister, schuf Schiller eine gesetzliche Grundlage für die zentrale Steuerung der Wirtschaft. Da diese anders als in den sozialistischen Ländern nicht auf der Ebene einzelner Betriebe ansetzte, sondern im Sinne Keynes gesamtwirtschaftliche Aggregate steuern sollte, wurde sie »Globalsteuerung« genannt.

Schiller war maßgeblich an der Entstehung des noch heute gültigen Stabilitäts- und Wachstumsgesetzes beteiligt, in dem die Wirtschaftspolitik verpflichtet wurde, die Stabilität des Preisniveaus, Vollbeschäftigung, außenwirtschaftliches Gleichgewicht und ein an-

---

70 Im Jahr 2005 erhob es der frühere Chef der US Federal Reserve, Ben Bernanke, zum Dreh- und Angelpunkt der Politik. Eine aus den Schwellenländern über die USA hereinbrechende Schwemme an Spargeldern führe zum Verfall der Zinsen, klagte er. Die Federal Reserve sei da machtlos. In den Folgejahren gingen die Kapitalexporte aus den Schwellenländern wieder zurück, doch die Zinsen fielen weiter. Nach Bernankes Theorie hätten sie nun steigen müssen. Aber das störte die Verfechter des Sparparadoxes keineswegs. Larry Summers, Großökonom und früherer US-Finanzminister, identifizierte auf einer Konferenz des Internationalen Währungsfonds im Jahr 2013 die globale Sparschwemme als einer der Gründe für einen negativen realen Gleichgewichtszins. Für viele Zentralbanker war das der Freibrief für die Erzwingung von Niedrigzinsen auf den Kapitalmärkten. Sie sahen sich ermächtigt, die Wirklichkeit einer fragwürdigen Theorie anzupassen, deren Gültigkeit für sie feststand. Seither ächzt der Sparer unter einer Politik, die Keynes treffend die »Euthanasie des Rentiers« nannte.

gemessenes Wirtschaftswachstum anzustreben.[71] Wegen inhärenter Konflikte zwischen diesen Zielen wurde der Zielkatalog »magisches Viereck« genannt. Außerdem wollte Schiller die wesentlichen Akteure in der Wirtschaft (die Gebietskörperschaften, Gewerkschaften und Arbeitgeberverbände) in einer »konzertierte Aktion« genannten Gesprächsrunde zur gemeinsamen Verfolgung der Ziele des magischen Vierecks bringen.

Mit den Vorstellungen Ludwig Erhards für eine liberale Ordnung der Wirtschaft hatten Schillers Konzepte nichts mehr zu tun. Sie standen der wirtschaftlichen Zentralplanung in der organisierten Gesellschaft wesentlich näher. Doch keynesianische Politik wurde populär. In den späten 1960er und frühen 1970er Jahren wuchs mit dem Siegeszug von Keynes der Staat, bis er so übermächtig wurde, dass er das Wachstum erdrosselte. Karl Schiller warf 1972 frustriert das Handtuch. Er trat als Doppelminister zurück und aus der SPD aus, weil er die unter der Kanzlerschaft von Willy Brandt ungezügelt steigende Staatsverschuldung nicht mehr verantworten konnte. Für Brandt galt die Devise: Nicht die Einnahmen bestimmen die Ausgaben, sondern die Ausgaben bestimmen die notwendigen Einnahmen. Sollten die Einnahmen nicht reichen, müssten eben Schulden gemacht werden. Auch heute noch ist die Einstellung sehr populär.

Im Jahr 1974 löste Helmut Schmidt Willy Brandt als Kanzler ab. Schmidt hatte 1972 noch postuliert, dass 5 Prozent Inflation leichter zu ertragen wären als 5 Prozent Arbeitslosigkeit. Im Verlauf der 1970er Jahre kam es jedoch zum keynesianischen Overkill. Inflation und Arbeitslosigkeit stiegen in trauter Gemeinsamkeit, während das Wachstum sank. Die Wortschöpfung »Stagflation« machte Karriere. Wie die Zentralplanung in den sozialistischen Ländern scheiterte nun die Globalsteuerung in der westlichen Welt.

---

71 Gesetz zur Förderung der Stabilität und des Wachstums der Wirtschaft vom 8. Juni 1967 (BGBl. I S. 582), das zuletzt durch Artikel 267 der Verordnung vom 31. August 2015 (BGBl. I S. 1474) geändert worden ist.

# Wiederkehr liberaler Wirtschaftspolitik

Die wirtschaftliche Misere brachte Anfang der 1980er Jahre neue Politiker mit dezidiert liberalen Ansichten auf den Plan – in den USA Ronald Reagan und in Großbritannien Margaret Thatcher. Der ehemalige Schauspieler Reagan und die gelernte Chemikerin Thatcher waren keine ökonomischen Experten. Sie verließen sich mehr auf ihren gesunden Menschenverstand, der ihnen sagte, dass die keynesianische Globalsteuerung versagt hatte. Statt die Nachfrage zu steuern, wie Keynes es forderte, wollten sie die Angebotsbedingungen für die Wirtschaft verbessern. Dazu war es nötig, den Staat zurückzudrängen, indem Steuern gesenkt und staatliche Regulierungen abgebaut wurden. Staatsunternehmen wurden privatisiert.

Sowohl Reagan als auch Thatcher waren stark von dem liberalen Ökonomen Friedrich von Hayek beeinflusst. Thatcher hatte während ihres Studiums in Oxford Hayeks Buch *Der Weg zur Knechtschaft* gelesen und war tief davon beeindruckt.[72] Ihr Wirtschaftsberater zu Beginn ihrer Zeit als Premierministerin, Keith Joseph, war ein erklärter Anhänger Hayeks. Reagan nannte Hayek eine unter den zwei oder drei Personen, die sein Denken am meisten beeinflusst hätten. In der Regierungszeit von Reagan und Thatcher erlebten daher liberale Ideen in Wirtschaft und Gesellschaft eine Renaissance, die auch in Deutschland Widerhall fand.

Ende 1982 erarbeitete der damalige Wirtschaftsminister und FDP-Politiker Otto Graf Lambsdorff im Auftrag des sozialdemokratischen Bundeskanzlers Helmut Schmidt ein Papier zum künftigen Kurs der Wirtschaftspolitik. Zu dieser Zeit steckte die deutsche Wirtschaft in der tiefsten Rezession seit der Nachkriegszeit. Lambsdorff forderte in seinem Papier eine Stärkung der Marktwirtschaft

72 Im Original: Friedrich von Hayek, *The Road to Serfdom*. Routledge (London) 1944.

gegenüber der Staatswirtschaft. Insbesondere wollte er Bürokratie abbauen, den öffentlichen Haushalt ohne Steuererhöhungen konsolidieren, die Staatsausgaben stärker auf investive Ausgaben konzentrieren und die Sozialversicherungssysteme hin zu mehr Eigeninitiative umbauen, um die explodierenden Kosten einzudämmen. Reagan und Thatcher ließen grüßen.

Für die SPD und die sie unterstützenden Gewerkschaften war die Rückkehr zu den liberalen Prinzipien der Erhard-Zeit aber unakzeptabel. Gut eine Woche nach Bekanntwerden des Lambsdorff-Papiers traten deshalb die FDP-Minister zurück. Die »sozial-liberale« Koalition platzte, und drei Wochen später wurde der CDU-Vorsitzende Helmut Kohl an der Spitze einer CDU/CSU-FDP-Koalition mittels eines konstruktiven Misstrauensvotums zum Bundeskanzler gewählt. Vornehmlich auf Betreiben der Lambsdorff-FDP wurde der Staat im Verlauf der 1980er Jahren nun auch in Deutschland etwas zurückgestutzt. Allerdings waren die Senkung der Steuern, der Abbau der Regulierungen und die Privatisierung von Staatsunternehmen in den angelsächsischen Ländern umfassender als in Deutschland. Zum Teil lag es daran, dass dort der Reformbedarf noch größer war. Aber eine wichtige Rolle spielte dabei auch, dass der Druck zu liberalen Reformen vom kleineren Koalitionspartner ausging. Die CDU/CSU verstand sich seit ihrer Gründung als Staatspartei und war weniger geneigt, die Rolle des Staates in der Wirtschaft zu beschneiden.[73] Insgesamt zahlten sich die liberalen Reformen dennoch aus. Von den Fesseln staatlicher Gängelei und Belastungen weniger eingeschränkt erholte sich die Wirtschaft. Das Wachstum stieg, die Inflation fiel und der Liberalismus erlebte einen kleinen Frühling.

---

73 Ansgar Neuhof weist darauf hin, dass zwischen 1966 und 2016, in denen die Bundesregierung 30 Jahre lang von CDU-Kanzlern geführt wurde, die Steuer- und Abgabenquote um 5,4 Prozent des Bruttoinlandsprodukts gestiegen ist. In den 20 Jahren, in denen SPD-Bundeskanzler regierten, blieb die Quote insgesamt gleich. Er folgert daraus: »Keine Partei belastet die Bürger so sehr mit Steuern und Abgaben wie die CDU.« Siehe Ansgar Neuhof, »Große Koalition bedeutet große Kosten«, *Tichys Einblick*, 02/18.

Doch viele Wähler fanden die mit individueller Freiheit verbundene Eigenverantwortung als bedrohliche Herausforderung. Als die Wirtschaft die durch keynesianische Politik erzeugte Lähmung überwunden hatte und es der Mehrheit der Wähler gegen Ende der 1980er Jahre wieder wirtschaftlich besser ging, suchten sie – wie schon von Erhard in früheren Zeiten diagnostiziert – nach einer Alternative, die mehr Schutz versprach. Eine Rückkehr zur Staatswirtschaft der 1970er Jahre war unattraktiv, da die Erinnerungen an die damalige Misere noch frisch waren. Außerdem war gerade der real existierende Sozialismus im Einflussbereich der früheren Sowjetunion krachend gescheitert.

Dies brachte findige Politikberater und Politiker in den 1990er Jahren auf die Idee, einen »Dritten Weg« zwischen Sozialismus und dem durch den Liberalismus ermöglichten Kapitalismus vorzuschlagen. Die Wirtschaft sollte sich frei entfalten können, solange alles gut ging, aber der Staat sollte schützend eingreifen, wenn Rückschläge drohten. Der Dritte Weg, für den in den USA Bill Clinton und in Großbritannien Tony Blair standen (und mit dem Gerhard Schröder kurz flirtete), sollte die beste aller Welten schaffen: Wachstum wie im Kapitalismus und Absicherung wie im Sozialismus, sozusagen die organisierte liberale Gesellschaft.[74]

---

74 Siehe dazu Anthony Giddens, *The Third Way: The Renewal of Social Democracy*. Polity Press (Cambridge) 1998.

# 5

# NIEDERGANG DES LIBERALISMUS DURCH DEN DRITTEN WEG

Am 8. Juni 1999 veröffentlichten der britische Premierminister Tony Blair und der deutsche Bundeskanzler Gerhard Schröder ein gemeinsames Papier, in dem sie die Idee des Dritten Wegs in eine politische Strategie umsetzten.[75] Darin gehen sie davon aus, dass Fairness, soziale Gerechtigkeit, Freiheit und Chancengleichheit sowie Solidarität und Verantwortung für andere zeitlose Werte sind, die von der Sozialdemokratie nie preisgegeben werden dürften. Doch der Staat solle die Wirtschaft zur Erreichung dieser Ziele nicht dominieren. *»Die Steuerungsfunktion von Märkten muss durch die Politik ergänzt und verbessert, nicht aber behindert werden.«* Das hörte sich eigentlich ganz vernünftig an.

Blair und Schröder erklärten, dass die Zeit des neoliberalen laissez faire vorüber sei. An *»ihre Stelle darf jedoch keine Renaissance des ›deficit spending‹ und massiver staatlicher Intervention im Stile der 70er Jahre treten.«* Alle hatten genug davon. Stattdessen sei es Ziel sozialdemokratischer Politik, *»den Scheinwiderspruch von Angebots- und Nachfragepolitik zu Gunsten eines fruchtbaren*

---

75 *Der Weg nach vorne für Europas Sozialdemokraten*, Ein Vorschlag von Gerhard Schröder und Tony Blair (London, 8. Juni 1999).

*Miteinanders von mikroökonomischer Flexibilität und makroökonomischer Stabilität zu überwinden«*. Die neue angebotsorientierte Agenda der Linken sollte den notwendigen Strukturwandel beschleunigen. *»Sie wird es aber auch leichter machen, mit ihm zu leben und ihn zu gestalten.«*

Auf den ersten Blick erscheint es bestechend, mikroökonomische Flexibilität mit makroökonomischer Stabilität zu verbinden und den Strukturwandel abzufedern. Und eigentlich sollte niemand etwas dagegen haben können, wenn die Steuerungsfunktion des Marktes nicht behindert, sondern ergänzt und verbessert wird. Leider war dies aber zu schön, um wahr zu sein. Denn die Steuerungsfunktion des Marktes lässt sich durch politische Planung nicht ergänzen und verbessern, sondern nur aushebeln. Leider hatten wohl weder Tony Blair noch Gerhard Schröder Ludwig Erhard gelesen. Eingriffe führen eben immer zu Fehlallokation und Effizienzverlusten, weil der Planer nicht das Wissen haben kann, das sich auf freien Märkten in den Preisen widerspiegelt. Zudem verändert makroökonomische Stabilisierung die Risikoeinschätzung auf mikroökonomischer Ebene und die Struktur der Wirtschaft. Der mit dieser Stabilisierung verbundene kostenlose Versicherungsschutz fördert riskantes Verhalten, dessen Kosten letzten Endes die Allgemeinheit zu tragen hat. Und der Einsatz der Geldpolitik zur Stabilisierung führt zur Aufblähung des Finanzsektors, zur »Finanzialisierung« der Wirtschaft.

## Geld als Instrument der Wirtschaftslenkung

Im angewandten Keynesianismus der 1970er Jahre sollte die Fiskalpolitik für die Absicherung der Wirtschaft gegen konjunkturelle Rückschläge und Vollbeschäftigung sorgen. Das Ergebnis war, dass die Staatsverschuldung außer Kontrolle geriet, weil die Gewerkschaften den Arbeitgebern überhöhte Löhne und der Regierung großzügige Sozialleistungen abtrotzten. Legendär ist die »Kluncker-Runde«, eine Lohnrunde, in der der Chef der Gewerkschaft des öffentlichen Diensts (damals ÖTV) im Jahr 1974 den öffentlichen Arbeitgebern eine Lohnerhöhung von 11 Prozent aufzwang. Die Staatskasse trug die Kosten.

Im Konzept des Dritten Wegs sollte dagegen die Geldpolitik über die Verfolgung eines Inflationsziels die Konjunktur stabilisieren. Es sollte dann den Sozialpartnern überlassen bleiben, vor dem Hintergrund stabiler gesamtwirtschaftlicher Verhältnisse für Gleichgewicht auf dem Arbeitsmarkt zu sorgen. Eine »Kluncker-Runde« sollte es nie wieder geben. Der Staat hatte sich innerhalb eines angemessenen Finanzrahmens um soziale Sicherheit zu kümmern. Dadurch konnten die früheren direkten Belastungen der Staatskasse tatsächlich vermieden werden. Doch der Missbrauch des Geldes als Instrument der Politik schuf Verwerfungen im Finanzsektor, die zu noch größerer wirtschaftlicher Instabilität und höherer Belastung der Staatsfinanzen führten als die proaktive Fiskalpolitik der 1970er Jahre. Statt der Versöhnung des Sozialismus mit dem Kapitalismus entstand eine von den Zentralbanken gelenkte Finanzialisierung der Wirtschaft.

Geld ist ein nur wenig verstandenes soziales Instrument. Notwendig wurde es durch die Arbeitsteilung in der über die Familie oder den Stamm hinausgehenden Gesellschaft. Wo Beziehungen wegen der Größe der Gesellschaft nicht mehr persönlich sein können, werden in Arbeitsteilung hergestellte Güter getauscht statt auf Treu und Glauben vergeben, und wo getauscht wird, braucht man Geld als Mittel. In der freien Gesellschaft wird das Tauschmittel »spontan«, das heißt ohne bewusste Planung, gewählt und es existiert unabhängig von der staatlichen Organisation. Kein Staat hat in unserem Kulturkreis ursprünglich Gold und Silber zum gesetzlich vorgeschriebenen Tauschmittel erklärt.

Doch der Staat hat früh erkannt, dass ihm die Verfügungsgewalt über das Geld sehr viel Macht über die Gesellschaft bringt.

Er hat sich diese daher angeeignet und Gold und Silber in staatliche Münzen geprägt. Schließlich hat er Geld als im Staatsmonopol emittiertes »gesetzliches Zahlungsmittel« definiert, mit dem er seine Ausgaben finanzieren konnte.[76] Zur besseren Versorgung der Wirtschaft mit Kredit und Vereinfachung des Zahlungsverkehrs ließ er die Herausgabe von privatem Schuldgeld durch staatlich lizenzierte Banken zu. Dies hat die heute noch bestehende öffentlich-private Partnerschaft zur Geldherstellung begründet, in der die umlaufende Geldmenge durch die für Laien schwer verständliche fraktionelle Reservehaltung der Banken gesteigert werden konnte.[77]

Die Eroberung der Verfügungsgewalt über Geld durch den Staat stellt eine direkte Bedrohung der persönlichen Freiheit dar. Wie in Kapitel 3 erklärt, ist neben der Selbstbestimmung über die eigene Person privates Eigentum eine Voraussetzung für persönliche Freiheit. Nicht umsonst schützt das deutsche Grundgesetz privates Eigentum. Dieses wird in verschiedenen Formen gehalten. Eine elementare Form für die Haltung von privatem Eigentum ist Geldeigentum. Manipuliert jedoch der Staat den Geldwert zur Verfolgung eigener Zwecke, so greift er damit in die Eigentumsrechte seiner Bürger ein. Wäre das deutsche Grundgesetz in dieser Hinsicht konsequent, so müsste es dem Staat die Verfügungsgewalt über Geld deshalb entziehen.[78] Doch es scheint, dass das deutsche Bundesverfassungsgericht, wie viele andere öffentliche Institutio-

---

76 Siehe dazu Murray Rothbard, *Das Scheingeldsystem – Wie der Staat unser Geld zerstört*. Resch (Gräfelfing) 2005.

77 Noch immer haben zahlreiche Ökonomen und Bankiers sowie der Großteil der Politiker nicht verstanden, dass in der heutigen Geldordnung Giralgeld als privates Schuldgeld der Banken über die Vergabe von Krediten geschaffen wird. Dieser Mangel an Verständnis hat zum Beispiel dazu geführt, dass die Politiker in Europa eine Bargeldunion statt einer Währungsunion konstruiert haben, ohne diese Fehlkonstruktion zu bemerken. Erst mit der Eurokrise wurde ihnen vorgeführt, dass sich das Schuldgeld griechischer Banken fundamental von dem deutscher Banken unterscheidet. Zur »Vollendung« der Währungsunion soll nun das von den Banken geschaffene private Schuldgeld vereinheitlicht werden, wobei wieder nicht verstanden wird, dass damit eine europäische Haftungsgemeinschaft für alle Schuldgeldeinlagen in Euro begründet wird.

78 Siehe dazu Michael Köhler, *Humes Dilemma – Das Geld und die Verfassung*. Duncker & Humblot (Berlin) 2015.

nen und Privatpersonen, die Bedeutung von Geld als soziales Instrument nur wenig versteht.

Mit der Zeit hat der Staat seine Verfügungsgewalt über das Geld zur Verfolgung kurzfristiger Staatsziele missbraucht und das Vertrauen in die Wertstabilität des im Staatsmonopol hergestellten Geldes untergraben. Anfang der 1970er Jahre kam es zu einer großen Geldkrise, weil die US Federal Reserve mehr Zentralbankgeld herausgegeben hatte, als durch den zum fixierten Festpreis von 35 US-Dollar pro Unze bewerteten Goldbestand gedeckt war. Aufgrund hoher Leistungsbilanzdefizite in der Zeit nach dem Zweiten Weltkrieg war der Bestand der US-Goldreserven auf 12 Milliarden US-Dollar gesunken, während die Zentralbanken der Handelspartner der USA über mehr als 50 Milliarden an US-Dollar Reserven hielten.[79]

Die französische Regierung tauschte Papierdollar zu diesem Preis gegen Gold und drohte damit, die Goldreserven der USA zu plündern. Um den Goldverlust anzuhalten, erklärte US-Präsident Richard Nixon am 15. August 1971 das Ende der Anbindung des US-Dollars an Gold zu einem festen Preis. Vermutlich war Nixon nicht klar, dass er damit den Zusammenbruch des Bretton-Woods-System der Wechselkurse auslösen würde. In diesem System waren andere Währungen an den US-Dollar gekoppelt. Ohne den Goldanker war der US-Dollar für andere Länder aber kein verlässlicher Orientierungspunkt mehr. Sie lösten nun ihre eigenen Währungen vom US-Dollar und ließen sie »floaten«. Das Zeitalter von »Fiat-Geld«, das ohne materielle Deckung allein durch Kreditvergabe geschaffen werden konnte, begann.

Ohne den Goldanker geriet die Produktion von Fiat-Geld schnell außer Kontrolle. Im Lauf der 1970er Jahre fing die Inflation an zu »galoppieren« und das Publikum verlor das Vertrauen in die Werthaltigkeit des Geldes. Man floh ins Gold oder »Betongold« – gemeint waren damit Immobilien. Das Fiat-Geld drohte gegen Ende

79 Larry Allen, *The Global Economic System Since 1945*. Reaktion Books (London) 2005, S. 87.

der 1970er Jahre zu scheitern, und das nur neun Jahre nach seiner Einführung. Um den Untergang dieses Geldes abzuwehren und das Vertrauen wiederherzustellen, gingen die meisten Staaten dazu über, die Kontrolle der Geldproduktion an von ihnen politisch unabhängige Zentralbanken zu übertragen. Diese sollten für die Werthaltigkeit des Geldes sorgen, ohne durch die Politik zu anderen Zielen verpflichtet werden zu können. Im Verlauf der knapp drei Jahrzehnte von Anfang der 1980er Jahre bis zum Beginn der Großen Finanzkrise im Jahr 2007 kam das Vertrauen in das staatlich lizenzierte Geld zurück.

In der Zeit der liberalen Erneuerung der frühen 1980er Jahre war es gängige Praxis gewesen, dass die Zentralbanken eine stetige Ausweitung der Geldmenge anpeilten, die sich an der mittelfristig zu erwartenden Expansion der Wirtschaft, dem längerfristigen Trend in der Geldhortung (der sich in einer steigenden Geldnachfrage äußerte) und einer unvermeidlichen Rate der Preisinflation orientierte. Die mittelfristige Ausrichtung der Geldversorgung entsprach der Absage an die Globalsteuerung durch die Fiskalpolitik. Auch die Entwicklung der öffentlichen Haushalte sollte mittelfristig – und nicht zur Steuerung der Konjunktur – geplant werden. Doch als gegen Ende der 1980er Jahre die politische Stimmung in den westlichen Ländern wieder zu Gunsten von mehr staatlicher Absicherung umschlug, kam das Konzept der Globalsteuerung wieder in Mode. Nur sollte diese jetzt durch die Geldpolitik statt durch die diskreditierte Fiskalpolitik erfolgen.

Das Herzstück der neuen Version der Globalsteuerung war die der Zentralbank auferlegte Verpflichtung, einen bestimmten Zielwert für die Rate der Konsumentenpreisinflation zu verwirklichen. Der keynesianischen Theorie folgend wurde die Inflation der Konsumentenpreise aus der Entwicklung des Arbeitsmarkts abgeleitet. Der britische Ökonom Alban W. Phillips hatte 1958 einen Zusammenhang zwischen Arbeitslosigkeit und Lohnveränderungen entdeckt, der in die Literatur als Phillips-Kurve einging. Nahm man an, dass sich von der Lage auf dem Arbeitsmarkt auf die Auslastung der gesamtwirtschaftlichen Produktionskapazität und von der Veränderung der Löhne auf die Veränderung der Konsumentenpreise schließen ließ. So sollten die Zentralbanken die Inflation über die Beeinflussung der gesamtwirtschaftlichen Nachfrage steuern können.

Das sogenannte IS-LM-Modell der keynesianischen Theorie lieferte das notwendige Politikinstrument dazu: den Zins. Dort ergibt sich der Zins aus dem Doppelgleichgewicht auf dem Güter- und Geldmarkt. Nach diesem Modell kann die Zentralbank das Gleichgewicht auf dem Gütermarkt dadurch beeinflussen, dass sie den Zins auf dem Geldmarkt manipuliert. Ihre Stellung als Kreditgeber der letzten Instanz für Banken und Vermittler auf dem Geldmarkt unter Banken bietet ihr die Möglichkeit, diesen und die daraus auf dem Kreditmarkt abgeleiteten Zinsen zu steuern.[80]

Die Globalsteuerung durch die Geldpolitik ging jedoch ebenso schief wie die Globalsteuerung durch die Fiskalpolitik. Der Grund war der gleiche: der Mangel an Wissen der zentralen Planungsbehörde und die Entkopplung der Handlungsfreiheit wirtschaftlicher Akteure von den Konsequenzen ihres Handelns. Gerade als die Zentralbanken Anfang der 1990er Jahre begannen, eine Konsumentenpreisinflation in der Nähe von 2 Prozent herbeizuzwingen, wurden die Preise durch technischen Fortschritt und Intensivierung des internationalen Handels gedrückt. Durch die Digitalisierung der Wirtschaft sanken die Preise für Kommunikation und Information. Es wurde billiger, Dienstleistungen anzubieten. Und durch die Intensivierung des Handels mit bevölkerungsstarken Entwicklungsländern sanken die Preise für Güter, zu deren Herstellung der Einsatz einfacher Arbeitskräfte ausreichte.

Aus der ökonomischen Handelstheorie weiß man, dass sich durch internationalen Handel die Preise der zur Herstellung der gehandel-

80 Siehe dazu Thomas Mayer, *Die neue Ordnung des Geldes*. FinanzBuch Verlag (München) 2014.

ten Güter nötigen Produktionsfaktoren angleichen. Der Handel mit den Entwicklungsländern brachte daher in den Industrieländern einen Abwärtsdruck auf die Löhne einfacher Arbeitskräfte. Niedrigere Preise für viele Dienstleistungen, billige Importgüter und niedrigere Löhne für einfachere Arbeit hielten die Inflation am Boden. Die Entwicklung der Preise ähnelte derjenigen, die im 19. Jahrhundert während der industriellen Revolution und der Intensivierung der Handelsbeziehungen der Industrieländer mit ihren Kolonien zu beobachten war. Von der Unterkonsumtionstheorie Keynes' geprägt schlossen die Zentralbanken daraus jedoch auf einen strukturellen Mangel an Nachfrage. Sie reagierten darauf damit, dass sie die Zinsen im Trend nach unten drückten. Das entsprach der Handlungsempfehlung aus dem keynesianischen IS-LM-Modell, ging aber an der sich aus der Wirklichkeit ergebenden Handlungsnotwendigkeit völlig vorbei. Statt ihrem Ziel einer ausgewogenen Entwicklung der Wirtschaft näher zu kommen, befeuerte die auf das Herbeizwingen von Konsumentenpreisinflation gerichtete Politik der Zentralbanken die Preisinflation für Vermögenswerte.

# Die Boom-Bust-Politik der Zentralbanken

Die Preise von Vermögenswerten können aus zwei Gründen steigen: Zum einen, weil das erwartete Wachstum der Erträge aus diesen Anlagen steigt, und zum anderen, weil die zu erwartenden Erträge höher bewertet werden. Die Bewertung erfolgt dadurch, dass der Gegenwartswert künftiger Erträge berechnet wird. Entscheidend dabei ist der Zins, der die Gegenwartspräferenz der Anleger misst, also angibt, wie hoch ein künftiger Wert sein muss, damit er einem gegenwärtigen gleichkommt. Werden Erträge aus Vermögensanlagen nun mit niedrigeren Zinsen diskontiert, steigen die Bewertungen dieser Anlagen. Dies ist kein Problem, wenn niedrigere Zinsen eine geringere Gegenwartspräferenz der Anleger widerspiegeln. Dann sparen diese gerade so viel, wie Investoren an Anlagekapital zum Erwerb von Kapitalgütern zur Erhöhung der künftigen Produktionskapazität nachfragen. Drückt eine Planungsbehörde jedoch den Marktzins unter die Rate der Zeitpräferenz der Anleger, dann fragen die Investoren mehr Anlagekapital nach, als die Anleger an Ersparnissen anbieten.

Die Investoren können Kapitalgüter mit Geld erwerben, das ihnen die Banken durch die Vergabe von Krediten zu billigen Marktzinsen geschaffen haben. Die Nachfrage nach Kapitalgütern steigt, ohne dass die Nachfrage nach Konsumgütern durch eine höhere Ersparnis verringert würde. Es kommt zum Kampf von Kapitalgüter- und Konsumgüterproduzenten um knappe Ressourcen in einer boomenden Wirtschaft. Die Preise von Ressourcen, von Rohstoffen, Arbeit und Kapital, steigen. Knapp kalkulierte Investitionen rechnen sich nicht mehr und müssen abgebrochen werden. Dem Investitionsboom folgt der Bust. Nun müssen Kredite für Projekte, die sich nicht mehr rentieren, abgeschrieben werden, Banken wanken und die Konjunktur bricht ein.

Gegen Ende der 1990er Jahre kam es zu einem Boom von Investitionen in der auf neuer Informations- und Kommunikationstechnologie basierenden »New Economy«, der Anfang der 2000er Jahre im Bust endete. Obwohl das simple IS-LM-Modell nicht erklären konnte, was sich da zugetragen hatte, blieben die Zentralbanken den Handlungsempfehlungen dieses Modells treu. Sie senkten die Zinsen, um die gesamtwirtschaftliche Nachfrage zu stabilisieren, obwohl gerade ihre vorangegangene Manipulation der Zinsen eine wichtige Rolle bei der Auslösung des Boom-Bust-Zyklus gespielt hatte. In ihrer Welt der unrealistischen ökonomischen Modelle gefangen, entwickelten die Zentralbanken die These, dass es am besten sei, die Kapitalmärkte im Aufschwung des Kreditzyklus sich selbst zu überlassen und im Abschwung die gesamtwirtschaftliche

Nachfrage zu stabilisieren. Damit gaben sie den Wirtschaftsakteuren die Möglichkeit, riskante Geschäfte zu machen, ohne die Konsequenzen tragen zu müssen, wenn diese scheiterten. Im Finanzsektor nannte man diese Politik den »Greenspan Put«. Gemeint war damit die kostenlose Absicherung riskanter Finanzgeschäfte durch die Geldpolitik der Federal Reserve unter ihrem damaligen Gouverneur Alan Greenspan.

Angestachelt durch die von den Zentralbanken gedrückten Zinsen nach dem Bust der »New Economy« stiegen im Verlauf der 2000er Jahre die Investitionen in Immobilien rapide an. Der damit verbundene Boom in der Kreditvergabe führte zu Überschuldung, die schließlich im Kreditbust und der Großen Finanzkrise von 2007/2008 endete. Auch darauf reagierten die Zentralbanken im Sinne ihres IS-LM-Modells mit der Stützung der gesamtwirtschaftlichen Nachfrage. Angesichts der Tiefe der Krise im Finanzbereich und der Rezession der Realwirtschaft griffen sie allerdings zu drastischeren geldpolitischen Stützungsmaßnahmen als je zuvor. Sie schlugen die Warnung Albert Einsteins in den Wind, dass man Probleme *»niemals mit derselben Denkweise lösen [kann], durch die sie entstanden sind«*.

Außerdem versuchten sie und die staatlichen Behörden, die Gründe für die Katastrophe auf individuelles Fehlverhalten einzelner Akteure zurückzuführen. Geldpolitische Globalsteuerung wurde nicht nur intensiviert, sondern sie wurde auch durch strengere staatliche Regulierung und Überwachung ergänzt. Die Geldpolitik sollte für Stabilität der Realwirtschaft sorgen, indem sie die Konsumentenpreisinflation auf einen vorgegebenen Zielwert fixierte. Und »makroprudenzielle« Regulierung sollte für Stabilität in der Finanzwirtschaft sorgen, indem sie die Geschäftstätigkeit der Finanzinstitute regelte. Der vorige Fehler, die Wirtschaftsakteure von der Haftung für die Kosten ihrer Handlungen zu entbinden und diese der Allgemeinheit aufzubürden, wurde durch den neuen Fehler ergänzt, sich Wissen über das Geschäftsgebaren von Akteuren in der

Finanzwirtschaft anzumaßen, das eine zentrale Planungsbehörde niemals haben kann.

## Blasenökonomie und »Finanzialisierung«

Auf dem Dritten Weg haben die Zentralbanken die »Finanzialisierung« der Wirtschaft vorangetrieben. Der Begriff geht auf ein 1910 erschienenes Buch mit dem Titel *Das Finanzkapital* zurück. Sein Autor Rudolf Hilferding war ein marxistischer Theoretiker und SPD-Politiker, der für kurze Zeit im Jahr 1923 in der Regierung Gustav Stresemanns Finanzminister war und 1941 von der Gestapo ermordet wurde. Während der klassische Marxismus allein die Realwirtschaft betrachtete, bezog Hilferding den Finanzsektor in die Analyse ein. Nach Hilferding schaffen sich die Banken durch die Differenz zwischen Kredit- und Einlagezins bei der Vergabe von Krediten an Unternehmen einen »Gründergewinn«. Diesen Gründergewinn können sie in Beteiligungen an Aktiengesellschaften anlegen. Damit werden die Banken zu Miteigentümern von Unternehmen und gewinnen auf diese Einfluss. Das Bankgeschäft hat die Tendenz zur Konzentration (weil so die Einlagen im eigenen Haus bleiben und nicht an andere Banken abwandern) und ist bestrebt, Eigenkapital zu bilden (um das Geschäft zu verstetigen):

> *»Mit der Entwicklung des Bankwesens, mit der immer enger werdenden Verflechtung der Beziehungen zwischen Bank und Industrie verstärkt sich die Tendenz, einerseits die Konkurrenz der Banken untereinander immer mehr auszuschalten, anderseits alles Kapital in der Form von Geldkapital zu konzentrieren und es erst durch die Vermittlung der Banken den Produktiven zur Verfügung zu stellen. In letzter Instanz würde*

*diese Tendenz dazu führen, dass eine Bank oder eine Bankengruppe die Verfügung über das gesamte Geldkapital erhielte. Eine solche ›Zentralbank‹ würde damit die Kontrolle über die ganze gesellschaftliche Produktion ausüben.«*[81]

Zur Absicherung seiner Interessen will das Finanzkapital auch die staatliche Wirtschaftspolitik bestimmen. Es stärkt die Staatsmacht und macht diese von ihm abhängig. Es entsteht ein »staatsmonopolistischer Kapitalismus«.

Hilferdings Ideen hatten großen Einfluss auf marxistische Theoretiker und Politiker seiner Zeit, nicht zuletzt auf Lenin. Nach dem Zweiten Weltkrieg spielten sie in der westlichen Einflusssphäre zunächst eine geringere Rolle, kamen dann aber mit dem Aufstieg der Generation der Achtundsechziger wieder zur Geltung. Teile der Jugendorganisation der SPD knüpften in den 1970er Jahren an Hilferdings Theorie des »staatsmonopolistischen Kapitalismus« an. Anhänger dieser Theorie waren unter anderem der heutige Finanzminister Olaf Scholz und für kurze Zeit wohl auch Bundespräsident Frank-Walter Steinmeier. In den 1990er Jahren wurde aus Hilferdings Begriff des »Finanzkapitalismus« in der englischen Literatur die »Financialization«.[82] Unter »Finanzialisierung« verstand man das überproportionale Wachstum des Finanzsektors, das man als die Weiterentwicklung des »Monopolkapitalismus« sah. Dieser würde bestimmt durch »Neoliberalismus, Globalisierung und Finanzialisierung«.[83] Die Rolle des Staates wäre nun, als Kreditgeber der letzten Instanz für das Überleben des Systems zu sorgen. Für die marxistischen Theoretiker ist der »Neoliberalismus« verantwortlich

81 Rudolph Hilferding, *Das Finanzkapital.* Dietz Verlag (Berlin) 1955, Kapitel X (https://www.marxists.org/deutsch/archiv/hilferding/1910/finkap/index.html).

82 Siehe Malcolm Sawyer, »What is Financialisation?«. *International Journal of Political Economy* 42 (2013), Bd. 4.

83 Siehe John Bellamy Foster, »The Financialization of Capitalism«. *Monthly Review*, April 2007 (https://monthlyreview.org/2007/04/01/the-financialization-of-capitalism/).

für die »Finanzialisierung« der Wirtschaft. Tatsächlich hat aber die Zinspolitik der Zentralbanken, die in der Politik des Dritten Wegs die Absicherung der Konjunktur gegen Rezessionen übernahm, die Aufblähung des Finanzsektors vorangetrieben.

Jede Korrektur auf den Finanzmärkten und jede Rezession der Wirtschaft wurde seit Ende der 1980er Jahre von den Zentralbanken mit immer niedrigeren Zinsen bekämpft. Durch diese Politik entstand eine künstliche Welt der Blasenökonomie, in der die Preise, die Wirtschaftsstruktur und die Verteilung von Einkommen und Vermögen verzerrt sind. Wie in dem Science-Fiction-Film *Matrix* haben die Zentralbanken mit ihrer Niedrigzinspolitik eine schöne Scheinwelt erzeugt. Die Märkte für reale Vermögenswerte hasten von einem Hoch zum anderen, die Wirtschaft brummt, die Inflation ist niedrig und sogar die Existenz der Europäischen Währungsunion scheint nicht länger bedroht. Doch die Schulden werden immer größer. Wie lange noch können die Zentralbanken diese Scheinwelt aufrechterhalten? Das weiß niemand. Aber Risse, die schließlich zu ihrem Bruch führen müssen, sind unübersehbar.

Gemessen am zyklisch bereinigten Kurs-Gewinn-Verhältnis nach Robert Shiller (»CAPE«) hat der amerikanische Aktienmarkt die zweithöchste Bewertung seit Beginn des 20. Jahrhunderts erreicht. Heute ist CAPE höher als vor dem Aktiencrash von 1929. Nur während der Technologieblase im Jahr 2000 übertraf es den heutigen Wert. Nimmt man den Kehrwert von CAPE, erhält man die Gewinnrendite. Zieht man davon den langfristigen Realzins (gemessen als Rendite der zehnjährigen US-Staatsanleihe minus der Konsumentenpreisinflation) ab, erhält man die Risikoprämie auf Aktien. Trotz des extrem hohen Werts von CAPE liegt die Risikoprämie im langjährigen Durchschnitt. Verantwortlich dafür ist der extrem niedrige Realzins. In der Vergangenheit leitete ein hoher Wert von CAPE in der Regel eine Aktienbaisse ein, die nicht selten von einer Rezession der Wirtschaft begleitet war. Heute braucht man keine Baisse zu fürchten – solange der Zins niedrig bleibt. Weil die Zentralbanken eine Aktienbaisse wegen der damit verbundenen Gefahr einer Rezession fürchten wie der Teufel das Weihwasser, werden sie die niedrigen Zinsen mit all ihren Kräften verteidigen. Die Zentralbanken haben die Geister der Finanzmärkte gerufen, um den Dritten Weg zu bauen. Nun geht es ihnen wie dem Zauberlehrling in Goethes Faust, der stöhnte:

> *»nass und nässer wird's im Saal und auf den Stufen. Welch entsetzliches Gewässer!«*

und schließlich verzweifelte:

> *»Herr, die Not ist groß! Die ich rief, die Geister, werd ich nun nicht los.«*

Während die Finanzmärkte von der Droge des billigen Geldes der Zentralbanken beduselt sind, verändert sich die Struktur der Wirtschaft. Charlie Munger, der Partner der Investorenlegende Warren Buffett, verglich einmal das Einkommen der Akteure im Finanzsektor mit dem »Tronc«, den der Croupier von den Spielern beim Roulette erhält. Wie der Croupier beim Roulette von den Spielern für seine Hilfeleistungen belohnt wird, sollen die Akteure im Finanzsektor für ihre Dienste für die Realwirtschaft von den Akteuren dort entschädigt werden, meinte Munger. Hinter diesem Bild verbirgt sich die Annahme, dass die eigentliche Wertschöpfung in der Realwirtschaft erfolgt und der Finanzsektor dazu Hilfe leistet. Doch in unserer auf Verschuldung gebauten Wirtschafts- und Finanzordnung haben sich die Verhältnisse umgekehrt. Wir haben eine »Croupier-Wirtschaft«, in der die Zahl der Croupiers so hoch ist, dass diese selbst das Spiel bestimmen: Der Finanzsektor gibt den Ton an, dem die Realwirtschaft folgt. Wie die Finanzialisierung die Wirtschaft verändert, ist nirgendwo deutlicher zu sehen als in den USA.

Im Jahr 1990 hatte das verarbeitende Gewerbe einen Anteil von gut 17 Prozent an der gesamten Bruttowertschöpfung der US-

Wirtschaft. Dienstleistungen für Finanzierung, Versicherung und die Bewirtschaftung von Immobilien (kurz Finanzsektor) brachten es auf den gleichen Anteil. 16 Jahre später hatten sich die Anteile gewaltig verschoben: das verarbeitende Gewerbe brachte es 2006 nur noch auf 13 Prozent, der Finanzsektor erreichte dagegen 20 Prozent. Eine riesige Kreditblase hatte sich gebildet, die den Finanzsektor nährte. Man hätte erwarten können, dass sich mit dem Platzen der Kreditblase in der Finanzkrise von 2007/2008 der Finanzsektor zurückgebildet hätte. Dem ist aber nicht so. Im Jahr 2016 betrug der Anteil dieses Sektors an der Bruttowertschöpfung knapp 21 Prozent. Der Anteil des verarbeitenden Gewerbes schrumpfte auf weniger als 12 Prozent. Trotz Finanzkrise stiegen die Finanzdienstleistungen weiter überproportional an und stellen weiterhin den größten Sektor der US-Wirtschaft.

Ähnlich, wenn auch nicht ganz so dramatisch, verlief die Entwicklung in der Eurozone. Im Jahr 1995 hatte das verarbeitende Gewerbe einen Anteil von rund 20 Prozent an der gesamten Bruttowertschöpfung. Finanzdienstleistungen brachten es auf 15 Prozent. Im Jahr 2006 war der Anteil des verarbeitenden Gewerbes auf weniger als 18 Prozent gefallen und der Anteil der Finanzdienstleistungen auf knapp 16 Prozent gestiegen. Zehn Jahre später lag der Anteil des verarbeitenden Gewerbes bei 17 Prozent und der von Finanzdienstleistungen bei gut 16 Prozent. Seit der Finanzkrise ist der Anteil von Finanzdienstleistungen an der Wertschöpfung im Euroraum zwar nicht so gestiegen wie in den USA, aber immerhin auch nicht unter seinen Wert vor der Krise gefallen. Gewissermaßen zum Ausgleich stieg der Anteil des Staates an der Wertschöpfung im Euroraum von 18 Prozent im Jahr 2006 auf mehr als 19 Prozent im Jahr 2016.

Auf den ersten Blick ist es verblüffend, dass gerade diejenigen Wirtschaftssektoren, die durch ihre Überschuldung die Finanzkrise ausgelöst oder verstärkt haben, also der Finanzsektor und Teile des Staatssektors im Euroraum, nun einen größeren Beitrag zur gesamten Wertschöpfung leisten als vorher, während das verarbeitende Gewerbe weiterhin geschrumpft ist. Der wesentliche Grund dafür dürfte sein, dass die Zentralbanken zur Vermeidung einer tieferen Rezession durch ihre Zinspolitik und Ankauf von Schuldtiteln besonders diese Sektoren zuerst gestützt und dann wieder aufgepäppelt haben. Das Ergebnis dieser Politik war, dass in den USA die gesamte ausstehende Schuld relativ zum Bruttoinlandsprodukt heute nicht geringer ist, als sie es vor der Finanzkrise war, und im Euroraum sogar deutlich höher ist.

Ein Spielkasino, in dem das Verhältnis der Croupiers zu den Spielern zu hoch ist, ist kein gesunder Wirtschaftsbetrieb. Die Croupiers haben nichts Sinnvolles zu tun oder nehmen gar selbst am Spiel teil. Dementsprechend behindern ein überdimensionierter Finanzsektor und aufgeblähter Staatssektor das Wachstum der Wirtschaft, wenn mehr Vermittler da sind, als es zu vermitteln gibt. Deshalb ist es nicht verwunderlich, dass die wirtschaftliche Entwicklung seit der von der Finanzkrise ausgelösten Großen Rezession von 2008/2009 eher verhalten war. Viele Croupiers standen bildlich gesprochen untätig herum, wurden aber nicht entlassen. Nun scheint die Wirtschaft langsam wieder Fahrt aufzunehmen. Die vorher untätigen Croupiers beteiligen sich wieder am Spiel. Doch diese Croupier-Wirtschaft ist hoch verschuldet und daher anfällig für einen Anstieg der Zinsen oder Rückgang der Produktion. Die Zentralbanken, die das Kasino betreiben, können verhindern, dass die Zinsen der Wirtschaftsentwicklung entsprechend steigen. Aber sie haben nicht die Macht, eine Rezession zu verhindern. Da hilft nur noch beten.

Der Wirtschaftshistoriker und Kapitalmarktexperte Edward Chancellor beschreibt, wie die Leistungsfähigkeit der Blasenökonomie über die Zeit immer schwächer wird.[84] Die niedrigen Zinsen führen zu einer Fehlallokation von Kapital. Projekte mit geringen wirt-

84 Edward Chancellor, *The Interest Rate Trap: Monetary Policy and its Consequences in the Post-Lehman Era*. Unveröffentliches Buchmanuskript, Oktober 2017.

schaftlichen Erträgen, die bei höheren Zinsen nicht lebensfähig wären, können weitergeführt werden. Die Konsumenten stemmen sich gegen den mit niedrigerem Wirtschaftswachstum verbundenen Verlust ihrer Kaufkraft, indem sie ihre Sparquote senken. Schwaches Wachstum des Konsums und noch schwächeres Wachstum der Ersparnisse drücken das Wachstum der Investitionen. Wie ein Wanderer, der knietief im Morast steckt und immer tiefer einsinkt, kommt die Wirtschaft kaum noch voran. Mit der Lähmung der Wirtschaft wird dann begründet, warum die Zinsen noch tiefer gedrückt werden müssen, was das Fortkommen der Wirtschaft noch schwieriger macht.

Gleichzeitig verstärken die niedrigen Zinsen der Blasenökonomie die Ungleichheit in der Verteilung von Einkommen und Vermögen. Das niedrige Wirtschaftswachstum drückt das Wachstum der Reallöhne und damit des realen Einkommens der Lohnempfänger. Geldersparnisse werden nicht mehr verzinst. Die Fähigkeit der mittleren und unteren Einkommensschichten, durch Vermögensbildung für ihr Alter vorzusorgen, löst sich in Luft auf. Da aufgrund der Alterung der Bevölkerung auch die Leistungen der gesetzlichen Rentenversicherung sinken, droht immer mehr die Altersarmut und politische Radikalisierung.

Dagegen profitieren von der Blasenökonomie die vermögenden Schichten. Nach den Berechnungen des Flossbach von Storch Research Institute stiegen die deutschen Vermögenspreise im vierten Quartal 2017 um 9,3 Prozent gegenüber dem Vorjahr.[85] Dies war der höchste Anstieg seit Beginn der Zeitreihe im Jahr 2005. Mit 11,2 Prozent stiegen die Vermögenspreise für wohlhabende Haushalte besonders stark. Davon profitieren insbesondere ältere Menschen, die im Lauf ihres Arbeitslebens Vermögen aufbauen konnten. Die Vermögenspreise für die Gruppe der 55- bis 64-Jährigen stie-

85 Siehe Philipp Immenkötter, »FVS Vermögenspreisindex Q4-2017 – Inflation erstmals über 9 Prozent«. Flossbach von Storch Research Institute, Februar 2018.

gen um 10,8 Prozent. Diejenigen der 25- bis 34-Jährigen stiegen nur um 6,2 Prozent. Die Blasenökonomie nützt also vor allem wohlhabenden älteren Menschen und lässt die jüngeren Menschen ohne Kapitalvermögen zurück.

In der Welt der Blasenökonomie steigt das ausgewiesene Vermögen stärker als der produktive Kapitalstock und erzeugt einen Scheinreichtum. Der produktive Kapitalstock erhöht sich um die gesamtwirtschaftliche Nettoersparnis. In Deutschland betrug die gesamtwirtschaftliche nominale Nettoersparnis in den Jahren von 2000 bis 2007 1,2 Billionen Euro. Das von der Deutschen Bundesbank ausgewiesene gesamtwirtschaftliche Vermögen stieg dagegen dank höherer Bewertungen um 1,7 Billionen Euro, also um 42 Prozent mehr als die kumulierte Ersparnis. Zwischen Ende 2007 und 2016, also in der Zeit der Großen Finanzkrise, Großen Rezession und anschließenden Erholung, betrug die kumulierte Nettoersparnis 2,2 Billionen Euro. Das ausgewiesene Vermögen stieg jedoch in dieser Zeit um 4,9 Billionen Euro. Das waren 121 Prozent mehr als die kumulierte Ersparnis. Für die privaten Haushalte ist der Unterschied zwischen kumulierter Ersparnis und Anstieg der Vermögen noch drastischer: Vor der Finanzkrise stiegen die Vermögen um 68 Prozent mehr als die kumulierte Ersparnis, danach betrug der Abstand 234 Prozent. Der durch die extreme Niedrigzinspolitik der EZB ausgelöste Anstieg der Vermögenspreise erzeugt die Illusion eines Vermögensgewinns, der durch den Anstieg des produktiven Kapitalstocks nicht gedeckt ist.

Rudolf Hilferding sah im Jahr 1910 einen zunehmenden Einfluss der Banken auf die Unternehmen der Realwirtschaft voraus. Eine Bank oder eine Bankengruppe könnte die Verfügung über das gesamte Geldkapital erringen und damit die Kontrolle über die ganze gesellschaftliche Produktion ausüben. Vermutlich stand die Deutsche Bank für Hilferdings Prognose Pate. Bereits um die Wende zum 20. Jahrhundert hatten die Direktoren der Deutschen Bank mehr als 135 Aufsichtsratspositionen in deutschen Unternehmen inne und stellten dabei 29 Aufsichtsratsvorsitzende.[86] Die Bank hielt ein bedeutendes Aktienportfolio und konnte weitgehend die Stimmrechte der Aktionäre ausüben, die ihre Aktienbestände von ihr verwahren ließen. Doch mit der zunehmenden Bedeutung des Kapitalmarkts für die Finanzierung der Unternehmen und das Bankgeschäft baute die Deutsche Bank ihre Beteiligungen ab Mitte der 1990er Jahre ab. Insgesamt schwand der direkte Einfluss der Banken auf die Industrie, während der Einfluss des Kapitalmarkts stieg.

Der mit der Finanzialisierung verbundene Aufstieg der Aktienmärkte führte zu einer Veränderung des Anlegerverhaltens. Wenn die Aktienpreise im gesamten Markt stiegen – und die Zentralbanken bei Rückschlägen den Markt verlässlich stützten –, dann konnte es sich der Anleger ersparen, die Aktien einzelner Unternehmen auszuwählen oder aktive Portfoliomanager für diese Arbeit zu bezahlen. Es war billiger, in passive Aktienfonds zu investieren, die auf die Auswahl von Aktien verzichteten und in ihrem Portfolio einfach einen Aktienindex abbildeten. Die »passive« Portfolioverwaltung ist in hohem Maße skalierbar und kann die Verwaltungskosten umso niedriger ansetzen, je höher das verwaltete Vermögen ist. Mit zunehmender Popularität der Indexfonds unter den Anlegern begann auch die Konzentration des Marktes auf wenige Anlagegesellschaften. Heute liegen rund 12 Prozent aller Aktien weltweit bei passiven Portfolioverwaltungen. Davon entfällt der größte Teil auf drei US-amerikanische Gesellschaften: BlackRock, Vanguard und State Street. BlackRock, der größte Vermögensverwalter der Welt, ist heute der größte Einzelaktionär bei acht in dem deutschen Aktienindex DAX enthaltenen Unternehmen.[87]

Die eigentlich »passiven« Vermögensverwalter gehen dazu über, immer aktiver in das Management der Unternehmen einzugreifen. Larry

86 Jürgen Beyer, »Deutschland AG a. D.: Deutsche Bank, Allianz und das Verflechtungszentrum großer deutscher Unternehmen«. Max-Plank-Institut für Gesellschaftsforschung Working Paper 02/4, März 2002 (http://www.mpifg.de/pu/workpap/wp02-4/wp02-4.html#Über2).

87 Siehe Flossbach von Storch AG, *Kapitalmarktbericht 2017*.

Fink und Bill McNabb, die Chefs der Vermögensverwalter BlackRock und Vanguard, haben von den Managern von Unternehmen, deren Aktien sie halten, in öffentlichen Briefen gefordert, dass sie sich mehr um den Klimawandel und die Entwicklung des »Humankapitals« in ihren Firmen kümmern sollten. Bill McNabb hat einen Kreis mit dem Namen »The CEO Force for Good« gegründet, dessen Mitglieder Aktienvermögen von insgesamt 15 Billionen US-Dollar verwalten, um den Forderungen Nachdruck zu verleihen.[88] Zum Vergleich: die Marktkapitalisierung des wichtigsten US-Aktienindex S&P 500 beträgt rund 23 Billionen US-Dollar. In unserer Zeit verschafft die Finanzialisierung der Wirtschaft einem Oligopol von Vermögensverwaltern erheblichen Einfluss auf die Entscheidungen von Unternehmen.

In mehr als zwei Jahrzehnten hat der Dritte Weg das Gegenteil von dem erreicht, was er versprochen hatte. Statt den behütenden Wohlfahrtsstaat mit dem Liberalismus zu versöhnen, hat er ein Programm zur Konzentration der wirtschaftlichen Macht und Bereicherung für wohlhabende, ältere Menschen geschaffen. Zu einem erheblichen Teil beruht dieser Reichtum auf einer Illusion, denn der in den Vermögenswerten ausgewiesene Anspruch auf reale Ressourcen übersteigt den produktiven Kapitalstock. Niemand sollte sich wundern, wenn die Benachteiligten den politischen Aufstand gegen Vertreter des Dritten Wegs proben.

## Wider den »Neoliberalismus«

Der Dritte Weg sollte in den behütenden Wohlfahrtsstaat liberale Elemente einführen, um wirtschaftliche Dynamik ohne die emotionalen Zumutungen der liberalen Gesellschafts- und Wirtschaftsordnung zu erreichen. Christian Krell, ein Mitglied der Grundwertekommis-

88 Siehe Gillian Tett, »In the Vanguard: Fund giants urge CEOs to be ›Force for Good‹«. *Financial Times* vom 1. Februar 2018.

sion der SPD, erklärt: »*Es ging darum, die produktiven Kräfte des Kapitalismus zu nutzen und seine zerstörerischen, Ungleichheiten befördernden Tendenzen einzuhegen.*«[89] Nun sehen die Benachteiligten, dass sie dieser Weg in eine Sackgasse gebracht hat. Sie wenden sich gegen die Eliten, die sie auf diesen Weg geführt haben. Gerhard Schröder wurde 2005 abgewählt und die SDP fuhr gemeinsam mit der sozialdemokratisierten CDU bei der Bundestagswahl 2017 ihr schlechtestes Ergebnis in der Geschichte der Bundesrepublik ein. Nicht nur in der Bundesrepublik, sondern überall erlebt die Sozialdemokratie ihren Niedergang.

Aber die Benachteiligten suchen den Fehler nicht in der Aushöhlung liberaler Prinzipien durch den mit der Politik des Dritten Wegs verbundenen Konstruktivismus und die durch sie geschaffene Verantwortungslosigkeit der Eliten. Im Gegenteil, sie nehmen es den Vertretern des Dritten Wegs übel, dass sie liberale Elemente in den behütenden und lenkenden Wohlfahrtsstaat eingeführt haben, obwohl dies in der Absicht geschah, diesen zu retten. Nun verdammen sie die Vertreter des Dritten Wegs zusammen mit dem Liberalismus.

Der Sozialdemokrat Krell zieht daraus die Schlussfolgerung, dass der Flirt mit liberalen Ideen die Sozialdemokratie an den Abgrund geführt hat und sie zu ihrer »Kernkompetenz« der Gestaltung von Gesellschaft und Wirtschaft zurückehren muss:

> »*Der europäischen Sozialdemokratie ist es grosso modo nicht gelungen, das Gefühl von Gestaltbarkeit und Steuerungsfähigkeit in Zeiten dieser mannigfaltigen Herausforderungen glaubhaft zu repräsentieren. Blocher, Le Pen oder Farage hingegen geben das Gefühl der Gestaltbarkeit zurück und sind gerade deshalb so attraktiv. Eine moderne Sozialdemokratie*

89 Christian Krell, »Kapitalismuskritik, war da was? Was die europäische Sozialdemokratie tun muss, um ihren Niedergang zu bekämpfen«. *Internationale Politik und Gesellschaft*, 3. November 2017 (http://www.ipg-journal.de/schwerpunkt-des-monats/krise-der-repraesentation/artikel/detail/kapitalismuskritik-war-da-was-2404/).

*muss – ihrer Tradition folgend – die Kernkompetenz zurückgewinnen, die Widersprüche des Kapitalismus zum Nutzen der gesamten Gesellschaft aufzulösen. Dafür muss sie den Bürgern wieder ein glaubhaftes Angebot machen, an ihrer Seite auch die neuen gesellschaftlichen Herausforderungen der Globalisierung und Digitalisierung gestaltbar zu machen.«*[90]

Zurück zur organisierten Gesellschaft, zum gestaltenden Staat in Form des behütenden Wohlfahrtsstaats, ohne Rücksicht auf die damit verbundenen Verluste an Wohlstand und Freiheit, heißt die Devise. Unterstützt wird die Devise von Ökonomen des Mainstreams, die zwar nicht die Globalisierung durch Protektionismus rückabwickeln, aber die Finanzialisierung durch härtere staatliche Regulierung bekämpfen wollen.[91] Die politische Linke ist dabei, sich neu aufzustellen. Für die Erneuerung durch Rückkehr zu alten Prinzipien stehen Jeremy Corbyn, Chef der britischen Labour Party, und Bernie Sanders, der sich 2015 für die Kandidatur der Demokratischen Partei bei der Präsidentschaftswahl 2016 bewarb. Doch noch ist die neu-alte Linke nicht mehrheitsfähig.

---

90 Krell (2017).

91 Dazu schreiben der bei der Deutschen Bundesbank tätige Marcel Heires und der an der Goethe-Universität Frankfurt am Main lehrende Professor Andreas Nölke: »*Notwendig ist insgesamt eine Dekonzentration des Finanzsektors und eine radikale Beschneidung der Geschäftsmodelle von Finanzmarktakteuren wie Investmentbanken und Hedge-Fonds [...] Ein Zurückdrehen der Finanzialisierung erfordert zwangsläufig eine Beschränkung lukrativer, aber gefährlicher Geschäftsfelder im Finanzsektor und ist daher notwendigerweise mit einem Rückgang der Profitabilität gegenüber der Zeit vor der Krise verbunden. Insgesamt hoffen wir, gezeigt zu haben, dass die Transformation des modernen Kapitalismus durch die Finanzialisierung ausschlaggebend für Ausbruch und Schwere der Finanzkrise war. Bisherige Maßnahmen zur Re-Regulierung der Finanzmärkte reichen allerdings bei weitem nicht aus, um diese grundlegende Prägung des aktuellen Wirtschaftssystems zu überwinden.*« Siehe Marcel Heires und Andreas Nölke, »Finanzkrise und Finanzialisierung«. Überarbeitete Fassung des Beitrags aus Kessler, Oliver 2011: *Die Politische Ökonomie der Weltfinanzkrise*, VS-Verlag, S. 37–52 (http://www.fb03.uni-frankfurt.de/43202676/Finanzkrise_und_Finanzialisierung.pdf).

# 6

# DER TRAUM VOM BEHÜTENDEN WOHLFAHRTSSTAAT

Die Anziehungskraft des behütenden Wohlfahrtsstaats auf das menschliche Gefühl scheint zeitlos und schier unüberwindlich. Im 19. Jahrhundert hat Alexis de Tocqueville (wie Thomas Morus in seiner *Utopia* im 16. Jahrhundert) die Sehnsucht nach Geborgenheit durch Bevormundung des behütenden Wohlfahrtsstaats beschrieben:

> *»Über (seinen) Bürgern erhebt sich eine gewaltige Vormundschaftsgewalt, die es allein übernimmt, ihr Behagen sicherzustellen und über ihr Schicksal zu wachen. Sie ist absolut, ins Einzelne gehend, pünktlich, vorausschauend und milde. Sie würde der väterlichen Gewalt gleichen, hätte sie – wie diese – die Vorbereitung der Menschen auf das Mannesalter zum Ziel; sie sucht aber, im Gegenteil, die Menschen unwiderruflich in der Kindheit festzuhalten; sie freut sich, wenn es den Bürgern gut geht, vorausgesetzt, dass diese ausschließlich an ihr Wohlergehen denken. Sie arbeitet gern für ihr Glück; aber sie will allein daran arbeiten und allein darüber entscheiden; sie sorgt für ihre Sicherheit, sieht und sichert ihren Bedarf, erleichtert ihre Vergnügungen, führt ihre wichtigsten Geschäfte, leitet ihre gewerblichen Unternehmungen, regelt ihre Erfolge und teilt*

*ihren Nachlass; könnte sie ihnen nicht vollends die Sorge, zu denken, abnehmen und die Mühe, zu leben?«*[92]

Diese Zeilen wurden um die Mitte des 19. Jahrhundert geschrieben. Der Wunsch nach dem von Tocqueville beschriebenen Wohlfahrtsstaat entwickelte sich als Antwort auf die Herausforderungen der Industrialisierung, die durch den Aufstieg des Liberalismus im England des 17. Jahrhunderts möglich wurde. In der feudalistisch geprägten Stammesgesellschaft ruhte die Herrschaft der Eliten wesentlich auf persönlichen Beziehungen zu ihren Untertanen. Die einen waren weisungsberechtigt und konnten in einem gewissen Rahmen Abgaben auferlegen, die anderen hatten weitgehend zu gehorchen und die Abgaben zu leisten.[93] Daraus ergab sich aber auch eine mehr oder weniger ausgeprägte Verpflichtung der Eliten zur Fürsorge für ihre Untertanen.

Denn diese mussten ja in der Lage sein, die den Eliten zustehenden Abgaben zu erwirtschaften. Der Ökonom Mancur Olson hat dies mit dem Vergleich der Arbeitsweise zweier Banditen veranschaulicht.[94] Der umherschweifende Bandit raubt seine Opfer aus, ohne auf ihre wirtschaftliche Lage Rücksicht zu nehmen. Hat er alle für ihn erreichbaren Opfer ruiniert, ist er selbst ruiniert. Der stationäre Bandit beutet seine Opfer nur so weit aus, dass sie sich von seinem Raub wirtschaftlich erholen können. Auf diese Weise kann er sie immer wieder berauben und dadurch einen Lebensunterhalt dauerhaft sichern. Der stationäre Bandit ist also am Wohlergehen seiner Opfer interessiert. Er ist der Vorläufer des behütenden Wohlfahrtsstaats. [95]

---

92 Alexis de Tocqueville, »Über die Demokratie in Amerika« (1835/1841) (https://etwasanderekritik.files.wordpress.com/2012/05/17alexis_de_tocqueville.pdf).

93 Wobei es allerdings auch immer wieder zu Streitigkeiten kam, die vor Gericht ausgetragen wurden.

94 Olson (2000).

95 Schon der Philosoph und Kirchenlehrer Augustinus hatte die Frage gestellt: *»Was sind Staaten anderes als große Räuberbanden, wenn es in ihnen keine Gerechtigkeit gibt?«*

# Wenn das Herz den Kopf regiert

In der liberalen Wirtschaftsordnung werden die Beziehungen der Wirtschaftsakteure untereinander dagegen über den Markt geregelt und sind unpersönlich. Der über Kapital verfügende Unternehmer mietet zur Durchführung seiner Projekte Arbeitskräfte an und entlohnt sie entsprechend der Knappheitsverhältnisse auf dem Arbeitsmarkt. Im Gegensatz zum stationären Banditen, der sich um seine Opfer persönlich kümmert, überlässt es der kapitalistische Unternehmer dem Markt, für eine Entlohnung zu sorgen, die ein Angebot an Arbeit zur Befriedigung seiner Nachfrage hervorbringt. Und ebenfalls im Gegensatz zum stationären Banditen, der keinen eigenen Beitrag zur Produktion leistet, erhöht der kapitalistische Unternehmer die Produktion, indem er gemietete Arbeitskraft mit anderen Produktionsmitteln zu ihrer Steigerung kombiniert. Dadurch kommt es zu einem »Positivsummenspiel«, von dem sowohl der kapitalistische Unternehmer als auch die von ihm gemieteten Arbeitskräfte profitieren.

Vielen Menschen ist die unpersönliche Regelung der Beziehungen der an der Produktion beteiligten Akteure über den Markt suspekt. Ihr Misstrauen in den Markt als Instrument der Koordinierung wurde von Karl Marx und seinen Nachfolgern ausgiebig genährt. Sowohl das Bauchgefühl als auch die scheinwissenschaftliche, marxistische Philosophie bestärken daher viele Menschen in ihrem Wunsch nach einer lenkenden Hand, die den wohlmeinenden Herrscher der archaischen Stammesgesellschaft ersetzt.[96]

Nicht nur in Deutschland schuf dieser Wunsch im 19. Jahrhundert die Sozialdemokratie, die sich zuerst eng am Marxismus orientierte und sich nach dem Schock der russischen Oktoberrevolution

---

96 Ich nenne die marxistische Philosophie eine Scheinwissenschaft, weil sie sich anmaßt, die Existenz eines ehernen Gesetzes der geschichtlichen Entwicklung wissenschaftlich bewiesen zu haben. Gäbe es ein solches Gesetz, würde es sich dem menschlichen Verstand jedoch nicht erschließen (Popper (1997)).

von 1917 einer gemäßigteren Form des Sozialismus zuwandte. Das politische Geschäftsmodell der Sozialdemokraten besteht darin, den Wählern den behütenden Wohlfahrtsstaat anzubieten.[97] Damit waren sie so erfolgreich, dass immer mehr Nachahmer auf den Plan traten. Heute leidet die deutsche Sozialdemokratie vor allem darunter, dass ihr Modell des behütenden Wohlfahrtsstaats von ihren früheren konservativen Gegnern übernommen und zum Standardprodukt des politischen Angebots gemacht wurde.

## Die allumfassende Vormundschaftsgewalt

Der behütende Wohlfahrtsstaat wärmt das Herz und verspricht seinen deutschen Bewohnern gleichzeitig Wohlstand, wie es das Volksheim der untergegangenen Deutschen Demokratischen Republik nicht vermocht hat. Im Gegensatz zu diesem will der behütende Wohlfahrtsstaat nicht nur sozial, sondern auch wirtschaftlich leistungsfähig und ökologisch »nachhaltig« sein. Längst ist der ökologische Arm des behütenden Wohlfahrtsstaats über Mülltrennung und Abwasserentsorgung hinausgewachsen. Angesichts des Verlusts des Glaubens an Gott in unserer säkularisierten und verwissenschaftlichen Gesellschaft kümmert er sich um alles, bis zum Erhalt der Schöpfung. Dabei weiß er genau, wie Energie zu produzieren ist (mit Windrädern und Solarzellen) und Autos motorisiert werden müssen (Elektromotor). Statt des Viehs auf der Weide sollen seine Bewohner gleich direkt das Gemüse essen, da sie bei der Verdauung weniger Kohlendioxid ausstoßen als die Wiederkäuer. Hilfreich vermisst er »ökologische Fußabdrücke«, so dass man lernt, weniger raumgreifend aufzutreten.

97 Siehe Krell (2017).

Der behütende Wohlfahrtsstaat sorgt sich mindestens ebenso um soziale Gerechtigkeit wie um den Erhalt der Schöpfung. Er weiß, wie viel seine Bewohner mindestens (den Mindestlohn) und wie viel sie höchstens (die Gehaltsobergrenze) verdienen dürfen. Er nimmt denen, die zu viel haben, und gibt es den Armen. Da er immer wieder errechnet, dass die Zahl der Armen in schlechten wie in guten Zeiten hoch bleibt – weil er jeden als arm definiert, der weniger als 60 Prozent des mittleren Einkommens erhält –, ist seine Arbeit nie getan. Er sorgt für seine Bewohner in Krankheit und im Alter – ohne Rücksicht auf die Kosten, denn er ist entschieden gegen die »Ökonomisierung unseres Lebens«. Soziale Gerechtigkeit im Inland ergänzt der behütende Wohlfahrtsstaat um internationale Solidarität. Der deutsche Wohlfahrtsstaat unterstützt seine europäischen Nachbarn finanziell und eigentlich auch alle ärmeren Länder dieser Welt (obwohl für letztere wegen des hohen Bedarfs der ersteren nicht mehr so viel übrig bleibt). Da er grundsätzlich gegen militärische Gewalt und nachrichtendienstliche Drecksarbeit ist, überlässt der deutsche Wohlfahrtsstaat die Landesverteidigung gerne den USA, die ihm dafür besser geeignet scheinen.

Der behütende Wohlfahrtsstaat wird von der Regierung geführt wie ein Unternehmen, das sich die Maximierung des Glücks seiner Mitarbeiter statt des Gewinns seiner Aktionäre zum Ziel gesetzt hat. Angesichts der noch in den Kinderschuhen steckenden Glücksforschung hört die Regierung auf die Glückswünsche der in Verbänden organisierten Einwohner des behütenden Wohlfahrtsstaats. Kein Verband kann schlecht sein (Ausnahme: Waffen- und Tabaklobby), aber manche kennen das Glück der Menschen besser als andere (Gewerkschaften besser, Unternehmerverbände schlechter).

Wo sich Menschen der Einsichten verweigern, die sie zu ihrem Glück führen, verzichtet der behütende Wohlfahrtsstaat weise auf Zwangsmaßnahmen (Ausnahme: Steuereintreibung). Stattdessen »schubst« (besser »nudge(t)«) er sie zu ihrem eigenen Wohl auf den zu ihrem Glück führenden Weg (und nicht nur unverbesserliche Raucher und Zuckerschlecker).[98] Aber nicht nur das richtige Handeln, sondern auch das richtige Denken seiner Bürger ist dem behütenden Wohlfahrtsstaat ein Anliegen. Zur Hilfestellung beim Denken leistet er sich den teuersten öffentlich-rechtlichen Rundfunk der Welt.[99] Durch seine »Vormundschaftsgewalt« will er das Behagen seiner Bürger sicherstellen und über ihr Schicksal wachen. Die Bürger betrachtet er als seine Mündel. Und so zerstört er die Zivilgesellschaft, in der sich Bürger zu gemeinnützigen Zwecken selbst organisieren würden.

## Der ökologische Arm des behütenden Wohlfahrtsstaats

Am Anfang hatte der behütende Wohlfahrtsstaat genug damit zu tun, sich um die direkten wirtschaftlichen Belange seiner Mündel zu sorgen. Mit zunehmendem Wohlstand erweiterte er jedoch seinen Aufgabenbereich und begann, sich auch um die indirekten und allgemeinen Belange zu kümmern, bis hin zu dem Erhalt des Planeten Erde, der nun auch auf ihn angewiesen sein sollte. Die Ausdehnung seiner Reichweite fing in den 1970er Jahren an, nachdem die in zwei Weltkriegen geschwächte wirtschaftliche Leistungskraft wiederhergestellt war. Das Stichwort dazu gab der »Club of Rome«, ein Zusammenschluss von Wissenschaftlern verschiedenster Disziplinen aus mehr als 30 Ländern. Ihm gelang 1972 ein gewaltiger publizistischer Coup.

---

98 Siehe den Bestseller von Richard H. Thaler und Cass R. Sunstein, *Nudge: Wie man kluge Entscheidungen anstößt.* Ullstein Taschenbuchverlag (Berlin) 2010.

99 Mit einem Gesamtaufkommen für den öffentlichen Rundfunk von 7,3 Mrd. Euro lag Deutschland 2015 an der Spitze aller untersuchten Länder und deutlich vor größeren Ländern wie den USA (0,8 Mrd. Euro) oder Japan (6,4 Mrd. Euro). Siehe Justus Haucap, Christiane Keder und Ina Loebert, *Eine liberale Rundfunkordnung für die Zukunft.* Prometheus Institut, Mai 2015.

In einem Bericht mit dem Titel »Die Grenzen des Wachstums« prognostizierten die Autoren eine katastrophale Entwicklung der Weltbevölkerung und des Lebensstandards in den nächsten 50 bis 100 Jahren, wenn die Weltwirtschaft unvermindert weiterwachsen würde. Um die Prognose wissenschaftlich aussehen zu lassen, wurde ein globales ökonomisches Modell benutzt. Doch dieses schrieb nur vergangene Trends in die Zukunft fort, ohne durch relative Preisänderungen ausgelöste Rückkoppelungseffekte zu berücksichtigen. Obwohl ökonomisch unsinnig, begründete die Studie den heute noch weit verbreiteten Skeptizismus über das Wachstum der Wirtschaft. Die Skeptiker nehmen an, dass das Wachstum durch die endlichen Ressourcen der Erde begrenzt ist. Sie wollen die Welt retten, indem sie Wirtschaftswachstum drosseln oder gar verbieten. Dabei entgeht ihnen, dass der »Rohstoff« für Wirtschaftswachstum eben nicht endliche materielle Ressourcen sind. Die sind austauschbar, wobei der Austausch auf dem Markt über Veränderungen der Preisrelationen geregelt wird. Der wirkliche Stoff, aus dem das Wachstum gemacht ist, ist menschliches Wissen, das keine endlichen Wachstumsgrenzen kennt. Nullwachstum der Wirtschaft wäre nur durch Nullwachstum menschlichen Wissens zu erzwingen, das nur durch ein allgemeines Denkverbot durch den Staat denkbar wäre. Das ist absurd.

Zum endgültigen Durchbruch in Deutschland verhalf dem ökologischen Arm des behütenden Wohlfahrtsstaats Anfang der 1980er Jahre die Kampagne gegen das »Waldsterben«. Der Göttinger Forstwirtschaftler und Bodenkundler Bernhard Ulrich behauptete 1981, durch Luftverschmutzung geschaffener »saurer Regen« würde die deutschen Wälder in nur wenigen Jahren vernichten. Obwohl seine These kaum durch wissenschaftliche Untersuchungen gestützt war, erzeugte sie eine öffentliche Hysterie. Das verhalf der Partei der Grünen 1983 zum erstmaligen Einzug in den Deutschen Bundestag.[100] Jahre später erwies sich die These als

100 Siehe dazu Horst Demmler, *Wider den grünen Wahn*. MV Verlag (Münster) 2015.

völlig haltlos – die Waldfläche wurde größer statt kleiner. Doch wie die These von den angeblichen »Grenzen des Wachstums« grub sie sich tief in das kollektive Gedächtnis der Deutschen ein. Noch heute haben viele Leute Angst um den Wald und finden Nullwachstum schick.

Nach diesem Erfolg hat sich der behütende Wohlfahrtsstaat heute ein weit größeres Ziel gesetzt als nur die Rettung des Waldes. Es geht um nichts weniger als um die Rettung des Planeten Erde. Dazu muss die seit Mitte des 20. Jahrhundert zu beobachtende Erderwärmung angehalten werden. Der behütende Wohlfahrtsstaat ist sich gewiss, dass uns sonst die Katastrophe droht, obwohl sich in der für menschliche Begriffe sehr langen Geschichte der Erde Erwärmungsphasen mit Abkühlungsphasen immer wieder abgelöst haben. Der behütende Wohlfahrtsstaat kennt auch den präzisen Grund für die gegenwärtige Erderwärmung: der mit der Industrialisierung verbundene erhöhte Ausstoß von Kohlendioxid. Das häretische Europäische Institut für Klima und Energie (EIKE) schreibt dazu:

> *»Die rezente, auf natürliche Ursachen zurückgehende Klimaveränderung verläuft vergleichsweise moderat. Es ist heute allgemein wissenschaftlich anerkannt, dass es in früheren erdgeschichtlichen Perioden ungleich heftigere klimatische Veränderungen gegeben hat. Günstig für die Menschen und mit erheblichem Bevölkerungszuwachs infolge besserer Ernten verbunden war z.B. die mittelalterliche Warmzeit (ca. 1000 bis 1300). Katastrophal wirkte sich hingegen die »Kleine Eiszeit« (ca. 1400–1800) aus, deren kälteste Phase in der zweiten Hälfte des 17. Jahrhunderts zusammen mit dem solaren Maunder-Minimum auftrat. Während wir heute mit Blick auf die letzten 100 Jahre von wenigen Zehntelgrad Temperaturänderungen reden, erlebten die Menschen der Weichsel-Kaltzeit (ca. 120000–10000 vor Christus) Klimasprünge von mehre-*

*ren Grad während einer Lebenszeit. All das geschah ohne anthropogenes $CO_2$.«* [101]

Der wesentliche Einwand der Kritiker gegen die Vertreter der These von der Erderwärmung ist, dass der im letzten Jahrhundert zu beobachtende Temperaturanstieg im Rahmen der über einen längeren Zeitraum zu beobachtenden Schwankungen liegt. Zur Rolle von Kohlendioxid ($CO_2$), der Politik und des »Weltklimarats« (IPPC) heißt es bei EIKE:

> *»$CO_2$ ist Grundbaustein der Photosynthese und damit Voraussetzung allen Lebens unserer Erde. Mit zunehmender CO2-Konzentration wachsen Pflanzen besser: Die Getreide-Erträge im Freiland steigen. Gewächshauskulturen werden zur Ertragssteigerung mit $CO_2$ begast […] ›Climategate‹ hat Ende 2009 aufgezeigt, dass die Erwärmung der Nordhemisphäre geringer ausgefallen ist als vom IPCC dokumentiert. Darüber hinaus wurde auch der Wärmeinseleffekt, bedingt durch oft stadtnahe Messstationen, an keiner Stelle herausgerechnet. Die reale Temperaturerhöhung von wenigen Zehntelgrad Celsius ist trotz starkem Anstieg des $CO_2$-Gehalts nicht im Entferntesten vergleichbar mit dem vom IPCC prognostizierten Simulationsergebnis. Ein anthropogener Klimaeinfluss des beschriebenen Ausmaßes kann in Wirklichkeit nirgendwo festgestellt werden. Wir haben es hier ganz offensichtlich mit einer maßlos übertriebenen Aussage zu tun, die von vornherein in der Absicht des IPCC gelegen hat.«*

Eine hohe Korrelation zwischen dem Ausstoß von $CO_2$ und dem Anstieg der Temperatur lassen sich nur über bestimmte Zeiträume finden (zum Beispiel zwischen 1980 und 2000). Dies stärkt

101 https://www.eike-klima-energie.eu/die-mission/grundsatzpapier-klima/.

den Verdacht, dass es sich hier um eine Scheinkorrelation handeln könnte.[102]

Vermutlich sind die Dinge nicht so eindeutig, wie der Weltklimarat dies darstellt. Wissenschaftliche Ergebnisse müssen grundsätzlich in Zweifel gezogen werden können und gelten nur so lange, bis sie widerlegt sind. Bis sich wissenschaftliche Erkenntnisse durchsetzen, kann es auch Phasen geben, in denen unterschiedliche Thesen miteinander rivalisieren (mehr dazu in Kapitel 9). In solchen Phasen ist es gefährlich, wenn die Politik unumkehrbare Entscheidungen trifft, die sich auf eine der rivalisierenden Thesen stützen. Unter dem Einfluss mächtiger Interessengruppen hat die Klimapolitik jedoch genau das getan. Die Unsicherheit über die Bedeutung einer erhöhten $CO_2$-Konzentration für die Erdwärme und der Erdwärme selbst für die künftigen Lebensbedingungen auf der Erde haben den ökologischen Arm des behütenden Wohlfahrtsstaats nicht davon abgehalten, den $CO_2$-Ausstoß zu bekämpfen, koste es, was es wolle. Künftig soll Strom vor allem mit erneuerbarer Energie (zum Beispiel Wind- oder Solarenergie) hergestellt werden und mit Kohle oder Atomkraft hergestellte Energie ersetzen. Das technische Problem dabei ist jedoch, dass die Produktion mit erneuerbarer Energie entsprechend den Wind- und Sonnenverhältnissen stark schwankt. Nach Angaben des Fraunhofer Instituts schwankte der Anteil der erneuerbaren Energie an der gesamten täglichen Energieerzeugung im Jahr 2017 zwischen 75 und 14 Prozent.[103]

Der Grund dafür ist, dass Windstärke und Sonnenstärke über die Regionen und miteinander hoch korreliert sind. Weht der Wind im Norden schwach, dann weht er in der Regel auch im Süden schwach und von der Sonne ist in beiden Teilen wenig zu sehen.

102 Siehe hierzu auch den Vortrag von Werner Kirsten »Der politogene Klimawandel« vom 25.11.2017 (https://www.youtube.com/watch?v=je-zvqcMvcM).

103 Siehe dazu https://www.energy-charts.de/ren_share_de.htm?source=ren-share&period=daily&year=2017.

Solange es nicht möglich ist, aus erneuerbaren Quellen hergestellte Energie für Flaute-Zeiten in großem Umfang zu speichern, muss so viel konventionelle Produktionskapazität vorgehalten werden, dass die Nachfrage auch bei einem Ausfall in der Produktion erneuerbarer Energie befriedigt werden kann. Das heißt, dass die in der Energieproduktion notwendige Kapazität auf beinahe die doppelte Menge an benötigter Energie ausgelegt sein muss.[104] Die dadurch geschaffene Ineffizienz der Stromproduktion verteuert den Strom in Deutschland massiv.[105]

Doch durch den selbst auferlegten Zwang zur Minderung von Treibhausgasen wird Strom nicht nur sehr teuer, sondern die Versorgung kann auch unzuverlässig werden. Deutschland hatte sich selbst verpflichtet, den Ausstoß von »Treibhausgasen« (unter denen $CO_2$ einen Anteil von rund 90 Prozent hat) bis 2020 um 40 Prozent gegenüber dem Wert von 1990 zu verringern. Ende 2017 betrug der Rückgang ungefähr 30 Prozent, 10 Prozentpunkte mehr als der im Kyoto-Protokoll international vereinbarte Wert, aber eben auch 10 Prozentpunkte weniger als das selbstgesetzte Ziel. Um dieses in der kurzen verbleibenden Zeit noch zu erreichen, wollten die Klimaschützer an die 20 Braunkohlekraftwerke stilllegen.

Aufgrund der schon beschlossenen Stilllegungen von Kohle- und Atomkraftwerken wird die Spitzenlast in der Stromproduktion jedoch von um die 100 Gigawatt heute auf um die 90 Gigawatt im Jahr 2020 und damit auf die notwendige Leistung zu Spitzenzeiten reduziert. Durch die zusätzliche Stilllegung von Braunkohlekraftwerken hätten dann zwischen 10 und 20 Gigawatt gefehlt, um die Nachfrage in Spitzenzeiten abzudecken.[106] In den Regie-

104 Siehe dazu Hans-Martin Henning und Eberhard Umbach, »Die Energiewende retten«. *Frankfurter Allgemeine Zeitung* vom 29. Dezember 2017.

105 Private Haushalte in Deutschland zahlen nach dänischen Haushalten den zweithöchsten Strompreis in der Europäischen Union (siehe dazu https://www.zerohedge.com/news/2018-01-06/can-we-afford-renewable-energy).

106 Diese Information erhielt ich von Torben Hendricks von der Firma RWE.

rungsverhandlungen zwischen CDU/CSU, FDP und den Grünen nach der Bundestagswahl vom September 2017 wurde das $CO_2$-Ziel als festgesetzt betrachtet. Es ist grotesk: Wäre die sogenannte »Jamaika-Koalition« zu Stande gekommen, hätte man in einem von der Stromversorgung völlig abhängigen Land die Möglichkeit von Stromausfällen hingenommen, nur um die reine Klimalehre zu schützen.

Nachdem die Verhandlungen über eine »Jamaika-Koalition« gescheitert waren und Bundeskanzlerin Merkel die Grünen nicht länger als notwendigen Bestandteil einer künftigen Regierung betrachtete, wurde im Koalitionsvertrag für eine Regierung von CDU/CSU und SPD das $CO_2$-Ziel für 2020 kurzerhand auf 2030 verschoben. Maßnahmen zur Erreichung des Ziels sollen 2019 gesetzlich beschlossen werden. Im behütenden Wohlfahrtsstaat malt sich die Politik die Welt so, wie es ihr gefällt und in den Kram passt.

Die Kosten der Verringerung von Treibhausgasen sind enorm. In einer vom Bundesverband der Deutschen Industrie in Auftrag gegebenen Studie der Boston Consulting Group und von Prognos werden die für Deutschland nötigen Mehrinvestitionen für die vom Weltklimarat geforderten Verringerung des $CO_2$-Ausstoßes um mindestens 80 Prozent bis 2050 auf 1,5 bis 2,3 Billionen Euro veranschlagt.[107] Das wären 1,2 bis 1,8 Prozent des Bruttoinlandsprodukts pro Jahr. Die direkten volkswirtschaftlichen Mehrkosten nach Abzug von Energieeinsparungen lägen bei etwa 470 bis 960 Milliarden Euro bis 2050 (etwa 15 bis 30 Milliarden Euro oder 0,5 bis 1 Prozent des BIP pro Jahr). Auf höhere Zahlen kommen Hans-Martin Henning und Eberhard Umbach, die mit 1 bis 2 Billionen Euro an Mehr-

107 Das Gutachten der Beratungsgesellschaften Boston Consulting Group und Prognos bezieht Beiträge von fast 200 Energie- und Klimaexperten aus Wissenschaft, Beratung, Unternehmen, Verbänden und Gewerkschaften sowie von rund 70 Verbänden und Unternehmen ein (https://bdi.eu/themenfelder/energie-und-klima/klima2050/#/artikel2/news/kernergebnisse-der-studie-klimapfade-fuer-deutschland/).

kosten für die Energiewende bis 2050 rechnen.[108] Pro Jahr würden demnach 30 bis 60 Milliarden Euro oder 1 bis 2 Prozent des deutschen Bruttoinlandsprodukts fällig. Die Kosten sind gewaltig. Wie hoch aber ist der Nutzen? Der Internationale Währungsfonds gibt darauf eine ernüchternde Antwort.

Früher wurde der Internationale Währungsfonds von der politischen Linken als ein Hort des neoliberalen Drachens eingestuft. Unter der Ägide von Christine Lagarde, die vor ihrer Berufung zur geschäftsführenden Direktorin des IWF Finanzministerin in der sozialistischen Regierung unter dem französischen Staatspräsidenten François Hollande war, ist der IWF auf den Kurs der gemäßigten politischen Linken eingeschwenkt. Inzwischen propagiert er die Umverteilung von Einkommen und Vermögen und unterstützt die Klimapolitik der Vereinten Nationen. Niemand kann ihn als »Klimaleugner« verdächtigen.

In ihrem World Economic Outlook vom Oktober 2017 nehmen sich die Wirtschaftsforscher des Internationalen Währungsfonds in einer umfangreichen Studie der Frage nach den ökonomischen Konsequenzen der Erderwärmung an. Die Studie beginnt mit der Darstellung der Entwicklung der mittleren Welttemperatur über die letzten 22.000 Jahre. Danach steigt die Temperatur von 15 Grad Celsius in der Zeit von 20000 vor Christus auf knapp 19 Grad 8000 vor Christus, fällt auf rund 18 Grad bis zum Beginn der industriellen Revolution Mitte des 18. Jahrhunderts und steigt von da an wieder auf knapp 19 Grad heute.

Der IWF führt eine Vielzahl von Quellen und eigene Berechnungen für die dargestellte Entwicklung der Welttemperatur an, darunter auch den Weltklimarat (IPCC). Andere Klimaforscher stellen die Entwicklung weniger dramatisch dar. So zeigt Christian Schönwiese vom Institut für Atmosphäre und Umwelt der Goethe-Universität Frankfurt für die nördliche Hemisphäre einen Anstieg

108 Henning und Umbach (2017).

der Temperatur von der Kaltzeit vor mehr als 10.000 Jahren von 10/11 Grad Celsius auf 15 Grad vor 8.000 Jahren. Danach steigt die Temperatur auf in der Spitze 16 Grad vor ungefähr 6.000 Jahren und schwankt dann bis heute um weniger als ein Grad um den Mittelwert von 15 Grad.[109]

Schönwiese und der IWF weisen darauf hin, dass der jüngste Anstieg in wesentlich kürzerer Zeit erfolgt ist als der Anstieg davor. Seit der Mitte des 20. Jahrhunderts sei der Temperaturanstieg im Wesentlichen auf menschliche Aktivitäten, vor allem die Emission von Treibhausgasen, zurückzuführen. Würde die Emission so weitergehen wie bisher, dann würde die durchschnittliche Welttemperatur bis zum Jahr 2100 um weitere 3,5 Grad auf einen Wert von 4,5 Grad über dem Durchschnitt von 1880–1910 ansteigen. Der IWF warnt, dass damit eine höhere Frequenz an Hitzewellen und tropischen Stürmen sowie eine Abschwächung des Wirtschaftswachstums einhergingen.

Angesichts der sich in der Vergangenheit über tausende von Jahren erstreckenden Abweichungen der Temperatur von ihrem Mittelwert ist es unmöglich, den seit Mitte des 20. Jahrhunderts zu beobachtenden Temperaturanstieg mit statistischen Methoden als eine strukturelle Veränderung zu diagnostizieren. Dazu ist es nötig, den Anstieg mit Klimamodellen zu erklären, die ihn mit hoher Wahrscheinlichkeit auf einen Treibhauseffekt durch den Ausstoß von $CO_2$ zurückführen können. Diese Modelle, mit denen auch die Prognosen gemacht werden, sind nicht nur grundsätzlich fehlbar, sondern ihre Erklärungskraft ist unter Experten auch höchst umstritten (siehe dazu Kapitel 9). Außerdem liefert die Statistik keinen Beweis dafür, dass der erhöhte $CO_2$-Ausstoß zu einer Destabilisierung des Wetters beigetragen hätte. Weder sind die Dürreperioden seit 1900 im Trend gestiegen, noch haben sich Frequenz und Inten-

109 Siehe Christian-D. Schönwiese, »Konstant ist nur der Wandel – Das Klima seit Beginn der Erdgeschichte« (http://www.uni-frankfurt.de/48356569/Sw_Pr_208K.pdf).

sität von Hurrikanen erhöht oder hat die Zahl der jährlichen Waldbrände zugenommen.[110] Doch nehmen wir die Warnungen des IWF hier einmal für bare Münze.

Die IWF-Studie kommt zu dem Schluss, dass die wirtschaftlichen Konsequenzen der Erderwärmung sehr unterschiedlich verteilt sein würden. Mit Hilfe von ökonometrischen Analysen findet die Studie, dass die Wirtschaftsleistung in den Industrieländern im Mittel für jeden Grad Temperaturanstieg mit einer Zeitverzögerung von sieben Jahren um rund 0,5 Prozent steigen würde. Dagegen würde sie in den Schwellenländern um rund 1 Prozent und in den Ländern mit niedrigem Einkommen um rund 1,5 Prozent gedrückt. Anhand von Simulationsrechnungen wird ermittelt, dass das Bruttoinlandsprodukt in einem typischen Entwicklungsland mit niedrigem Einkommen im Jahr 2100 um rund 9 Prozent unter dem Niveau liegen würde, das ohne Temperaturanstieg zu erwarten gewesen wäre. Dies würde einem Gegenwartswert von 100 Prozent des heutigen Bruttoinlandsprodukts entsprechen.

Das hört sich dramatisch an. Doch ist zu berücksichtigen, dass dieser Verlust in 83 Jahren anfallen würde. Bis dahin würde das Wachstum dieses hypothetischen armen Landes um 0,1 Prozent pro Jahr verringert. Das ist von Jahr zu Jahr betrachtet so gering, dass es in den üblichen Unschärfebereich von Prognosen fallen würde. Der Verlust könnte durch andere, positive Entwicklungen in dem betreffenden Land leicht wettgemacht werden. Außerdem weist der IWF darauf hin, dass die von der Erderwärmung betroffenen Länder die Auswirkungen durch entsprechende Politikmaßnahmen wesentlich verringern könnten. Für die Weltwirtschaft insgesamt sind die Auswirkungen der Erderwärmung minimal, da den überschaubaren Verlusten der Entwicklungsländer kleine Gewinne der Industrielän-

110 Siehe »Despite What You've Heard, Global Warming Isn't Making Weather More Extreme«. *International Business Daily* vom 4. Januar 2018 (https://www.investors.com/politics/editorials/despite-what-youve-heard-global-warming-isnt-making-weather-more-extreme/).

der gegenüberstehen. Die Temperaturprognosen des Weltklimarats sind umstritten und die Modellsimulationen des IWF sehr unsicher, wie dieser selbst einräumt. Aber selbst wenn man diese Schätzungen und Projektionen alle für bare Münze nimmt, kommt man auf kaum wahrnehmbare Auswirkungen der Erderwärmung auf die globale wirtschaftliche Entwicklung.

Folglich sehen die IWF-Ökonomen die Erderwärmung weniger als Bedrohung für das Wachstum der Weltwirtschaft denn als Mechanismus zur Umverteilung des Wachstums. Die industrielle Produktion sei mit negativen externen Effekten verbunden, die vor allem die in der heißen Klimazone gelegenen ärmeren Länder beeinträchtigen. Die Ökonomie kennt die Lösung von Problemen dieser Art: die Internalisierung der externen Effekte durch die Definition von Eigentumsrechten. Wenn das Recht der ärmeren Länder darin besteht, von den durch die Produktion in den Industrieländern erzeugten negativen klimatischen Wirkungen verschont zu bleiben, dann hätten sie einen Anspruch auf entsprechende Kompensation. Aus der IWF-Studie ergibt sich eine jährliche Kompensation von 0,1 Prozent des BIP dieser Länder oder gerade mal 3,3 Milliarden US-Dollar. Würde man allen Entwicklungsländern Kompensation zugestehen, käme man auf rund 46 Milliarden US-Dollar pro Jahr. Auch das ist kaum mehr, als allein Deutschland pro Jahr ausgeben müsste, um das Ziel des Weltklimarats für den Ausstoß von $CO_2$ bis 2050 zu erreichen.

Der Furor um den angeblichen Klimawandel ist also weder klimatologisch noch ökonomisch zu erklären. Aus klimatologischer Sicht fehlt einfach die Zeit, um heute einen Bruch der Entwicklung über die letzten 10.000 bis 20.000 Jahre eindeutig feststellen zu können, und die Klimamodelle sind umstritten. Und aus ökonomischer Sicht fehlt die Evidenz, um die hohen Kosten für die Bekämpfung einer vermeintlichen Bedrohung rechtfertigen zu können. Eher hilft für die Erklärung des Furors die Psychologie. Seit Jahrtausenden hat die Vorstellung des Weltuntergangs die Menschheit fasziniert. Früher wurde die Apokalypse religiös begründet. Heute bemüht man dafür die Naturwissenschaften: Die Erderwärmung wird uns den Garaus machen, wenn uns der behütende Wohlfahrtsstaat nicht davor schützt. Thomas Petersen vom Institut für Demoskopie in Allensbach berichtet, dass Menschen mit religiösen Überzeugungen auch das Thema der Nachhaltigkeit für sehr wichtig halten. Protestanten sagten zu 62 Prozent, christliche Überzeugungen seien ihnen sehr wichtig oder wichtig, 74 Prozent sagten das Gleiche über »Nachhaltigkeit«. Bei Katholiken beträgt das Verhältnis 69 zu 76 Prozent. Er schließt daraus:

> *»Man kann in der Ökologiebewegung viele Elemente wiederfinden, die aus klassischen religiösen Zusammenhängen gut bekannt sind. Etwas zugespitzt könnte man sagen, dass die Bandbreite von Essvorschriften (›Veggie Day‹) über Endzeiterwartungen (›Erst stirbt der Wald, dann stirbt der Mensch‹), himmlische Strafen (›Die Natur schlägt zurück‹) und Drohungen gegen Abweichler (›Klimaleugner‹) reicht bis hin zum Ablasshandel (Abgaben für Flugreisende, um sich ›$CO_2$-neutral‹ zu machen).*[111]

Doch wie der Scheinriese in Michael Endes Kinderbuch *Jim Knopf und Lukas der Lokomotivführer* schrumpft die ökologische Apokalypse, je näher man sie nüchtern betrachtet. Nur die Kosten für die Abwehr der Scheinapokalypse werden bei näherer Betrachtung immer größer.

Überhaupt ist das Denken in den Kategorien von Kosten und Nutzen ökonomischer Handlungen dem ökologisch ausgerichteten, behütenden Wohlfahrtsstaat fremd. Er geht gegen die vermeintli-

---

111 Thomas Petersen, »Der lange Abschied vom Christentum«. *Frankfurter Allgemeine Zeitung* vom 20. Dezember 2017 (http://plus.faz.net/politik/2017-12-20/e85411a5868b-1913837c06a053114326?GEPC=s9).

che Ursache eines vermeintlichen Problems vor, ohne die Alternativkosten seines Vorgehens zu berücksichtigen. Damit öffnet er ein Einfallstor für subventionshungrige Wirtschaftsbetriebe. Längst betreiben handfeste Wirtschaftsinteressen ein Geschäft mit der Angst vor der Klima-Apokalypse.

Der behütende und lenkende Wohlfahrtsstaat will eine von ihm definierte »Nachhaltigkeit« der Wirtschaft schaffen, die auf Wirtschaftlichkeit keine Rücksicht nimmt. Schon der Begriff ist schräg. Er stammt aus dem forstwirtschaftlichen Bereich und kann auf sozialökonomische Fragen eigentlich nicht übertragen werden. Die Wurzeln des Konzepts der Nachhaltigkeit reichen weit in die Vergangenheit zurück.[112] Als »Vater« der Nachhaltigkeit gilt der Freiberger Oberberghauptmann Hans Carl von Carlowitz (1645–1714), der dieses Konzept auf die Forstwirtschaft anwendete.[113] Um ein nachhaltiges Handeln umzusetzen, sollte nach Carlowitz in einem Wald nur so viel abgeholzt werden, wie der Wald in absehbarer Zeit auf natürliche Weise regenerieren kann. Das Prinzip der Nachhaltigkeit sollte also sicherstellen, dass ein natürliches System in seinen wesentlichen Eigenschaften langfristig erhalten bleibt.

Doch was für die Forstwirtschaft gilt, kann nicht auf die menschliche Gesellschaft und ihre Wirtschaftsordnung eins zu eins übertragen werden. In der Forstwirtschaft kommt es darauf an, dass sich die Ressource Holz regenerieren kann. In der Wirtschaft muss dagegen das Wissen in einem dynamischen Prozess kontinuierlich erneuert und erweitert werden. Wie Cicero schon klar erkannt hat, kann weder ein einzelner Herrscher noch eine Regierung, eine politische Partei oder ein Komitee von Experten die Weisheit einer Gesellschaft freier Bürger ersetzen. »Nachhaltigkeit« in der Wirtschaft und Gesellschaft kann folglich nur dadurch erreicht werden, dass jeder Einzelne durch sein freies Handeln das kollektive Wissen ver-

112 https://www.nachhaltigkeit.info/artikel/definitionen_1382.htm.

113 Siehe dazu Hans Carl von Carlowitz, *Sylvicultura oeconomica*. Oekom Verlag (München) 2013.

mehrt und zum wirtschaftlichen Erfolg der gesamten Gesellschaft beiträgt. Dafür schafft die liberale Gesellschafts- und Wirtschaftsordnung die beste Voraussetzung. »Nachhaltigkeit« in der Wirtschaft würde folglich dadurch geschaffen werden, dass die liberale Ordnung gepflegt und vor ihren Feinden geschützt wird.

## Das Luftschloss der sozialen Gerechtigkeit

Die Bewohner des behütenden Wohlfahrtsstaats wollen, dass es dort »sozial gerecht« zugeht. Laut einer Umfrage des Marktforschungsinstituts YouGov vom Juni 2017 wollen 79 Prozent der Deutschen mehr soziale Gerechtigkeit.[114] Nicht jeder meint damit das Gleiche, aber wohl alle sehen es als eine Aufgabe des Staats an, dafür zu sorgen. Dem liberalen Rechtsstaat ist das Konzept der sozialen Gerechtigkeit dagegen wesensfremd. Ihre Definition und Durchsetzung durch die Staatsgewalt ist mit dem vom liberalen Rechtsstaat hochgehaltenen Prinzip der Freiheit des Einzelnen unvereinbar. Wer das Ergebnis individueller wirtschaftlicher Entscheidungen einer von ihm entworfenen Schablone der »sozialen Gerechtigkeit« anpassen will, muss Zwang ausüben und die von Natur her ungleichen Einzelnen zur Herstellung sozialer Gleichheit ungleich vor dem Gesetz behandeln. Die konsequente Verfolgung des Ziels der »sozialen Gerechtigkeit« führte daher im Sozialismus zwingend zur totalitären Herrschaft weniger über viele.

Manche wollen daher das Konzept der »sozialen Gerechtigkeit« wegen seines totalitären Beigeschmacks in das der »Chancengerechtigkeit« überführen. Sollte man nicht schon aus Eigennutz wollen, dass jeder Mensch die gleiche Chance auf Erfolg bekommt,

114 https://yougov.de/news/2017/08/22/vier-von-zehn-deutschen-sehen-soziale-gerechtigkei/.

wenn man sich vorstellt, man würde in eine Gesellschaft hineingeboren, ohne zu wissen, in welche Einkommensschicht?[115] Das hört sich gut an, ist aber leider auch ein Luftschloss, weil »Chancengerechtigkeit« im wirklichen Leben nicht hergestellt werden kann. Der Mensch kommt so unfertig wie kein Tier auf die Welt. Dadurch wird er weit weniger von seinen Genen bestimmt und kann sich viel besser an sein Lebensumfeld anpassen als das Tier. Noch wichtiger ist, dass er wegen seiner Unfertigkeit von seinen Mitmenschen Verhaltensregeln erlernen kann, die ihm sein Leben in der Gesellschaft ermöglichen. Diese Regeln sind über die Zeit durch Überlieferung und Anpassung an veränderte Umstände entstanden und bestimmen die Gesellschaftsordnung.

Der unfertige Mensch wird nach seiner Geburt unmittelbar von Mutter und Vater, danach von Kindergarten, Schule, Berufsausbildung und seinem gesellschaftlichen Umfeld geprägt. Zusammen mit den ererbten Genen bestimmt diese Prägung seine Lebenschancen. Doch nehmen die Wirkungen der Prägung von außen mit fortschreitendem Entwicklungsstand ab. Die frühkindliche Prägung ist besonders wichtig, hängt aber wesentlich von der Art der Zuwendung in der Familie ab. Da diese von Familie zu Familie unterschiedlich ist, werden auch die durch Prägung bestimmten Lebenschancen unterschiedlich verteilt. Das Ideal der Chancengerechtigkeit wird folglich nicht nur durch Unterschiede in den ererbten Genen, sondern auch durch Unterschiede der Prägung in der früheren Lebenszeit ausgehebelt. Insoweit waren die der absoluten sozialen Gerechtigkeit verpflichteten totalitären sozialistischen Staaten durchaus konsequent, wenn sie Kleinkinder den Familien entrissen, um sie nach staatlichen Normen zu prägen. Dadurch hat man den Menschen aber nicht nur großes Leid zugefügt, sondern ihnen auch Lebenschancen genommen. Nur verblendete Sozialingenieure

115 Eine positive Antwort auf diese Frage gab John Rawls in *A Theory of Justice*. Harvard University Press (Cambridge, Mass.) 1971.

können auf diese unmenschliche Weise Chancengerechtigkeit herstellen wollen. Der liberale Rechtsstaat kann den Familien hier nur Hilfe anbieten, aber nichts erzwingen.

Ist eine Gesellschaft aber dann nicht kalt und ein Leben in ihr unwirtlich, wenn sie sich nicht bemüht, soziale Gerechtigkeit oder zumindest Chancengerechtigkeit herzustellen? Das mag für die Organisationsform der Stammesgesellschaft zutreffen, in der die Mitglieder in persönlichen Beziehungen zueinander stehen. Wie in der Familie ist dort ein materieller Ausgleich zur Pflege dieser Beziehungen hilfreich. Anders verhält es sich in der arbeitsteiligen großen Gesellschaft, in der anonyme Beziehungen der Mitglieder untereinander über den Markt koordiniert werden. Eingriffe in die Zuteilung der Entlohnung für Leistungen zur Herstellung von sozialer Gerechtigkeit stören dort die Koordination durch den Markt und verringern die gesellschaftliche Leistungskraft. Menschen, die sich im Markt ihren Lebensunterhalt nicht verdienen können, sollten dort eine durch allgemeine Abgaben finanzierte Unterstützung erhalten.

Seit den 1940er Jahren wurde die Idee diskutiert, jedem Bürger eine wirtschaftliche Grundsicherung unabhängig von seiner Bedürftigkeit zukommen zu lassen. In Deutschland wurde diese Idee in der jüngeren Vergangenheit durch den Unternehmer Götz Werner popularisiert. In einem Interview mit der *Frankfurter Allgemeinen Zeitung* vom 15. August 2010 erklärte Werner, dass jedem Bürger ohne Ansehen der Person vom Staat monatlich 1.000 Euro gezahlt werden sollten.[116] Bei 83 Millionen Einwohnern wären das rund 1 Billion Euro an Sozialleistungen pro Jahr oder ungefähr doppelt so viel, wie der Staat dafür gegenwärtig ausgibt. Da nach Werners Vorstellungen auch alle über das Grundeinkommen

---

116 Georg Meck (im Interview mit Götz Werner), »1.000 Euro für jeden machen die Menschen frei«. *Frankfurter Allgemeine Zeitung* vom 15. August 2010 (http://www.faz.net/aktuell/wirtschaft/arbeitsmarkt-und-hartz-iv/dm-gruender-goetz-werner-1000-euro-fuer-jeden-machen-die-menschen-frei-1623224.html?printPagedArticle=true#pageIndex_0).

hinausgehenden Sozialleistungen ebenfalls gezahlt werden sollen, dürften die tatsächlichen Sozialausgaben des Staates zwischen einer und 1,5 Billionen Euro (zwischen 31 und 46 Prozent des Bruttoinlandprodukts) liegen.

Man sollte meinen, dass liberale Ökonomen gegen eine gigantische Umverteilung des von Privaten erwirtschafteten Einkommens durch den Staat wären. Da durch ein Grundeinkommen die Bürokratie des Sozialstaats auf ein Minimum eingedampft werden könnte, ist das jedoch auch für diese Gruppe eine interessante Idee. Schon im Jahr 1962 plädierte der Chicagoer Ökonom Milton Friedman für eine negative Einkommenssteuer.[117] In Friedmans Konzept bleibt ein bestimmtes Grundeinkommen von der Steuer verschont. Über dieser Schwelle liegende Einkommen werden wie gewohnt besteuert. Unter dieser Schwelle liegende Einkommen werden durch staatliche Transfers bis zu der Schwelle angehoben. Da bei Friedman das Grundeinkommen aus einer Mischung von Lohneinkommen und staatlichen Transfers besteht und Leute, die mehr als das Grundeinkommen aus eigener Arbeit erwirtschaften, keine Transfers erhalten, ist die Belastung für die Staatskasse durch eine negative Einkommenssteuer geringer als im Fall eines pauschal gezahlten Grundeinkommens.

Abgesehen von der Frage der Finanzierung ist das Problem bei beiden Konzepten jedoch, dass individuelle wirtschaftliche Entscheidungen auf Kosten einer daran nicht beteiligten Partei, des Steuerzahlers, getroffen werden. Werner glaubt, dass ein bedingungsloses Grundeinkommen keine Wirkung auf die Anreize zur Arbeit haben würde. Arbeit würde einen eigenen Nutzen stiften, so dass es finanzieller Anreize in Form von Entlohnung nicht bedürfe. Um das zu glauben, muss man aber ein gewaltiger Idealist sein.

Stellen wir uns ein Paar vor, das vor der Wahl steht, sein monatliches Grundeinkommen durch Arbeit zum Mindestlohn aufzubes-

---

117 Milton Friedman, *Capitalism and Freedom*. The University of Chicago Press (Chicago) 1962

sern oder Kinder zu bekommen. Bei einem Lohn von 9 Euro die Stunde und einer Arbeitswoche von 40 Stunden könnte das Paar sein aus einem Grundeinkommen von 1.000 Euro pro Kopf und Arbeit zum Mindestlohn bestehendes Monatseinkommen um 2.880 Euro auf 4.880 Euro aufbessern, wenn beide Partner arbeiten. Die Arbeit bringt mehr Einkommen als zwei Kinder, die das Grundeinkommen der Familie um nur 2.000 Euro auf 4.000 Euro bringen würden. Doch ab dem dritten Kind sieht die Rechnung anders aus. Nun hätte das Paar ein monatliches Grundeinkommen von 5.000 Euro, ohne einer Beschäftigung nachzugehen.

Es könnte also darauf setzen, durch Kinder statt durch Arbeit sein Monatseinkommen zu erhöhen. Das Geschäftsmodell wäre das Kinderkriegen, die Frau würde zur Gebärmaschine. Nun könnte man einwenden, dass dies ja aus demografischen Gründen erwünscht sein könnte. Sicherlich nicht erwünscht wäre aber, wenn Kinder in Familien hineingeboren würden, die in ihnen ein Mittel zur Einkommenssteigerung durch staatliche Transfers sehen. Die Gefahr wäre groß, dass sich dieses Verhaltensmuster über die Generationen fortsetzt und eine arbeitsscheue Unterschicht entstünde.

Im Fall der negativen Einkommenssteuer besteht die Gefahr, dass sich Nachfrager und Anbieter von Arbeit zu Lasten des Steuerzahlers einigen. Der Anbieter ist bereit, einen niedrigeren Preis des Nachfragers für seine Arbeit zu akzeptieren, als dieser zu zahlen bereit wäre, weil ihm die Differenz zwischen Arbeitslohn und Grundeinkommen vom Steuerzahler ersetzt würde. Folglich würde die negative Einkommenssteuer wie eine Lohnsubvention wirken. Es käme zu Arbeitseinsätzen, deren Kosten den ökonomischen Ertrag übersteigen würden. Wenn aber die Kosten höher sind als die Erträge, dann ist der wirtschaftliche Nettonutzen negativ.

Wie schon gesagt ist es im Einklang mit einer liberalen Wirtschaftsordnung, wenn Menschen, die unverschuldet in eine wirtschaftliche Notlage geraten sind, geholfen wird. Damit diese Hilfe aber effektiv ist, muss derjenige, der sie finanziert, in die Entscheidung einbezogen werden. Es führt also kein Weg daran vorbei, dass finanzielle Hilfe nur nach Prüfung des Bedarfs gegeben werden darf. Wer sich und die Seinen selbst versorgen kann, sollte nicht die Möglichkeit bekommen, die Kosten der Versorgung auf andere abzuwälzen. Statt einem bedingungslosen Grundeinkommen kann es daher in der liberalen Wirtschaftsordnung nur ein bedingtes Grundeinkommen geben. Die Einzelfallprüfung ist zwar mühsam, fehleranfällig und unelegant. Aber sie ist für die soziale Absicherung in der liberalen Wirtschaftsordnung absolut notwendig.

## Der behütende Wohlfahrtsstaat und die Demokratie

Im liberalen Rechtsstaat sollte das Parlament Regeln des gesellschaftlichen Zusammenlebens finden, die der Freiheit des einen dort Grenzen setzen, wo die Freiheit des anderen beginnt. Damit diese Regeln ihren Zweck erfüllen können, sollten sie abstrakt und von negativer Natur, also Verbote statt Gebote, sein. Aufgabe der Regierung sollte sein, innerhalb der Gesetze und unter Aufsicht des Parlaments für die Durchsetzung dieser Regeln zu sorgen. Würde die Regierung stattdessen selbst gesetzte Ziele verfolgen, würde sie die Freiheit der Bürger bei der Verfolgung eigener Ziele verletzen.

Mit der Entwicklung des behütenden Wohlfahrtsstaats sind wir jedoch immer mehr von negativen zu positiven Regeln, von abstrakten Verboten zu konkreten Geboten, übergegangen. Aus einem »Du sollst nicht« wurde immer öfter ein »Du sollst«. Während in einem auf Verboten fußenden Regelwerk alles erlaubt ist, was nicht verboten ist, ist in einem auf Geboten fußenden Regelwerk alles verboten, was nicht erlaubt ist. Dadurch wird der Freiheitsraum des Einzelnen weit über das hinaus eingeschränkt, was nötig ist, um die Freiheit des anderen zu achten. Der Übergang von Verboten zu

Geboten im gesellschaftlichen Verhalten hat vier schwerwiegende Folgen: Erstens verändert sich die Rolle der Regierung. Vom Wächter über die Regeln wird sie zum Manager der Gesellschaft. Gestützt auf ihre parlamentarische Mehrheit entwickelt sie die Gebote, formuliert sie in Gesetze und setzt sie unter Androhung von Zwang durch. Zweitens verändert sich die Rolle des Parlaments. Statt Regeln des Zusammenlebens zu finden und die Regierung bei der Durchsetzung dieser Regeln zu überwachen, stützt nun die parlamentarische Mehrheit die Regierung bei der Umsetzung von Geboten für die Gesellschaft. Faktisch kontrolliert das Parlament nicht mehr die Regierung, sondern die Regierung bringt das Parlament über ihre Mehrheit dort auf ihre Linie.

Drittens verändert sich der Charakter der Demokratie. Das Volk wählt nun nicht mehr Vertreter aus seiner Mitte, die über die Zeit entstandene und bewährte gesellschaftliche Regeln in Gesetze fassen, sondern eine Versammlung, aus der heraus sich eine Regierung für das Management der Gesellschaft bildet. Gut organisierte gesellschaftliche Gruppen versuchen, das Management der Regierung in ihrem Sinne zu beeinflussen, indem sie lautstark oder in Hinterzimmern Forderungen und Ansprüche stellen, die sie in gesellschaftliche Gebote übersetzt sehen wollen. Und die Regierung wird abhängig von diesen Gruppen, wenn diese für sie Wähler sichern. Es entsteht die »Rent-Seeking Society«, in der es nicht mehr vorrangig um Erhöhung aller Einkommen durch Steigerung der Produktion, sondern um die Steigerung des eigenen Einkommens durch Umverteilung geht.

Die Verformung der Demokratie zum Instrument für organisierte Interessen hat mehrere Variationen hervorgebracht, für die sich entsprechende Bezeichnungen eingebürgert haben. Mit »Klientelwirtschaft« wird ein der feudalistischen Stammesordnung ähnliches Herrschaftssystem bezeichnet, in dem die Staatsführung von verschiedenen gesellschaftlichen Gruppen gestützt wird, die im Gegenzug von ihr versorgt werden wollen. Ein anschauliches Beispiel für diese Spielart findet sich in Griechenland, wo sich seit dem Ende der Diktatur alle Regierungen von der politisch rechten bis zur linken Seite auf gesellschaftliche Gruppierungen gestützt haben, deren Interessen sie als Entlohnung für die Unterstützung vorrangig bedient haben. Ein anderes Beispiel ist Italien, wo sich zentrale und regionale Regierungen besonders um die Belange der Klienten kümmern, die sie stützen. Im Süden des Landes profitiert das organisierte Verbrechen von der Klientelwirtschaft. Das Ergebnis ist in der Regel ein aufgeblähter und ineffizienter Staatsapparat und versteckter Wirtschaftsprotektionismus zu Gunsten der Regierungsklienten.[118]

In den angelsächsischen und asiatischen Ländern hat die Form des »Crony Capitalism« Fuß gefasst. Darunter wird die enge Verbindung zwischen Wirtschaftsvertretern und der Politik verstanden. Während in der Klientelwirtschaft persönliche Beziehungen zwischen Politikern und ihren Unterstützern eine wichtige Rolle spielen, werden im Crony Capitalism staatliche Begünstigungen gegen Geld von den Begünstigten erteilt. Am Ende seiner Amtszeit im Jahr 1961 warnte US-Präsident Dwight D. Eisenhower in einer Fernsehansprache sein Publikum vor der engen Verbindung zwischen der Rüstungsindustrie mit dem Militär. Dieser »Military-Industrial Complex« würde die Demokratie unterminieren, indem er Einfluss auf politische Entscheidungen nehme.[119] Heute könnte man von einem »Political-Financial Complex« sprechen, in dem die Politik vom Finanzkapitalismus gesteuert wird.[120]

---

118 Die Entstehung der Klientelwirtschaft hat vermutlich auch mit der früheren Fremdherrschaft in Griechenland durch die Türken und in Süditalien durch den wohlhabenderen Norden zu tun. Wo der Staat nicht akzeptiert ist, muss er sich die Loyalität seiner Bürger erkaufen.

119 Siehe https://www.youtube.com/watch?v=8y06NSBBRtY.

120 Besonders gut vernetzt ist dabei die Investmentbank Goldman Sachs, deren ehemalige Mitarbeiter regelmäßig hohe politische Ämter ergattern. Dazu gehören Steven Mnuchin (US-Finanzminister), Hank Paulson (US-Finanzminister), Robert Rubin (US-Finanzminister), Gary Cohn (Direktor des Nationalen Wirtschaftsrates der USA), Philip D. Murphy (Gouverneur von New Jersey), Jon Corzine (Gouverneur von New Jersey), William C. Dudley (Präsident der Federal Reserve Bank of New York), Mark Carney (Gouverneur der Bank of England), Mario Draghi (Präsident der Europäischen Zentralbank) und viele mehr.

In Deutschland wurde die liberale Demokratie durch den »Korporatismus« verformt. Über Verbände sollten die Interessen gesellschaftlicher Gruppen organisiert werden und zur Willensbildung der Politik beitragen. Doch spezifische Interessen relativ homogener gesellschaftlicher Gruppen lassen sich besser organisieren als die breit gestreuten Interessen diversifizierter Gruppen.[121] Die Folge davon ist, dass insbesondere die Gewerkschaften und die Industrieverbände einen großen Einfluss auf die Politik ausüben, während die Interessen diffuser Gruppen, wie beispielsweise die der Konsumenten, oder von Gruppen ohne Wahlberechtigung, wie minderjährige Jugendliche oder künftige Generationen, auf der Strecke bleiben.

Der Einfluss der Gewerkschaften ist offensichtlich: Die Sozialdemokratie rekrutiert aus diesem Lager ihre Wähler, indem sie als politische Interessenvertretung der Gewerkschaften handelt. Der Einfluss der Industrie ist weniger sichtbar und von pekuniärer Natur. So hat der CDU-Politiker und Bundeskanzler Helmut Kohl seine Karriere von Anfang bis Ende mit Geld aus »schwarzen Kassen« befördert, die von Unternehmen gespeist wurden. Ein großer Teil dieser Zuwendungen war illegal und mit Steuerhinterziehung verbunden und wurde von Kohl wahrheitswidrig als Spenden einzelner Personen deklariert.[122]

Viertens nimmt die wirtschaftliche Dynamik der Gesellschaft ab. Denn durch Gebote wird zwangsläufig die Kreativität Einzelner eingeschränkt, auf ihre Weise zum wirtschaftlichen Wohlstand beizutragen. Es sind aber überwiegend Einzelne oder Minderheiten, die für Innovationen sorgen und den technischen Fortschritt vorantreiben. Stattdessen wird im behütenden Wohlfahrtsstaat der Einzelne zur Befolgung von Geboten verpflichtet, die von einflussreichen

---

121 Siehe dazu Mancur Olson, *The Logic of Collective Action: Public Goods and the Theory of Groups*. Harvard Economic Studies, Bd. 124, 1965.

122 Siehe dazu den Dokumentarfilm *Bimbes – Die schwarzen Kassen des Helmut Kohl* von Stephan Lamby und Egmont R. Koch (von der ARD gesendet am 4. Dezember 2017).

gesellschaftlichen Gruppen geformt werden. Das historische Experiment des Sozialismus hat auf teilweise erschreckende Weise gezeigt, wie der durch Gebote hervorgerufene Verlust an Kreativität wirtschaftlichen Wohlstand zerstören kann.

# 7

# AUFSTAND DER VERLASSENEN MÜNDEL

Da im behütenden Wohlfahrtsstaat die Beziehungen der Mündel zu ihrer Vormundschaftsgewalt nicht wie in der traditionellen Stammesgesellschaft persönlich, sondern anonym sind, entsteht mit der Zeit eine Kluft zwischen den Eliten und den von ihnen Betreuten. Bei den Mündeln kann sich der Eindruck verdichten, dass die Vormundschaftsgewalt auf ihre Kosten lebt, statt für ihre Interessen zu sorgen. Der Ökonom Yanis Varoufakis, der sich in seiner kurzen Zeit als griechischer Finanzminister den Ruf des Enfant terrible im Rat der europäischen Finanzminister erworben hat, hat in seinen Erinnerungen an diese Zeit die Kluft zwischen den Eliten und der Öffentlichkeit an einer Geschichte deutlich gemacht.[123]

Varoufakis schildert, wie er während der IWF-Tagung im Frühjahr 2015, bei der die Krise in Griechenland eine besondere Rolle spielte, an einem Abend den früheren US-Finanzminister Larry Summers in einer Bar in Washington D.C. trifft. Summers erklärt ihm, dass es in der globalen Finanzpolitik »Insider« und »Outsider« gebe. Die Outsider würden öffentlich sagen, was sie denken. Der

---

123 Yanis Varoufakis, *Adults in the Room – My Battle with Europe's Deep Establishment*. The Bodley Head (London) 2017.

Preis dafür sei, dass sie von den Insidern, die an den Schalthebeln der Macht säßen, ignoriert würden. Um zu den mächtigen Insidern zu gehören, müssten vor allem zwei Regel beachtet werden: Insider würden nie mit Outsidern darüber sprechen, was sie sagen oder tun, und sie würden sich nie gegenseitig öffentlich kritisieren, was auch immer geschehe. Wer das beachte, gehöre dazu und hätte die Chance, Entwicklungen zu beeinflussen.

Doch die Legitimität der Gruppe der Insider verfällt, wenn ihre Handlungen negative Konsequenzen für diejenigen haben, die sich von ihnen Schutz und Fürsorge versprochen haben. Die Mündel des Wohlfahrtsstaats fühlen sich heute von den Eliten verlassen. Sie werden von einer ohnmächtigen Wut ergriffen, für die der Begriff des »Ressentiment« zutrifft. *»Dem Ressentiment liegt regelmäßig das Gefühl dauernder Ohnmacht gegenüber erlittener Ungerechtigkeit und Niederlage oder persönlichen Zurückgesetztseins zugrunde«*, heißt es dazu auf Wikipedia. Friedrich Nietzsche beschreibt, wie das »Ressentiment« den Menschen vergiftet, der von ihm besessen ist:

> *»Während der vornehme Mensch vor sich selbst mit Vertrauen und Offenheit lebt [...], so ist der Mensch des Ressentiments weder aufrichtig noch naiv noch mit sich selber ehrlich und geradezu. Seine Seele schielt, sein Geist liebt Schlupfwinkel, Schleichwege und Hintertüren, alles Versteckte mutet ihn an als seine Welt, seine Sicherheit, sein Labsal; er versteht sich auf das Schweigen, das Nichtvergessen, das Warten, das vorläufige Sichverkleinern, Sichdemütigen.«*[124]

Man könnte hinzufügen: Er neigt zu Verschwörungstheorien, nach denen es das Ziel der Eliten ist, ihn zu unterdrücken. Eine besondere Rolle für das wachsende Ressentiment der Mündel gegenüber

124 Friedrich Nietzsche, *Jenseits von Gut und Böse. – Zur Genealogie der Moral.* Hofenberg (Berlin) 2016, S. 206.

der Elite der Insider spielten in der jüngeren Vergangenheit die Globalisierung, die Finanzkrise und die Zuwanderung.

## Schreckgespenst Globalisierung

In der liberalen Gesellschaftsordnung erlaubt die Organisation der wirtschaftlichen Beziehungen über den Markt ein Beziehungsgeflecht aller Wirtschaftsakteure untereinander ohne jegliche Begrenzung der Zahl. Die Marktpreise spiegeln für jede Zahl von Marktteilnehmern die Wünsche der Nachfrager und die Möglichkeiten der Anbieter wider. Der Markt als Drehscheibe für wirtschaftliche Beziehungen ist beliebig skalierbar. Allein entscheidend ist die Möglichkeit des Zugangs zum Markt.

Durch die Annahme der marktwirtschaftlichen Ordnung von immer mehr Ländern während der letzten drei Jahrzehnte wurde das Beziehungsgeflecht der an dieser Ordnung teilnehmenden Wirtschaftsakteure auf einen immer größeren Teil der Welt ausgedehnt. Der Siegeszug der liberalen Wirtschaftsordnung schuf die »Globalisierung«. Die daraus folgende tiefere Arbeitsteilung erhöhte den gesamten Wohlstand aller Beteiligten. Doch die Vertiefung der Arbeitsteilung erfordert eine neue Verteilung von Arbeit.

Gewinner einer tieferen Arbeitsteilung sind die Ankömmlinge am Markt, die nun neue Abnehmer für ihr Angebot und neue Anbieter zur Befriedigung ihrer Bedürfnisse finden. Gewinner sind auch die Nachfrager, die nun aus einem erweiterten Angebot auswählen können. Aber es kommt auch zur Verdrängung alteingesessener Anbieter durch die Neuankömmlinge. Die von der Verdrängung betroffenen Anbieter müssen sich jedoch an die Bedingungen des erweiterten Markts anpassen. Das kann dazu führen, dass sie ihre vorigen Einkommen nicht mehr erreichen oder sich andere Tätigkeitsfelder suchen müssen. Daher fühlt sich diese Gruppe oft als Verlierer der Globalisierung. Da sie weit homogener ist als die

Gruppe der Gewinner, kann sie sich meist besser organisieren und politisches Gehör verschaffen. Die Globalisierungsverlierer sind lautstark und manchmal radikal wie die Maschinenstürmer (nach ihrem fiktiven Anführer Ned Ludd auch »Luddisten« genannt) im England des frühen 19. Jahrhunderts. Die größere Zahl der Globalisierungsgewinner streicht dagegen ihren Gewinn schweigend ein.

## Entkopplung von Freiheit und Verantwortung

Ein zentrales Anliegen der Protagonisten des Dritten Wegs war es, wirtschaftliches Handeln am Markt durch staatliche Eingriffe abzusichern. Dadurch sollte die Steuerungsfunktion des Marktes genutzt werden können, ohne die Wirtschaftsakteure mit den Konsequenzen wirtschaftlicher Fehlentscheidungen belasten zu müssen. Doch beruhte diese Vorstellung auf einem großen Missverständnis. Wirtschaftliches Handeln im Markt folgt einem Prozess von Versuch und Irrtum. Erfolg und Scheitern im Markt sind daher die zwei Seiten derselben Medaille. Werden die Konsequenzen des Scheiterns durch den Staat abgemildert, werden die im Markt unternommenen Versuche waghalsiger, weil die Kosten des Scheiterns auf einen Dritten abgewälzt werden können. Freiheit des Handelns wird von der Verantwortung des Handelnden abgekoppelt, so dass die Freiheit Einzelner zu Lasten der Freiheit anderer geht. Genau dies aber will die liberale Gesellschaftsordnung durch die Aufstellung allgemeiner und abstrakter Regeln verhindern.

Besonders krass wurde die Entkopplung der Freiheit des Handelns von der damit verbundenen Verantwortung im Finanzbereich praktiziert. Dort ist diese Entkopplung schon in der Konstruktion des Kreditgeldsystems angelegt, in dem der Staat den Umtausch des von den Banken durch Kreditvergabe geschaffenen Giralgelds in das von ihm erzeugte gesetzliche Zahlungsmittel als Letztversicherer garantiert. Im Verlauf der letzten drei Jahrzehnte wurde diese Unterstützung auf den Finanzmarkt ausgedehnt. Die Zentralbanken haben sich das Ziel gesetzt, Rezessionen zu verhindern. Und um die Erreichung dieses Ziels nicht zu gefährden, haben sie wiederholt Einbrüche bei den Aktienpreisen bekämpft.

Dies hat viele Akteure im Finanzbereich in dem Glauben bestärkt, sie könnten in steigenden Finanzmärkten ohne großes Risiko Gewinne einfahren, weil die Zentralbanken unter die Marktpreise ein Sicherheitsnetz gespannt hätten (siehe dazu auch Kapitel 5). Dieser Glaube führte zu Übertreibungen und schließlich zur Großen Finanzkrise von 2007/2008. Aber er war damals wohl begründet und ist es heute immer noch. Denn in der Finanzkrise haben die Zentralbanken den gesamten Finanzsektor gestützt und danach dafür gesorgt, dass sich die Finanzmärkte prächtig erholt haben. Nur wenige Akteure im Finanzsektor spürten die finanziellen Konsequenzen ihrer Handlungen in vollem Umfang, und kaum einer wurde strafrechtlich belangt.

Statt die fatalen Folgen der organisierten Verantwortungslosigkeit des Dritten Wegs zu erkennen, halten viele Leute heute den »Neoliberalismus« für den Schuldigen. Damit bestätigen sie die These Hayeks, der meinte, dass diejenigen den Trend zum Sozialismus am meisten stärkten, die behaupteten, dass sie weder den Kapitalismus noch den Sozialismus, sondern einen Dritten Weg dazwischen gehen wollten.[125]

## Bedrohung durch Migration

Schließlich zog der Wohlstand in den an der globalen liberalen Wirtschaftsordnung beteiligten Ländern die Bewohner anderer Länder an, die aus politischen oder sozialen Gründen (z.B. wegen Krieg

125 Hayek (2003).

oder einer rückständischen Gesellschaftsordnung) von den Früchten der Globalisierung nicht an ihrem Heimatort profitieren konnten. Krieg im Nahen Osten und Gewaltherrschaft in Afrika waren die direkten Auslöser der Wanderungsbewegungen. Aber der tiefere Beweggrund für viele Migranten war die Suche nach besseren Lebensumständen.

Die nach Europa gekommenen Kriegsflüchtlinge hatten nicht angehalten, als sie der unmittelbaren Kriegsgefahr in ihren Heimatländern in sicherere Nachbarländer entkommen waren. Sie sind weitergezogen, weil sie sich davon eine Verbesserung ihrer wirtschaftlichen Situation versprachen. Und viele Zuwanderer aus Afrika waren weder durch Krieg noch persönliche politische Verfolgung bedroht, als sie sich auf den Weg nach Europa machten. Auch ihnen ging es um eine Verbesserung ihrer wirtschaftlichen Lebensumstände. Für viele dieser Zuwanderer musste der europäische Sozialstaat wie das Schlaraffenland erscheinen.[126]

Milton Friedman hat aufgezeigt, dass freie Zuwanderung mit dem Wohlfahrtsstaat nicht zu vereinbaren ist.[127] Einwanderung in den Wohlfahrtsstaat verringert die Sozialleistungen für die vorhandenen Bezieher. Folglich wehren sich diese gegen die Zuwanderer. Andererseits profitiert eine Gesellschaft von Zuwanderern, wenn diese produktiv beschäftigt werden können. Dazu müssen aber Arbeitsplätze verfügbar sein, die auch mit weniger produktiven Kräften rentabel sind. Dem stehen aber hohe Sozialleistungen und

---

126 Die Entwicklung der in den 1970er und 1980er Jahren bei uns aufgenommenen Clans aus der Türkei und arabischen Ländern sowie ein Blick über die Grenze nach Frankreich lässt nichts Gutes für die Integration der Armutsmigranten erwarten. In Duisburg werden 2.800, in Berlin 1.000 und in Essen 5.000 Zuwanderer kriminellen Clans zugerechnet. Viele der Clan-Mitglieder sind im Drogen- und Menschenhandel, illegalen Glückspiel, in Raub, Hehlerei, Sozialbetrug und als Einbrecher tätig. Sie gehören Parallelgesellschaften an, die die deutsche Gesellschaft als wehrlose Beute betrachten. In Frankreich sind in großen Städten Randbezirke entstanden, in denen Zuwanderer Parallelgesellschaften gebildet haben. Aus diesen Parallelgesellschaften kommen die islamistischen Terroristen, die in den vergangenen Jahren spektakuläre Anschläge verübt haben.

127 Milton Friedman, »Illegal Immigration only helps when it's Illegal«. Veröffentlicht auf YouTube am 26.09.2012 (https://www.youtube.com/watch?v=C52TlPCVDio).

Mindestlöhne entgegen, weil diese eine Lohnuntergrenze festlegen. Friedman kommt zu dem Schluss, dass im Wohlfahrtsstaat *»Einwanderung nur hilft, wenn sie illegal ist«*. In Europa wird jedoch illegale Einwanderung systematisch legalisiert.[128] Kein Wunder, dass sich die Mündel des Wohlfahrtsstaats heftig gegen Zuwanderung wehren.

Eine liberale Zivilgesellschaft mündiger Bürger, die sich ihrer Regeln für das Zusammenleben bewusst ist, hätte mit der Zuwanderung auf der Grundlage eines gefestigten Selbstverständnisses umgehen können. Den zahlenmäßig begrenzten politisch Verfolgten hätte politisches Asyl gewährt werden und Kriegsflüchtlinge hätten für die Dauer des Krieges beherbergt werden können. Diese Gruppen hätten für begrenzte Zeit Sozialleistungen bekommen können. Zuwanderer aus wirtschaftlichen Gründen hätten entsprechend dem heimischen Bedarf an Arbeitskräften und ihrer Eignung mit einer Karenzzeit für den Anspruch auf Sozialleistungen zugelassen werden können. Vor der Einreise wäre an der Grenze zu prüfen gewesen, ob der Ankömmling die Bedingungen für den Zugang zum Land erfüllt. Wäre die Europäische Union tatsächlich der liberale Rechtsstaat, der sie sein will, dann hätte sie angesichts ihrer Bevölkerungsstärke und Wirtschaftskraft mit den Migrationsströmen souverän umgehen können. Tatsächlich wird die EU aber von zwei unterschiedlichen Modellen des Wohlfahrtsstaats geprägt, die einen über alle Mitgliedsländer konsistenten Umgang mit der Migration verhindern. Wie sehen diese aus?

---

128 Die Legalisierung illegaler Einwanderer nimmt zum Teil groteske Züge an. So berichtet Anabel Schunke, dass die Diakonie in Göttingen »anonyme Krankenscheine« ausgibt, um untergetauchten, ausreisepflichtigen Zuwanderern den vollen Zugang zu Leistungen der Krankenkassen zu ermöglichen, ohne dass die Behörden davon Wind bekommen. Siehe Anabel Schunke, »Anonyme Krankenscheine«, *Tichys Einblick*, 02/18.

# Wütende Klienten und verlassene Mündel

Wo sich die Stammesgesellschaft nicht zum organisierten behütenden Wohlfahrtsstaat entwickelt hat, ist vielfach eine Klientelgesellschaft entstanden. Staatliche Politik bedient die gesellschaftlichen Gruppen direkt, die sie politisch stützen. Die Wirtschaft wird von der Klientelbeziehung des Staates zu seinen Unterstützern geformt: Sie ist staatslastig, binnenorientiert und international nicht wettbewerbsfähig. Um die Ansprüche seiner Klienten trotz schwacher Wirtschaft zu befriedigen, muss sich der Staat verschulden. Soweit die Verschuldung in eigener Währung erfolgt, kann die Schuld durch die Zentralbank monetisiert werden. Die Folgen davon sind Inflation und Währungsabwertung. Da ausländische Kreditgeber jedoch die Währung des Klientelstaats scheuen, muss er sich in Fremdwährung verschulden, um den Bedarf an Importen zur Befriedigung der Wünsche seiner Klienten zu decken. Die Folgen davon sind Überschuldung und Staatsbankrott.

Der Politikwissenschaftler Philip Manow hat darauf hingewiesen, dass sich in lateinamerikanischen und südeuropäischen Ländern Klientelgesellschaften gebildet haben, während in nordamerikanischen und nordeuropäischen Ländern das Modell des organisierten Wohlfahrtsstaats dominiert.[129] Dies hat zur Folge, dass die jeweiligen Regionen sehr unterschiedlich auf die Liberalisierung von Handel und Kapitalverkehr einerseits und internationale Migration andererseits reagieren. Aufgrund einer relativ großzügigen sozialen Absicherung haben die Mündel des nördlichen organisierten Wohlfahrtsstaats in der EU weniger Anlass, gegen Liberalisierung von internationalem Handel und Kapitalverkehr zu rebellieren. Sie werden dort für Verlus-

129 Siehe dazu Philip Manow, »Links und rechts – zwei Spielarten des Populismus«. *Frankfurter Allgemeine Zeitung* vom 29. Januar 2018.

te in einem Umfang kompensiert, der sie weitgehend politisch ruhigstellt. Aber sie wehren sich gegen internationale Migration, denn die in ihren Wohlfahrtsstaat einwandernden Migranten konkurrieren mit ihnen um Sozialleistungen. In den USA ist der Wohlfahrtsstaat weniger großzügig, so dass dort sowohl internationaler Handel und Kapitalverkehr als auch Migration am Pranger stehen. Ignorieren die etablierten Parteien die Ängste der Mündel des behütenden Wohlfahrtsstaats, lenken sie Wasser auf die Mühlen meist politisch rechter Protestparteien. Die Beispiele dafür reichen vom französischen »Front National« über die »Alternative für Deutschland« bis zu Donald Trump.

In den Klientelstaaten Lateinamerikas und des Südens der EU gibt es dagegen nur eine geringe allgemeine soziale Absicherung. Dort bedient der Staat seine Klienten direkt. Einwanderer bekommen bescheidene Sozialleistungen und landen überwiegend im informellen Arbeitsmarkt. Obwohl sie eine Konkurrenz für die in diesem Sektor tätigen heimischen Geringverdiener darstellen, sind die Klienten der Südstaaten aufgrund ihrer geringeren direkten Betroffenheit eher geneigt, Zuwanderer zu tolerieren, zumal diese große Anreize zur Weiterwanderung in die nördlichen Wohlfahrtsstaaten haben. Andererseits gehen die Klienten der Südstaaten auf die Barrikaden, wenn ihre geschützten Arbeitsplätze durch Handelsliberalisierung verschwinden und staatliche Zahlungen an sie aufgrund von Finanzierungsproblemen des Staates ausbleiben. Das stärkt besonders politisch linke Protestparteien, die gegen Freihandel und vom »Finanzkapital« erzwungene »Austerität« wettern. Beispielhaft dafür sind die argentinischen Peronisten, die griechische »Syriza« und die spanische »Podemos«. Aber auch Rechtspopulisten finden in diesen Ländern Wähler. In Italien neigen sogar alle Parteien vom rechten bis zum linken Rand zum Populismus, vermutlich weil die Unzufriedenheit dort so umfassend ist, dass jede politische Strömung davon profitieren will.

Die unterschiedliche Organisation der Gesellschaften im Norden und Süden Europas hat dazu geführt, dass die Bürger dieser Länder auf die Krisen der Europäischen Währungsunion und des Schengener Abkommens zur Freizügigkeit von Personen innerhalb der EU unterschiedlich reagiert haben. Allen gemeinsam ist jedoch eine zunehmende Skepsis gegenüber dem Projekt der europäischen Einigung. In der Eurokrise fühlten sich die Klienten der südlichen Staaten durch die finanzielle Hartleibigkeit der nördlichen Staaten von der Finanzierung ihrer Staatstransfers abgeschnitten. Sie gingen mit links- und rechtspopulistischen Parolen auf die Barrikaden und bezichtigten die Nordstaaten der politischen Unterdrückung. Wie bei von Ressentiments getragenen Protesten üblich wurde den vermeintlich für die Unterdrückung verantwortlichen deutschen Politikern auf Plakaten das Hitlerbärtchen ins Gesicht geklebt. Der Euro konnte nur gerettet werden, indem die Europäische Zentralbank die gewohnte Monetisierung der Schulden südeuropäischer Staaten übernahm. Dies brachte nun viele Bürger der nördlichen Euroländer gegen die EZB auf.

Die nördlichen Wohlfahrtsstaaten setzten die Freizügigkeit im Schengenraum teilweise aus und kontrollierten wieder ihre Grenzen, um die von den südlichen Klientelstaaten weitergelotsten Migranten abweisen zu können. Ein auf deutsche Initiative hin unternommener Versuch der Entlastung der Südstaaten mittels einer kontrollierten Übernahme von Migranten durch andere Staaten scheiterte an deren Widerstand. In völliger Verkennung der Realität scheint die Europapolitik der deutschen Bundesregierung nun darin zu bestehen, Finanztransfers in der Währungsunion zu institutionalisieren, um den Klientelstaaten des Südens ein Überleben dort zu ermöglichen und Deutschland als Puffer zur Übernahme von Migranten aufzustellen, die sonst niemand haben will.

Um den Zustrom von Migranten in die EU zu verringern, sollen Anrainerstaaten dafür bezahlt werden, dass sie Migranten von der Ausreise abhalten, egal wie. Das von Bundeskanzlerin Merkel organisierte Abkommen mit der Türkei ist dafür die Vorlage. Solange die Migranten nicht auf EU-Boden ankommen, ist es für die europäischen Wohlfahrtsstaaten völlig belanglos, ob der Grund für die Wanderung die Flucht vor dem sicheren Tod, die Suche einer Fachkraft nach Arbeit oder der Wunsch nach den Segnungen des deutschen Sozialstaats ist. Man muss kein Hellseher sein, um vorherzusagen, dass diese Politik in Deutschland und anderswo den Rechtspopulismus nähren wird.

## Voller Angst und ohne Vertrauen

Der Soziologe Heinz Bude hat unseren Wohlfahrtsstaat als eine Gesellschaft der Angst vor Verlusten beschrieben.[130] Die gesellschaftliche Mitte ist von der Angst vor dem sozialen Abstieg, der »Statuspanik« erfasst. Man sieht sein Wohlergehen von technischem Wandel und dem Aufstieg einer konkurrierenden und zahlenmäßig weit größeren Mittelklasse in den Schwellenländern bedroht. In der »unteren Etage« der Gesellschaft kämpft man einen noch härteren Kampf gegen einen drohenden Abstieg in einer zunehmend enger verflochtenen Welt, in der die Konkurrenz von aufstiegshungrigen jungen Bevölkerungen ärmerer Länder größer wird.

Ein wesentlicher Grund für den Anstieg der Angst ist der Verlust an Vertrauen, der durch die leeren Versprechungen der Protagonisten des behütenden Wohlfahrtsstaats ausgelöst wurde. Die Politik versprach wirtschaftlichen Wohlstand für alle ohne jedes Risiko. Als sich dieses Versprechen in der Finanzkrise als hohl entpuppte, ging das Vertrauen in die politischen Eliten verloren. Die Banker versprachen rentierliche Anlage ohne jedes Risiko. Und als sich diese Anlagen in Luft auflösten, fühlten sich viele Anleger von geldgierigen Bankern, die daran gut verdient hatten, an der Nase herumgeführt und betrogen. »Bankiers« waren im Sprachgebrauch schon lange zu »Bankern« geworden; nun stiegen sie ab zu »Bankstern«.

130 Heinz Bude, *Gesellschaft der Angst*. Hamburger Edition (Hamburg) 2014.

Die Versprechen der Politiker und der Banker waren von einer opportunistischen Wissenschaft und Presse unterstützt worden. Wissenschaft und Presse wurde nun vorgeworfen, sich mit »Fake Facts« und »Fake News« bei den herrschenden Politikern zum Schaden der Allgemeinheit eingeschmeichelt zu haben. Die sich verlassen fühlenden Mündel des behütenden Wohlfahrtsstaats nutzten neue soziale Medien, um ihrem Ärger Luft zu machen. Die etablierten Medien schlugen gegen die neue Konkurrenz zurück, indem sie den dort vorgebrachten Unmut oft pauschal in die politisch rechte Ecke rückten. In Deutschland wird der Vorwurf, »rechts« zu sein, oft als Angriff auf die bürgerliche Ehre verstanden. Die sich entehrt Fühlenden konterten, indem sie den Angreifern vorwarfen, eine »Gesinnungsdiktatur« zu errichten.

Die Mündel des behütenden Wohlfahrtsstaats empfanden es als Verrat, wenn die die Vormundschaftsgewalt ausübenden Eliten sich an der Globalisierung bereicherten, die Risiken von Finanzgeschäften auf die Allgemeinheit abwälzten und durch Toleranz massenhafter Immigration billige Arbeitskräfte ins Land holen und dabei gleichzeitig ihre überlegene Moral zur Schau stellen wollten. *»Wer Angst zur Begründung seines Dagegenseins in Anschlag bringt, setzt sich ins Recht«*, stellt Bude fest.[131] Folglich wandelten die enttäuschten Mündel des behütenden Wohlfahrtsstaats ihre Ressentiments in durch ihre Angst legitimierten Protest gegen die Eliten:

- Warum verweigert uns der behütende Wohlfahrtsstaat Schutz vor den Produkten ausländischer Anbieter, die unsere Arbeitsplätze bedrohen?
- Warum gibt er Milliardenhilfen für marode Banken aus, aber knausert bei Sozialleistungen für uns?
- Warum kümmert er sich mehr um Immigranten aus fremden Kulturen als um uns?

131 Bude (2014), S. 121.

Als es im August 2015 vor einer Notunterkunft für Flüchtlinge im sächsischen Heidenau zu Krawallen kam, sagte der damalige Vizekanzler und SPD-Vorsitzende Sigmar Gabriel dem Fernsehsender N24: »Das ist wirklich Pack und Mob, und was man da machen muss, man muss sie einsperren.« Bundespräsident Joachim Gauck sprach anlässlich dieser Vorkommnisse von einem »Dunkeldeutschland« als der Heimat all derer, die Asylbewerberunterkünfte attackieren oder fremdenfeindliche Aktionen gegen Menschen unternehmen. Was diese prominenten Angehörigen der Elite dabei übersahen, war, dass der wütende Mob nur die Spitze eines Eisbergs ängstlicher Mündel des behütenden Wohlfahrtsstaats war, die um ihre Sozialleistungen fürchteten.

Besonders entlarvend für die Abgehobenheit der Eliten von den Ängsten der Wohlfahrtsempfänger war die Affäre um die Essener »Tafel«. Wie andere »Tafeln« auch teilt diese wohltätige Einrichtung Gratislebensmittel für Bedürftige aus. Der Vorstand entschied Ende 2017, keine ausländischen Empfänger mehr aufzunehmen, nachdem der Anteil der Ausländer an der Gesamtzahl der Klienten auf 75 Prozent gestiegen war und vor allem ältere deutsche Nutzerinnen und alleinerziehende Mütter durch junge, männliche Migranten verdrängt worden waren. Im Februar 2018 geriet diese Entscheidung ins Kreuzfeuer der öffentlichen Kritik. Die geschäftsführende Sozialministerin Katarina Barley fand, dass dadurch Vorurteile und die pauschale Ausgrenzung von Menschen gefördert werde. Die ebenfalls geschäftsführende Bundeskanzlerin Merkel schloss sich der Kritik an und sagte in einem Fernsehinterview: »Da sollte man nicht solche Kategorisierungen vornehmen. Das ist nicht gut.« Dabei zeigte dieser Vorfall überdeutlich, worum es geht: Die Verdrängung heimischer Wohlfahrtsempfänger durch zugewanderte Konkurrenten.

Die sich verschmäht fühlenden Mündel rächten sich an der ihnen untreu gewordenen Vormundschaftsgewalt, indem sie gegen die von ihr geduldete Bedrohung von außen ihre Zugehörigkeit zur Stammesgesellschaft in Stellung brachten. Besonders intensiv war das Rachegefühl in ehemals sozialistischen Gebieten, wo die in früheren Zeiten gezüchteten Erwartungen an den behütenden Wohlfahrtsstaat besonders hoch sind. Die vom Wohlfahrtsstaat enttäuschten Mündel definierten die Stammesgesellschaft über die Nation, Kultur oder Religion. Statt sich als freie und eigenverantwortliche Individuen zu begreifen, bestimmten sie ihre Identität über die Zugehörigkeit zu einer über die Abstammung definierten Gemeinschaft. Diese Zugehörigkeit sollte sie vom Wettbewerb durch Handel und Zuwanderung schützen. Befeuert wurde die Beschwörung einer stammesgesellschaftlichen Identität durch die Betonung einer eigenen, über die Religion definierten stammesgesellschaftlichen Identität der Zuwanderer aus dem muslimischen Kulturkreis. Die liberale Gesellschaftsordnung wird so durch die Betonung der Identität sowohl der indigenen Bevölkerung als auch der Zuwanderer zerrieben.

## Der Fall Zentral- und Osteuropa

In einer Rede am 26. Juli 2014 befand der ungarische Premierminister Viktor Orbán, dass das Jahr 2008 einen ähnlich starken Einschnitt in der geschichtlichen Entwicklung darstellte wie 1918, 1945 und 1990.[132] Wie das Ende der beiden Weltkriege und der Zusammenbruch des sowjetischen Reichs markiere das Jahr der Finanzkrise das Ende des Zeitalters des westlichen Liberalismus. Laut Orbán gab es bisher drei Formen der staatlichen Organisation: den Nationalstaat, den liberalen Staat und den Wohlfahrtsstaat. Was Ungarn nun brauche, sei eine Arbeitsgesellschaft, die sich nicht scheut zu

132 Siehe »Prime Minister Viktor Orbán's Speech at the 25th Bálványos Summer Free University and Student Camp«, 26. Juli 2014, Tusnádfürdő (Băile Tuşnad), Rumänien (http://www.kormany.hu/en/the-prime-minister/the-prime-minister-s-speeches/prime-minister-viktor-orban-s-speech-at-the-25th-balvanyos-summer-free-university-and-student-camp).

sagen, dass sie dem Charakter nach nicht liberal ist. Der liberale ungarische Staat habe versäumt, gemeinsame Werte zu schützen, und er habe es versäumt, das Land und den Einzelnen davor zu bewahren, zu Schuldensklaven ausländischer Mächte degradiert zu werden. Die ungarische Nation sei nicht einfach eine Ansammlung von Individuen, sondern eine Gemeinschaft, die organisiert, gestärkt, ja konstruiert werden müsse. In diesem Sinne sei der neue Staat, der nun in Ungarn konstruiert werde, ein »illiberaler«, ein »nicht liberaler« Staat. Dort werde die Freiheit nicht abgeschafft, aber sie stehe nicht wie im Liberalismus im Mittelpunkt. Dieser gebühre der Nation.

Der illiberale Staat werde von vielen Seiten bedroht. Zwei davon, die nicht unbedingt die größte Bedrohung darstellen, seien besonders interessant. In Ungarn gebe es nicht staatliche Organisationen, die finanziell nicht auf eigenen Füßen stünden, sondern von ausländischen Interessengruppen mit dem Ziel finanziert würden, die ungarische Politik in ihrem Sinn zu verändern. Es sei daher notwendig, diese Organisationen genau zu prüfen und ihre Aktivitäten zu verfolgen. Eine zweite Bedrohung gehe von der Verwaltung der Ungarn zustehenden Finanzhilfen der Europäischen Union aus. Die dafür zuständigen Beamten würden von der EU bezahlt, und zwar in einem Umfang, der ein Mehrfaches des Gehalts ungarischer Beamter entspreche. Außerdem würden rund 35 Prozent der Unterstützung als Verwaltungsaufwand einbehalten. In Zukunft würden die Gelder von ungarischen Beamten verwaltet und es könnten keine Kosten für Verwaltungsaufwand mehr abgezogen werden.

Orbáns Rede verdient deshalb Aufmerksamkeit, weil noch selten von einem Premierminister eines der westlichen Einflusssphäre zugerechneten Landes ein so offener und frontaler Angriff auf den Liberalismus vorgetragen wurde. Der ungarische Regierungschef widerspricht explizit dem Prinzip der freiheitlichen Organisation der Gesellschaft durch Regeln, die es dem Einzelnen erlauben, seine eigenen Ziele zu verfolgen, ohne die Freiheit des anderen zu beeinträchtigen. Laut Orbán führt dieses Organisationsprinzip dazu, dass die Stärkeren die Regeln zu ihren Gunsten formen. Daraus leitet er die Notwendigkeit ab, das gesellschaftliche Regelwerk durch staatliche Planung zu gestalten. Ziel der Planung solle sein, die Nation zu stärken. Damit greift Orbán auf das Organisationsprinzip der Stammesgesellschaft zurück, in der die Zugehörigkeit durch Abstammung und gemeinsame Ziele durch die Stammesführung bestimmt werden.

Von seiner Warte aus gesehen ist es nur folgerichtig, dass er seit dem Jahr 2015 die Politik der Bundeskanzlerin Angela Merkel bekämpft, die die deutschen Grenzen für Zuwanderer aus dem islamischen Kulturkreis öffnete und von anderen EU-Mitgliedsstaaten verlangte, Deutschland einen Teil dieser Zuwanderer abzunehmen. Orbán empfindet dies als Zumutung, weil damit Einbußen für die Mündel des ungarischen Staats verbunden sind und nicht, weil Merkel mit ihrer Politik die Regeln des liberalen Rechtsstaats, zu denen die Kontrolle der Grenzen gehört, ausgehebelt hätte. Aus dem gleichen Grund widersetzt er sich der Steuerung von EU-Finanzhilfen, auf die Ungarn seiner Ansicht nach ein Anrecht hat, durch EU-Beamte. Dadurch schrumpfen die vorhandenen Mittel und fließen in Projekte, die nicht allein von der ungarischen Staatsführung definiert werden. Besonders ätzend ist es für ihn, wenn »ausländische Mächte« versuchen, seine Mündel zu beeinflussen. Deshalb hat für ihn die Kampagne gegen den Milliardär und Philanthropen George Soros, der eine einflussreiche nicht staatliche Organisation finanziert, eine besondere Bedeutung.

Orbán begründet seine Attacke auf die Prinzipien des Liberalismus mit fehlerhaften Entwicklungen, die nicht durch diese Prinzipien, sondern durch deren Pervertierung im Dritten Weg entstanden sind. Wenn die Regeln von mächtigen Gruppen in der Gesellschaft zu ihren Gunsten geformt werden können, dann deshalb, weil sich die Regierung als Gestaltungsmacht der Gesellschaft versteht und gesellschaftliche Regeln positiv statt negativ formuliert (siehe Kapitel 6). Dadurch entstehen Anreize für gut organisierte Interessengruppen, Einfluss auf die Regierung auszuüben, um die Regeln zu ihren Gunsten zu verändern. Die logische Konsequenz wäre, gesellschaftliche Regeln als Verbote statt als Gebote zu formulieren. Orbán möchte dagegen der Regierung so viel Macht geben, dass sie gesellschaftliche Ziele alleine formulieren und durchsetzen kann. Jede Einmischung in die politische Gestaltung durch die Regierung von anderer Seite, und insbesondere von außen, sieht er als Bedrohung nationaler Interessen, die es zu bekämpfen gilt. Da die Zugehörigkeit zur ungarischen Nation die Gesellschaft definiert, werden Zuwanderer prinzipiell als Fremdkörper empfunden, die abzuwehren sind. Orbáns Attacke auf den Liberalismus ist aus seiner Sicht konsequent richtig, wie sie aus liberaler Sicht konsequent falsch ist. Sie ist gefährlich, weil sie den Liberalismus für Folgen verantwortlich macht, die nicht durch ihn selbst, sondern durch seine Pervertierung im Dritten Weg entstanden sind.

Man könnte Viktor Orbán getrost ignorieren, wenn er einen Einzelfall darstellen würde. Dem ist jedoch nicht so. Vielmehr verkörpert er einen neuen Typus des osteuropäischen Politikers und Staatsführers, der auch in anderen Ländern dieser Region an Einfluss gewonnen hat. Nach mehreren Anläufen und Teilnahme an Koalitionsregierungen im Verlauf der 2000er Jahre gewann die polnische Partei für Recht und Gerechtigkeit (PiS) bei den Parlamentswahlen von 2015 die absolute Mehrheit der Sitze im Parlament. Kurz davor hatte der Kandidat der Partei, Andrzej Duda, die Wahl zum Staatspräsidenten gewonnen. Nun konnte die PiS wie Viktor Orbáns »Fidesz« Partei allein regieren und dem Land ihren Stempel aufdrücken. Anders als in Orbáns Ungarn übernahm der Mitgründer und Vorsitzende der Partei, Jarosław Kaczyński, jedoch kein hohes Staatsamt, sondern verlegte sich darauf, die Regierung von außen zu steuern.

Im ersten Jahrzehnt der 2000er Jahre erschien die PiS als eine christlich-konservative Partei mit moderat marktliberalen Ansichten, die vor allem in den ländlichen Gebieten im Osten des Landes Unterstützer fand. Nach der Finanz- und Eurokrise, und insbesondere nach ihrer Machtergreifung im Jahr 2015, schwenkte die Partei auf einen harten, an traditionellen christlichen Werten orientierten nationalkonservativen Kurs ein. Sie trieb eine Justizreform mit der Begründung voran, das kommunistische Erbe endgültig loswerden zu wollen. Dabei unterminierte sie aber bedenkenlos die Unabhängigkeit der Rechtsprechung, indem sie der Regierung einen direkten Einfluss auf die Ernennung von Richtern eröffnete. Sie machte sich daran, traditionelle christliche Wertvorstellungen im gesellschaftlichen Regelwerk zu verankern. Dabei zeigte sie wenig Rücksicht auf die Rechte von Minderheiten, wie zum Beispiel die von Homosexuellen. Und sie schlug einen betont nationalen Kurs in der Außenpolitik ein, wobei sie den Konflikt mit Institutionen der EU und der deutschen Regierung nicht scheute. Die Drohung der EU, wegen der Justizreform ein Verfahren wegen der Verletzung von EU-Recht einzuleiten, fruchtete wenig. Und die massive Unterstützung Deutschlands für den Beitritt Polens zur EU hielt die Partei nicht davon ab, Reparationszahlungen für Verluste aus dem Zweiten Weltkrieg zu fordern. Zwar hat der Führer der PiS, Jarosław Kaczyński, nicht wie der ungarische Premierminister Viktor Orbán die Vision eines »illiberalen Staats« formuliert, aber seine Politik läuft auf die Schaffung eines solchen Staats hinaus.

Ungarn und Polen sind keine Einzelfälle. Auch in anderen ost- und mitteleuropäischen Ländern gewinnen illiberale Kräfte an Einfluss. In der Slowakei galt der von April 2012 bis März 2018 regierende Ministerpräsident Robert Fico als der Vertreter eines »sozial-nationalistischen Kurs«, der starke Ähnlichkeit mit den Positionen der ungarischen Fidesz und polnischen PiS hat. Und in Tschechien gewann Ende 2017 der rechtspopulistische Milliardär Andrej Babiš die Parlamentswahl und versuchte, eine Regierung zu bilden. Wie aus Viktor Orbáns oben zitierter Rede ersichtlich, ist der Aufstieg der illiberalen politischen Kräfte im Wesentlichen auf Enttäuschungen und Verletzungen aus dem Wechsel vom verarmten sozialistischen Volksheim sowjetrussischer Prägung zu einer nur scheinbar liberalen Wirtschaftsordnung zurückzuführen.

Das bankrotte Volksheim wurde oft durch einen »Crony-Kapitalismus« ersetzt, in dem die alten Eliten wieder den Ton angaben und die Volksmehrheit ausplünderten. Die früheren Mündel des sozialistischen Staats hatten auf westlichen Wohlstand gehofft, ohne eine klare Vorstellung darüber zu haben, welche Veränderungen damit für sie verbunden sein würden. Den »Crony-Kapitalismus« hielten sie aus Mangel an Erfahrung für das wahre Gesicht der liberalen Wirtschaftsordnung. So hatten sie sich den Regimewechsel nicht vorgestellt. Aus Enttäuschung darüber wendeten sie sich gegen die von den alten Eliten ausgeübte neue Vormundschaftsgewalt im gefälschten liberalen Gewand.

## Der Fall Westeuropa und USA

Wie im zweiten Kapitel diskutiert hat die Idee einer organisierten Gesellschaft in Frankreich eine lange Tradition. Folglich spielte in der Nachkriegszeit die Kommunistische Partei Frankreichs (KPF) eine bedeutende Rolle. Bis in die 1980er Jahre hinein erhielt die KPF bei den Parlamentswahlen um die 20 Prozent der Stimmen. Mit dem Fall der Sowjetunion sank die Partei dann jedoch in die Bedeutungslosigkeit. Den Kampf gegen die liberale Wirtschafts- und Gesellschaftsordnung übernahm die Partei Front National, die auf der politischen Rechten beheimatet ist.

Der Front National wurde 1972 von Jean-Marie Le Pen als nationalkonservative politische Kraft gegründet, die sich sowohl gegen die staatstragenden Parteien als auch die politische Linke stellte. Unterstützt wurde sie vor allem von selbstständigen Gewerbetreibenden, und sie befürwortete anfangs einige wirtschaftsliberale Anliegen. Schon früh fiel die Partei jedoch durch ihre chauvinistische

Haltung auf. Mit dem Niedergang der Kommunistischen Partei gewann sie immer mehr Arbeiter als Wähler.

Im Jahr 2011 löste Jean-Marie Le Pens Tochter Marine den Parteigründer im Vorsitz ab. Marine Le Pen modernisierte die Partei, indem sie die rassistischen und antisemitischen Ansichten ihres Vaters abstreifte. Unter ihr präsentierte sich die Partei als Anwalt französischer Identität, Tradition und Souveränität. Von ihrem Vater übernahm sie die Forderung »Franzosen zuerst«.[133] Französische Staatsbürger sollen bei der Arbeitsplatzvergabe und bei Sozialleistungen vor Ausländern bevorzugt und Klassenwidersprüche durch eine sozial-nationale Politik überwunden werden.[134] Banken, die Rüstungsindustrie und andere Schlüsselindustrien sollen verstaatlicht werden und Einfuhrzölle sollen Landwirtschaft und Industrie vor fremder Konkurrenz schützen. Zuwanderung soll drastisch begrenzt und die Europäische Union zu einem »Europa der Nationen« umgestaltet werden, das jedem Nationalstaat die Beibehaltung seiner nationalen Souveränität erlaubt. Durch den Austritt aus dem Schengener Abkommen oder eine Neuverhandlung soll Frankreich die Kontrolle seiner Staatsgrenzen zurückgewinnen. Durch den Austritt aus der Währungsunion soll das Land seine Souveränität in der Finanz- und Geldpolitik wiederherstellen. Und durch den Austritt aus der NATO und größere Unabhängigkeit gegenüber anderen internationalen Organisationen soll die Außenpolitik wieder national gestaltet werden können.

In den Präsidentschaftswahlen im Frühjahr 2017 erhielt Marine Le Pen im ersten Wahlgang 21,3 Prozent der Stimmen und kam nur knapp auf den zweiten Platz hinter Emmanuel Macron, der

133 Im Jahr 1984 veröffentlichte Jean-Marie Le Pen ein Buch mit dem Titel *Les Français d'abord.*

134 Die Politik wird als »sozial« bezeichnet, weil sie »national« ist (»social parce que national«). Damit lässt sich der Front National vom Vorbild der Nationalsozialistischen Deutschen Arbeiterpartei (NSDAP) leiten, die die Arbeiter im Nationalstaat »entproletarisieren« wollte. *»Sinn der sozialistischen Idee ist die Beeignung der Besitzlosen. Damit steht der Sozialismus Adolf Hitlers in schärfstem Gegensatz zu dem verlogenen Schein-Sozialismus der Marxisten, der sich die Enteignung der Besitzenden zum Ziel gesetzt hat.«* (Winkler (2014), Bd. II, S. 5).

24,0 Prozent erhielt. Im zweiten Wahlgang gewann Macron mit 66,1 Prozent der Stimmen die Wahl deutlich vor Le Pen, die 33,9 Prozent erhielt. Der wichtigste Grund für den Stimmenzuwachs für Macron war, dass die Unterstützer anderer Kandidaten Le Pen als Präsidentin verhindern wollten.

Der Front National ist nur ein Beispiel für den Typus der »sozial-nationalen« Partei, der in der jüngeren Vergangenheit in Westeuropa politisch stärker geworden ist. Andere Beispiele sind die Alternative für Deutschland, die in den Bundestagswahlen im September 2017 aus dem Stand 12,6 Prozent der Stimmen gewann, die Lega (früher mit dem Zusatz »Nord«) in Italien, die bei den Parlamentswahlen 2018 17,4 Prozent der Stimmen erreichte und damit die Führung des Mitte-rechts-Bündnis übernahm, die niederländische Partei für die Freiheit, die bei den Parlamentswahlen 2017 auf 13,1 Prozent der Stimmen kam und zweitstärkste Kraft im Land wurde, oder die Freiheitliche Partei Österreichs, die bei der Parlamentswahl 2017 26,0 Prozent der Stimmen holte und nun in der Regierung von Bundeskanzler Sebastian Kurz vertreten ist. All diesen Parteien ist gemeinsam, dass sie die von ihnen für liberal gehaltene Politik der Eliten für die Finanzkrise und Zuwanderung aus fremden Kulturkreisen verantwortlich machen und als Antwort darauf einen national organisierten Sozialstaat errichten wollen. Ihr wichtigster Verbündeter ist dabei Angst vor sozialem Abstieg und das emotionale Verlangen nach Geborgenheit und menschlicher Nähe, das die liberale Gesellschaftsordnung nicht befriedigen kann, aber der nach den Prinzipien der Stammesgesellschaft organisierte nationale Sozialstaat verspricht.

Großbritannien ist das Geburtsland des klassischen Liberalismus. Es ist aber auch das Land, das in der Zeit nach dem Zweiten Weltkrieg unter Labour- wie unter konservativen Regierungen einer sozialistischen Wirtschaftspolitik folgte, die die Wirtschaft in den 1970er Jahren an den Rand des Zusammenbruchs führte. Die Mitgliedschaft in der Europäischen Union sollte dem Land helfen, seine Krise zu überwinden. Aber mit der wirtschaftsliberalen Revolution unter Margaret Thatcher ging es dem Land besser und die EU wurde zunehmend als bürokratischer Hemmschuh empfunden. Vor allem aber störte, dass die Vertiefung der Europäischen Union einen zunehmenden Verzicht auf nationale Souveränität mit sich brachte. Vor der Finanzkrise wurden die zentralistischen Neigungen der EU-Bürokratie bemängelt, aber die EU-Mitgliedschaft stand nicht direkt zur Debatte. Danach wurde der mit der Mitgliedschaft verbundene Souveränitätsverzicht als zunehmend störend empfunden. Mit der United Kingdom Independence Party (UKIP) entstand eine politische Partei, die Ähnlichkeiten mit den sozial-nationalen Parteien des Kontinents aufwies. Nun wurde die Kritik an der EU nicht mehr vorwiegend mit ihrem Hang zur Wirtschaftsplanung, sondern wie in Frankreich mit ihrem Eingriff in die nationale Souveränität begründet. Zur Befriedung seiner innerparteilichen Kritiker versprach Premierminister David Cameron im Jahr 2013 schließlich eine Volksabstimmung über die weitere EU-Mitgliedschaft Großbritanniens.

Um den EU-Kritikern im eigenen Land den Wind aus den Segeln zu nehmen, handelte Cameron mit den anderen Regierungen der Europäischen Union einige Änderungen an den Mitgliedsbedingungen für Großbritannien aus. Anfang 2016 wurde unter anderem vereinbart, dass die Ansprüche auf Sozialleistungen für Migranten aus EU-Staaten im Vereinigten Königreich gekürzt würden, das Land zu einer eventuellen zukünftigen vertraglichen Vertiefung der Europäischen Union nicht verpflichtet werde und die Nicht-Euroländer zukünftig in der EU nicht schlechter gestellt würden als die Länder, die den Euro als Währung eingeführt haben. Am 23. Juni 2016 stimmten die Briten schließlich über die Frage ab: »Sollte das Vereinigte Königreich Mitglied der Europäischen Union bleiben oder die Europäische Union verlassen?« Zur Überraschung vieler Beobachter stimmten 51,9 Prozent für den Austritt und nur 48,1 Prozent für den Verbleib. Viele Medienvertreter und politische Beobachter kamen zu dem Schluss, dass die Furcht vor Zuwanderung einen wesentlichen Grund für den Ausgang der Volksabstimmung darstellte. Ein weiterer wichtiger Grund war die empfundene Benachteiligung der alten Industriegebiete des Landes gegenüber dem globalen Finanzzentrum London. Auch in diesem Fall spielte der Wunsch nach Rückkehr zu einem beschützenden Nationalstaat eine große Rolle.

Den sozial-nationalen Parteien Ost- und Westeuropas wird gelegentlich Nähe zur Ideologie der Identitären Bewegung nachgesagt. Diese Bewegung wurde in Frankreich im Jahr 2002 gegründet. In den Jahren nach der Finanzkrise und verstärkter Zuwanderung hat sie auch in anderen europäischen Ländern Fuß gefasst. Die Identitären gehen von einer Vielfalt der Kulturen aus (die sie »Ethnopluralismus« nennen), welche nicht vermischt werden sollen. Die jeweilige Gesellschaft soll von äußeren Einflüssen rein gehalten werden, damit sie ihre »Identität« bewahren kann. Auf der Website der deutschen Identitären Bewegung heißt es dazu:

> *»Ein Staat besteht nach klassischer Lehre aus drei Bestandteilen: einem Staatsgebiet, einer Staatsführung (Regierung) und einem Staatsvolk. Zu der Zeit, als unser Grundgesetz beschlossen wurde, war vollkommen selbstverständlich, dass ein Staatsvolk – als Kultur-, Abstammungs- und Solidargemeinschaft – nicht beliebig austauschbar, sondern durch eine ethnokulturelle Kontinuität bedingt ist. Im Zeitalter von Massenmigration, Globalisierung und One-World-Propaganda scheint dies nicht mehr jedem Bürger bewusst zu sein.«*[135]

Deshalb fordert die Bewegung:

> *»Wir wollen endlich eine offene Debatte über die Identitätsfrage im 21. Jahrhundert. Das etablierte Meinungsspektrum ver-*

135 Siehe https://www.identitaere-bewegung.de/category/politische-forderungen/.

*engt diese Frage lediglich auf die Utopie einer einheitlichen One-World-Ideologie. Wir hingegen fordern eine Welt der Vielfalt, Völker und Kulturen. Die Bewahrung unserer ethnokulturellen Identität muss als Grundkonsens und als Grundrecht in der Gesellschaft verankert werden.«*

Dabei wird auch eine »ethnokulturelle europäische Identität« identifiziert. Statt Einwanderung aus kulturfremden Armutsgebieten zuzulassen, fordert die Bewegung Hilfe vor Ort: *»Die Einwanderung zerstört Europa, und die Auswanderung zerstört Afrika.«* Einwanderer sollen in ihre Heimatländer zurückgeführt und die Staatsgrenzen geschützt werden.

Viele Politikwissenschaftler halten die Identitäre Bewegung für indirekt rassistisch (weil sie die kulturelle statt rassische Reinheit will) und rechtsextrem (weil sie die Gesellschaft als Volksgemeinschaft sieht). Allerdings sind die inhaltlichen Überlappungen mit den erstarkenden ost- und westeuropäischen Protestparteien nicht gering, auch wenn sich die Begriffe unterscheiden (zum Beispiel »identitär« statt »sozial-national«). Außerdem ist mit der Wahl Donald Trumps zum 45. Präsidenten der Vereinigten Staaten Gedankengut der Identitären Bewegung und der »sozial-nationalen« europäischen Protestparteien in die US-amerikanische Regierungspolitik eingegangen.

Seinen Wahlerfolg verdankte Trump dem Kampf gegen die politischen Eliten von der politischen Linken bis zur Rechten. Dabei stützte er sich auch auf die »Alt-Right«-Bewegung. »Alternative Right« ist ein Sammelbegriff für den äußeren Rand der amerikanischen politischen Rechten, deren intellektuelle Vertreter sich gelegentlich in der Nähe der Identitären Bewegung verorten. Prominent wurde sie durch den Aufstieg von Stephen Bannon zum Wahlkampfleiter und späteren Chefstrategen von Präsident Trump. Bannon bezeichnete sich selbst als »ökonomischen Nationalisten« und sah die USA im Krieg mit dem radikalen Islam. Er war für eine Verringerung der Einwanderung und des Handelsprotektionismus sowie gegen eine proaktive amerikanische Außenpolitik und Teilnahme an der internationalen Klimapolitik. Gleichzeitig befürwortete er höhere Steuern für Reiche und mehr Ausgaben für Investitionen in die öffentliche Infrastruktur. In seinen öffentlichen Äußerungen kann man Gedankensplitter der europäischen Identitären und sozial-nationalen Parteien erkennen.

Trump vertrat im Wahlkampf und nach seiner Wahl sehr ähnliche politische Positionen, wie die Begrenzung der Zuwanderung, Importzölle zum Schutz amerikanischer Arbeitsplätze und eine isolationistische Außenpolitik, die alle unter dem von Le Pen geborgten Motto »America First« stehen. Allerdings erwiesen sich die amerikanischen politischen Institutionen als sehr robust und der neue Präsident als sehr wankelmütig und wenig durchsetzungsfähig, so dass er nur wenige seiner Wahlkampfversprechungen auf dem Gebiet der Identitätspolitik bisher verwirklichen konnte. Doch zeigt der Aufstieg Donald Trumps zum »mächtigsten Mann der Welt« das Ausmaß der Krise, in die der klassische Liberalismus durch die ihn verfälschende Politik des Dritten Wegs gebracht wurde. Statt der Behebung der Fehler droht die Rückkehr zum organisierten Nationalstaat.

## Der Fall Südeuropa

Wie gesagt kann der Aufstieg südeuropäischer Protestbewegungen mit dem Aufstand wütender Klienten der in dieser Region typischen Klientelstaaten erklärt werden. In Griechenland entstand die Partei Syriza als linkspopulistische Antwort auf die durch die externen Krisenmanager auferlegte »Austerität« zur Sanierung des bankrotten griechischen Staats. Premierminister Alexis Tsipras und sein erster Finanzminister Yanis Varoufakis traten an, um aus dem von den Gläubigern errichteten »Schuldgefängnis« auszubrechen. Der

Linkspopulismus ist in Griechenland zwar die führende Kraft, wird jedoch durch rechtspopulistische Parteien ergänzt. Die Partei der Unabhängigen Griechen (ANEL) ist auf der politisch rechten Seite angesiedelt, regiert aber zusammen mit Syriza. Wie diese will ANEL einen Schuldenschnitt und das Ende der Überwachung durch die Gläubiger. Der Parteivorsitzende Panos Kammenos proklamiert ein »nationales Erwachen und Aufstehen« und vermutet, dass Griechenland einer »internationalen Verschwörung« zum Opfer gefallen sei. Die im Parlament vertretene Oppositionspartei »Goldene Morgenröte« vertritt eine offen neonazistische Politik und bekämpft die Zuwanderung.

Die spanische Podemos ist eine linkspopulistische Partei und stellt zusammen mit der kleineren kommunistischen Partei die drittstärkste Fraktion im Parlament. Auch sie wendet sich gegen die vermeintlich von den Institutionen der EU den Euroländern oktroyierte »Austeritätspolitik«. Die Staatsausgaben sollen vor allem für Bildung und Gesundheit steigen. Gleichzeitig sollen die Steuern für wohlhabende Bürger und Unternehmen erhöht werden. Die Partei bekennt sich zur EU, will aber mehr »europäische Solidarität«. Im Gegensatz zu anderen Ländern ist die politische Rechte in Spanien schwach. Möglicherweise liegt das an der noch wachen Erinnerung an die Franco-Diktatur und daran, dass sich Spanien der Immigration aus Afrika besser erwehren konnte als andere Mittelmeerländer.

In Italien reicht das Spektrum der populistischen Parteien von der rechten Lega über die Forza Italia von Silvio Berlusconi bis zu der eher linken Protestbewegung Fünf Sterne. Da die populistischen Parteien größer sind als die gespaltenen Sozialdemokraten neigen auch diese eher zu linkspopulistischen Positionen. Insgesamt wendet sich die italienische Politik gegen die vermeintlich von der EU verfochtene »Austeritätspolitik« und will ihre jeweiligen Klienten mit üppigeren, kostenlosen Leistungen des Staates bei Laune halten. Da der italienische Staat mit einer Schuldenquote von über 130 Prozent des Bruttoinlandsprodukts sehr hoch verschuldet ist und die populistische Politik die Verschuldung immer weiter nach oben treibt, kann er ohne die Möglichkeit finanzieller Nothilfe durch die Europäische Zentralbank kaum auskommen. Am Beispiel Italiens zeigt sich, wie der Zugang des Staats zu der Geldpresse der Notenbank die Entwicklung von der in der Tradition der Stammesgesellschaft stehenden Klientelgesellschaft zu einer Gesellschaftsordnung für die Freiheit und Verantwortung verhindert.

# 8

# DIE ANTWORT AUS CHINA

Unter dem Revolutionsführer Mao Zedong war China zwar eine ernst zu nehmende regionale Militärmacht, aber auch ein bettelarmes Land. Im Jahr 1960 betrug das chinesische Bruttoinlandsprodukt pro Kopf gerade mal 90 US-Dollar. Das entsprach 3 Prozent des damaligen BIP pro Kopf in den USA. Im Jahr 2016 betrug das BIP pro Kopf 8.123 US-Dollar, beinahe das Hundertfache seines Niveaus von 1960 und rund 14 Prozent des amerikanischen BIP pro Kopf. Das gesamte Bruttoinlandsprodukt Chinas beträgt inzwischen rund 60 Prozent des US-BIP und ist ungefähr so groß wie das der ganzen Eurozone. Damit ist China zur zweitgrößten Volkswirtschaft der Welt geworden.

Der wirtschaftliche Aufstieg Chinas und seine Einbindung in die von den westlichen Mächten dominierte globale Wirtschaftsordnung war die Folge der Übernahme liberaler Prinzipien in Wirtschaft und Gesellschaft in der Ära Deng Xiaoping, die Ende der 1970er Jahre begann. Vermutlich werden künftige Historiker das Ende dieser Ära mit dem Amtsantritt Xi Jinpings Anfang 2013 verbinden. Unter Xi begann China von den bis dahin geltenden liberalen Vorstellungen abzurücken. Eine wichtige Rolle spielte dabei die Finanzkrise und deren Folgen in der westlichen Welt. In China gewinnt zunehmend die Einschätzung an Gewicht, dass die westliche liberale Demokratie und mit ihr die liberale Wirtschaftsordnung auf dem Totenbett liegen. In viel größerem Umfang als der ungarische Premierminister Viktor Orbán ist China dabei, eine Gesellschaftsordnung aufzubauen, für die der Begriff »illiberal« zu schwach erscheint. Wir nennen sie im Folgenden besser »antiliberal«.

Xi Jinping kam als Hoffnungsträger für wirtschaftliche Reformen ins Amt des Staatspräsidenten. Durch die Liberalisierung des Finanzsektors sollte Druck zum Strukturwandel der Wirtschaft ausgeübt werden. Die politisch einflussreichen Staatsunternehmen sollten durch Entzug von Finanzmitteln schrumpfen, so dass die Investitionen effizienter und das Wirtschaftswachstum weniger abhängig vom Export würde. Ein in jeder Hinsicht besser ausgeglichenes Wachstum sollte für eine nachhaltigere Entwicklung der Wirtschaft und Gesellschaft sorgen. Die Bekämpfung von Korruption sollte Recht und Gesetz stärken. China würde unter Xi »westlicher« werden. So weit die Hoffnungen.

Anfangs fanden westliche Beobachter Xis Bekenntnis zum Marxismus eher irritierend als gefährlich. Spätestens seit dem 19. Parteikongress im Oktober 2017 sollte man es jedoch ernst nehmen. Xi präsentierte sich als fest im maoistischen Marxismus verankerter Politiker.[136] Als »oberster Führer« darf er nun ohne die von Deng eingeführte Begrenzung der Amtszeit über China herrschen. Seine Theorie eines »Sozialismus chinesischer Prägung im neuen Zeitalter« wurde in die Statuten der Partei aufgenommen. Nach Maos Lesart des dialektischen Materialismus vollzieht sich die politische Entwicklung durch Auflösung der die Wirklichkeit bestimmenden Hauptwidersprüche. Bei Mao bestand der Hauptwiderspruch im Klassengegensatz von Bourgeoisie und Proletariat, bei Deng Xiaoping im Gegensatz zwischen den wachsenden materiellen und kulturellen Bedürfnissen des Volkes und der rückschrittlichen Produktion und bei Xi nun im Gegensatz zwischen der *»unaus-*

136 Siehe Mark Siemons, »Mao reloaded«. *Frankfurter Allgemeine Zeitung* vom 25. Oktober 2017.

*gewogenen und unadäquaten Entwicklung und dem wachsenden Verlangen des Volkes nach einem besseren Leben«.*[137]

Während bei Deng der Hauptwiderspruch dadurch aufgelöst wurde, dass es den Chinesen erlaubt war, sich privat zu bereichern, und sich der Staat nach innen und außen zurücknahm, soll bei Xi die Auflösung durch Bekämpfung der sozialen Ungleichheit im Inneren und ein selbstbewusstes Auftreten des Staates nach außen erfolgen. Deshalb sollen staatliche Unternehmen groß und stark gemacht werden, so dass aus ihnen *»weltführende Unternehmen mit globaler Wettbewerbsfähigkeit«* entstünden. Von der Schrumpfung des aufgeblähten Sektors der Staatsunternehmen ist nun keine Rede mehr. Stattdessen sollen sie durch staatliche Planung geführt und gestärkt werden. Die Größe des chinesischen Markts soll dazu genutzt werden, die globale Industrie auf die technischen Standards Chinas zu verpflichten. Bei alternativen Antriebstechniken setzt China auf Elektromobilität und schreibt als Energiespeicher spezielle Batterien aus chinesischer Produktion vor. In der Telekommunikation will China die Standards für die neue 5G-Technologie setzen.[138]

Die Wirtschaft ist in einem Modell organisiert, das man nach Rudolf Hilferding »staatsmonopolistischer Finanzkapitalismus« nennen könnte. Staatliche Banken steuern die Wirtschaft durch die Vergabe von Krediten und sichern sich dadurch Einfluss auf die Industrie. Parallel dazu werden Schattenbanken toleriert, die das Angebot der Staatsbanken ergänzen. Im Gegensatz zur Finanzialisierung westlicher Prägung liegt alle Macht bei der Staatsführung. Aber wie in westlichen Ländern ist der Finanzsektor ebenfalls stark aufgebläht. Nach außen versucht Xi dem Land mit dem Infrastrukturprojekt der *»Neuen Seidenstraße«* und dem Ausbau der Volksbefreiungsarmee zu einer *»Armee von Weltklasse«* größeres Gewicht zu geben.

---

137 Siemons (2017).

138 Siehe dazu Thomas J. Duesterberg, »5G: China's Dream to Dominate World Technology«, 19. Dezember 2017 (https://www.theglobalist.com/china-united-states-europe-technology-internet/).

Die Skepsis gegenüber der westlichen demokratischen Staatsform ist hoffähig geworden, so dass der Stärkung der Autorität der Kommunistischen Partei nichts mehr im Wege steht. Auch westliche Unternehmen sollen nun Parteizellen einrichten, die bei der Unternehmensführung mitreden können.

Xi Jinping und seine Unterstützer werfen dem westlichen Liberalismus den Fehdehandschuh hin. Sie anerkennen die wirtschaftlichen Leistungen des klassischen Liberalismus, befinden aber, dass dieser im 21. Jahrhundert so degeneriert sei, dass der Westen in die Bedeutungslosigkeit versinken wird. Um die chinesische Sichtweise besser zu verstehen, lohnt es sich, einen im Jahr 2017 erschienenen Artikel im Parteimagazin *Hongqi Wengao* (»Manuskript der Roten Fahne«) näher anzusehen.[139] Dort wird kritisiert, dass sich das westliche politische System nach mehreren Jahrhunderten im 20. Jahrhundert von einer Herrschaft der Eliten zur *»Massendemokratie«* gewandelt hat:

> *»Wo früher Eliten von Eliten ausgewählt wurden, wählen heute die Massen die Eliten.«*

Um gewählt zu werden, müssen sich die politischen Eliten den Massen anpassen, die Mittelmäßigkeit und kurzfristige Erfolge bevorzugen:

> *»Die Politiker streben nach kurzfristigen Effekten und lassen dabei die langfristigen Interessen der Nation außen vor.«*

Die Folge ist der säkulare wirtschaftliche Niedergang.

---

139 Dieses Magazin gehört zum Parteiorgan *Qiushi*, das vom Zentralkomitee der Kommunistischen Partei Chinas herausgegeben wird. Marcel Zhu hat in *Tichys Einblick* darauf hingewiesen und eine deutsche Übersetzung von Teilen dieses Artikels wiedergegeben (»Deutsche Politik als Negativ-Lehrstück in China«), *Tichys Einblick*, 11/2017 (https://www.tichyseinblick.de/kolumnen/aus-aller-welt/deutsche-politik-als-negativ-lehrstueck-in-china/)

*»Ehemals fortschrittliche westliche demokratische Länder haben heute nur noch ein extrem geringes oder gar kein Wirtschaftswachstum oder sind in die Rezession geraten. Außerdem sind sie meistens überschuldet.«*

Wenn die Wirtschaft nicht mehr wächst, streitet man sich um die Verteilung, was das Wachstum nun völlig unmöglich macht, denn:

*»Die einseitige Fokussierung auf die Einkommensumverteilung hemmt das Wirtschaftswachstum. Wähler interessieren sich vor allem für die Umverteilung des Vermögens und lehnen gleichzeitig die Zunahme der Arbeitszeiten, Steuererhöhungen, Senkungen von Sozialleistungen ab. Aus diesem Grund machen die Sozialleistungen der EU 50 Prozent der Sozialleistungen der Welt aus, obwohl die EU nur 9 Prozent der Weltbevölkerung und 25 Prozent der Weltwirtschaftsleistung besitzt.«*

Die deutsche Flüchtlingspolitik gilt geradezu als Paradebeispiel für die Inkompetenz des westlichen politischen Systems. Man hätte Flüchtlingslager vor Ort einrichten und die eigenen Grenzen vor unkontrollierter Zuwanderung schützen können. Man hätte die Veränderung der ethnischen Zusammensetzung der Bevölkerung durch Assimilierung der Zuwanderer und Senkung der Sozialleistungen für neue Zuwanderer steuern können.

*»Allerdings würden solche Maßnahmen wiederum mit den westlichen Werten wie Freiheit, Gleichberechtigung, Menschenrechte und so weiter kollidieren, so dass sie unmöglich durchzuführen sind.«*

Doch die Flüchtlingskrise ist nur der Tropfen, der im Westen das Fass zum Überlaufen bringen wird.

> *»Die Ursachen von vielen Krisen und unlösbaren Problemen liegen im System selbst. Mit der Entwicklung und Fortschreitung der Epochen ist das westliche System in gewisser Weise schon rückständig geworden.«*

Der Autor schließt mit der Bemerkung, dass die Geschichte auf die Zukunft des Westens die endgültige Antwort geben wird. Aber er lässt keinen Zweifel daran, wie seiner Meinung nach diese Antwort ausfallen wird.

Die chinesische Führung ist dabei, ihre eigene Antwort auf die Herausforderungen der Zukunft zu geben. Angesichts des von ihr diagnostizierten Niedergangs des Westens fällt ihre Antwort dezidiert antiliberal aus. Sie will die Gesellschaft auf von ihr definierte strategische Ziele verpflichten und die dafür erforderliche gesellschaftliche Zusammenarbeit mit Hilfe neuer Technologien erzwingen. Dazu bedarf es umfassender Überwachung, Bewertung und Kontrolle des Verhaltens aller Gesellschaftsmitglieder. Die dazu notwendige Technologie bietet die elektronische Datenverarbeitung mit künstlicher Intelligenz. Daten über die Handlungen aller Individuen und Unternehmen in allen Lebens- und Geschäftsbereichen werden laufend erhoben, elektronisch ausgewertet und in einer sozialen Bewertungszahl (wie für die Kreditwürdigkeit von Schuldnern) zusammengefasst.[140] Vergehen werden durch öffentliche Bloßstellung bestraft, gute soziale Bewertungen schlagen sich in einer vorteilhaften Behandlung durch staatliche Stellen nieder.

Der China-Experte Sebastian Heilmann vom Mercator Institute for China Studies erzählt dazu die folgende Geschichte: Ein Angestellter fährt am Morgen mit dem Auto zur Arbeit. An der Auto-

140 Siehe dazu https://de.wikipedia.org/wiki/Sozialkredit-System_(VR_China); Mirjam Meissner, »Chinas gesellschaftliches Bonitätssystem«. *MERICS China Monitor* Nr. 39, August 2017; und Mareike Ohlberg, Shazeda Ahmed, Bertram Lang, »CENTRAL PLANNING, LOCAL EXPERIMENTS – The complex implementation of China's Social Credit System«. *MERICS China Monitor*, 12. Dezember 2017.

bahnauffahrt fädelt er sich wagemutig in den Verkehr ein. Ein paar Kilometer weiter sieht er auf einem großen Bildschirm am Straßenrand sein Auto mit einer Ermahnung, dass er künftig vorsichtiger fahren solle. Doch der Angestellte ist zu spät dran und fährt schneller als erlaubt. An der Autobahnabfahrt sieht er wieder sein Auto, diesmal mit einer Strafandrohung. Auf dem Parkplatz seiner Firma angekommen schaut er auf sein Mobiltelefon. Per SMS wurde ihm ein Strafzettel zugestellt. Natürlich sind alle diese Vorkommnisse gespeichert und fließen in seine soziale Bewertung ein.

Die Firma, in der er arbeitet, wird von staatlichen Stellen umfassend überwacht. Sämtliche Quellen über das Unternehmen, von den Steuerdaten über die Einhaltung von Vorschriften bis hin zu ihrem gesellschaftlichen Engagement, werden gesammelt und in gesellschaftliche Bonitätspunkte überführt. Die Punktezahl bestimmt, inwiefern die Firma Zugang zu Fördermitteln und öffentlichen Aufträgen bekommt, zu welchen Bedingungen sie Kredite erhält und wie intensiv sie vom Staat überwacht wird. Natürlich hat das staatlich erfasste Verhalten der Mitarbeiter außerhalb des Unternehmens auch Einfluss auf ihre Karriere. Der Angestellte in unserem Beispiel sollte in Zukunft vorsichtiger fahren, wenn er sich sein berufliches Fortkommen nicht verderben will.

Auf diese Weise soll die Gesellschaft durch soziale Kontrolle und Selbstregulierung eng an der Leine der Regierung geführt werden. Die Freiheit des Einzelnen spielt dabei keine Rolle. Alles, worauf es ankommt, ist seine Ausrichtung auf die von der Regierung vorgegebenen gemeinsamen Ziele. Die Vormundschaftsgewalt des chinesischen Staats nähert sich auf leisen Pfoten. Es soll dem Einzelnen leicht gemacht werden, sich ihr zu fügen. Aber natürlich besitzt sie Krallen, wenn er sich ihr widersetzt.

Der Philosoph und Theologe Martin Rhonheimer stellt die Frage, ob denn ein solches System nicht früher oder später am Drang der Bürger nach persönlicher Freiheit scheitern müsse.[141]

141 Martin Rhonheimer, »Das Ende des Menschlichen«. *Neue Zürcher Zeitung* vom 23. Februar 2018.

Die Antwort darauf ist ebenso plausibel wie erschreckend. Da chinesische Wissenschaftler nicht davor zurückgeschreckt sind, biologisch dem Menschen nahestehende Affen zu klonen, könnte der chinesische Staat auch nicht davor zurückschrecken, den Menschen notfalls durch genetische Eingriffe den Freiheitsdrang auszutreiben. Damit würde die Axt an die Grundlage des Menschseins gelegt. Im Gegensatz zum Menschen denkt das intelligente Tier konkret, kann nicht abstrahieren und hat daher keine begriffliche Vorstellung vom irdischen Leben, insbesondere von seiner prinzipiellen Endlichkeit. Es hat daher keine Distanz zu sich selbst und muss bedingungslos seinen Instinkten folgen. Der Mensch kann dagegen abstrakt denken. Ihm ist deshalb die prinzipielle Endlichkeit des Lebens und folglich die Bedingtheit seiner irdischen Existenz bewusst. Weil er die Bedingtheit seines Lebens erkennt, kann er Distanz zu seinen Instinkten gewinnen und muss ihnen nicht bedingungslos folgen. Das gibt ihm Freiheit für eigenes Urteil und Handeln. Würde der Mensch genetisch zur Unfreiheit programmiert, hörte er auf, Mensch im eigentlichen Sinn zu sein.

Viele westliche Beobachter sehen auch die wirtschaftliche Entwicklung mit großer Skepsis. Die Regierung hat ihre politischen Ziele verfolgt, indem sie für billige Kredite sorgte. Betrug die Versorgung der Realwirtschaft mit Finanzmitteln, die vorzugsweise aus Krediten bestehen und »social financing« genannt werden, im Jahr 2008 noch wenig mehr als 100 Prozent des Bruttoinlandsprodukts, so liegt dieser Wert heute bei über 200 Prozent. In den vergangenen zehn Jahren, in denen das Bruttoinlandsprodukt mit hohen Raten stieg, waren die Wachstumsraten für die Finanzierung der Wirtschaft so hoch, dass die Finanzmittel heute das Doppelte des Bruttoinlandsprodukts ausmachen. Viele der Mittel wurden ineffizient verwendet und es ist fraglich, ob die Schuldner ihre Verpflichtungen jemals wieder zurückzahlen können. Edward Chancellor sieht den Anfang vom Ende der chinesischen Blasenökonomie:

*»The China endgame is signaled by rising capital outflows from the repressed financial system. The last phase of its epic credit boom moves inexorably closer. At which point, a rude awakening from the China dream will surely shake the world.«*[142]

Aber wie ist eine ausschließlich inländische Überschuldung in einem autoritären Regime zu beurteilen, in dem die Eigentumsrechte durch die Regierung willkürlich geändert werden können? Werden die Gläubiger ihre Ansprüche durchsetzen können? Oder wird die Regierung die Schulden per Dekret einfach annullieren, wie es in den alten Reichen der Sumerer und Babylonier üblich war?[143] Möglicherweise gibt der Umgang mit dem Versicherungskonzern Anbang einen Hinweis auf das Verhalten der Regierung.

Der Konzern hatte Anlageprodukte ausgegeben, die mit 5 Prozent Zinsen eine doppelt so hohe Rendite versprachen wie klassische Sparanlagen. Mit dem aufgenommenen Geld hat das Unternehmen Anlagen im Ausland finanziert, unter anderem den Kauf des New Yorker Luxushotels Waldorf Astoria. Das Unternehmen fiel nicht nur wegen seiner riskanten Geschäfte in Ungnade, sondern auch, weil der Kapitalexport die Devisenreserven des Landes belastete und das Unternehmen politisch nicht gut vernetzt war. Der Unternehmensgründer und Vorstandsvorsitzende Wu Xiaohui war mit einer Enkelin des Reformers Deng Xiaoping verheiratet, der in der Ära Xi Jinping nicht mehr so hoch geschätzt wird. Im Februar 2018 wurde Anbang unter staatliche Aufsicht gestellt. Eine »Arbeitsgruppe«, die aus hohen Beamten von Zentralbank, Bankenaufsicht und Börsenaufsicht bestand, übernahm für zunächst ein Jahr die Führung. Wu wurde wegen »Wirtschaftskriminalität« angeklagt. Um eine Verunsicherung der Anleger zu vermeiden, wurden nach der Über-

---

142 Chancellor (2017), S. 238.

143 Siehe dazu Michael Hudson, *The lost tradition of Biblical Debt Cancellations* (1993) (https://michael-hudson.com/wp-content/uploads/2010/03/HudsonLostTradition.pdf).

nahme durch den Staat alle kritischen Berichte oder Kommentare über Anbang oder dessen Chef Wu im Internet gelöscht. Artikel, die verkündeten, dass von Anbang garantierte Anlagen auch nach der Übernahme sicher seien, blieben verschont. Allerdings wurde darauf hingewiesen, dass man nicht unbedingt mit der vorher versprochenen Rendite rechnen könne.

Besser erging es dem Autohersteller Geely, der zeitgleich mit der Bekanntgabe der Staatsübernahme von Anbang eine Beteiligung in Höhe von 9,7 Prozent an der deutschen Daimler AG verkündete. Geely-Chef Li Shufu kam zugute, dass er den Aktienkauf außerhalb Chinas finanzierte und damit eine Belastung der Devisenreserven Chinas vermied – und dass er Xi Jinpings Schwager ist. Um zu vermeiden, dass dies hämische Kommentare nach sich ziehen würde, wurde die Kommentarfunktion zu allen Internetartikeln über den Einstieg von Geely bei Daimler abgestellt.[144] Sicher ist, dass Überschuldung in China nicht mit westlichen Maßstäben gemessen werden kann. Sicher ist aber auch, dass die chinesische Führung westliche Regeln wird über Bord werfen und hart durchgreifen müssen, sollte sich die Überschuldung in einer Finanzkrise entladen. Die endgültige Abkehr von liberalen Prinzipien könnte aber dem chinesischen Wirtschaftswunder den Garaus machen.

Die hoch technisierte, antiliberale Gesellschaftsordnung Chinas stellt die ultimative Herausforderung für den klassischen Liberalismus dar. Dieser sieht die Quelle allen gesellschaftlichen und wirtschaftlichen Fortschritts in der Freiheit des Einzelnen und begreift den Markt als Koordinationsmechanismus individueller Entscheidungen. Wie Cicero feststellte, soll seine Stärke in der Weisheit vieler statt weniger bestehen. Das chinesische Gesellschaftsmodell sieht die Quelle des Fortschritts in der Weisheit weniger, die als Führung der Kommunistischen Partei den Weg weisen. Individuelle Ent-

144 Ein weitere Grund für hämische Kommentare hätte sein können, dass Geely am Tag der Staatsübernahme von Anbang eine Versicherungslizenz bekam.

scheidungen sollen mittels hoch entwickelter Technologie mit den Vorstellungen der Führung in Übereinstimmung gebracht werden.

Es ist durchaus möglich, vielleicht sogar wahrscheinlich, dass die chinesische Gesellschaftsordnung der pervertierten liberalen Ordnung unserer heutigen Zeit überlegen ist. Wie der Autor der chinesischen Parteizeitung *Hongqi Wengao* (Manuskript der Roten Fahne) urteilt, führt der an der Versorgung seiner Mündel ausgerichtete lenkende Wohlfahrtsstaat sehr wahrscheinlich zum wirtschaftlichen und politischen Niedergang des Westens. Er erstickt die Wachstumskräfte durch politische Umverteilung, ist unfähig, sich gegen Zuwanderung aus bildungsfernen Kulturkreisen zu behaupten, und hat den Naturschutz zu einer Ersatzreligion erhoben.

Andererseits ist es aber recht unwahrscheinlich, dass die Weisheit weniger der Weisheit vieler überlegen ist, die ihre freien Handlungen über den Markt koordinieren. Wenn Eliten von Eliten als Herrscher über die Massen bestimmt werden, wie es das chinesische Modell vorsieht, dann verengt sich das gesellschaftliche Wissen. Der durch Versuch und Irrtum vorangetriebene Fortschritt wird gehemmt, da in der von Eliten geführten Gesellschaft die Bereitschaft zur Korrektur von Irrtümern geringer ist als in der Gesellschaft freier Individuen. Der Westen kann die chinesische Herausforderung annehmen, aber nur, wenn er sich auf seine klassisch-liberalen Wurzeln besinnt. Er sollte sich jedoch in sein Schicksal des Niedergangs ergeben, wenn er den eingeschlagenen Gang zum technisch und politisch hoffnungslos veralteten westlichen Modell des lenkenden Wohlfahrtsstaats fortsetzt.

# 9

# EIN PROGRAMM ZUR LIBERALEN ERNEUERUNG

In diesem Buch vertrete ich die These, dass die Pervertierung liberaler Prinzipien durch den behütenden und lenkenden Wohlfahrtsstaat den Niedergang des Westens eingeleitet hat. Die Finanzkrise hat die Schwäche der pervertierten liberalen Ordnung schonungslos offengelegt. Die Versuche, in den Jahren nach der unmittelbaren Krise diese Schwächen zu überkleistern, sind gescheitert. In der zweiten Hälfte dieses Jahrzehnts sind die verlassenen Mündel des Wohlfahrtsstaats zum Aufstand gegen die Eliten übergegangen. Die Anführer der Aufrührer werden »Populisten« genannt. Da die Populisten keine Antworten auf die durch die Pervertierung der liberalen Ordnung geschaffenen Probleme haben, können sie den Niedergang nicht aufhalten. Im Gegenteil. Die Populisten werden den Niedergang wohl eher beschleunigen.

Kein anderes Land hat die Probleme des Westens so genau analysiert wie China. Auf der Grundlage dieser Analyse hat die chinesische Staatsführung in Form der Kommunistischen Partei unter Führung ihres »unentbehrlichen Führers« Xi Jinping einen radikalen Gegenentwurf vorgelegt: die antiliberale Elitenherrschaft auf der Grundlage moderner Technologie. Wir sollten davon ausgehen, dass das chinesische Modell bei all seinen Fehlern der pervertierten liberalen Ordnung überlegen ist. Da das chinesische Modell den Wertvorstellungen des Westens widerspricht, darf er es aber nicht kopieren. Für uns sind die Einschränkung der Menschenrechte, die völlige Durchleuchtung des Bürgers durch den Staat oder die autoritäre Staatsführung inakzeptabel. Folglich hat der Westen nur *eine* Möglichkeit, seinen Niedergang zu verhindern: die Rückkehr zur klassisch-liberalen Ordnung. Die liberale Erneuerung sollte vier Leitlinien folgen: (1) der Stärkung von Eigentumsrechten, (2) der Rückkehr zu individueller Selbstbestimmung, (3) der Wiederherstellung von Vertrauen und (4) der Regierung unter dem Recht.

*Stärkung von Eigentumsrechten:* Das Erfolgsrezept des Liberalismus für wirtschaftlichen Wohlstand und persönliches Wohlbefinden ist die Freiheit des Einzelnen und die Diversität der Gesellschaft. Ökonomische Untersuchungen weisen auf den Zusammenhang zwischen Freiheit und wirtschaftlichem Erfolg hin, und Verhaltensstudien zeigen, dass persönliche Freiheit und die Möglichkeit an gesellschaftlichen Entscheidungen teilzunehmen das Wohlbefinden steigern.[145] Freiheit ist aber nicht möglich ohne *privates Eigentum*. Denn zur Freiheit gehört, dass der Einzelne nicht nur über seine Person, sondern auch über das von ihm durch seine Leistungen erworbene Eigentum verfügen kann. Dabei darf er nur dem Zwang ausgesetzt sein, der zur Erhaltung der freien Gesellschaft nötig ist. Privates Eigentum wird im lenkenden Wohlfahrtsstaat jedoch durch Bestrebungen gut organisierter Interessengruppen bedroht, die den Staat dazu bringen wollen, von den Bürgern erwirtschaftetes Einkommen und gebildetes Vermögen zu ihren Gunsten umzuverteilen. Die Aushebelung der Eigentumsrechte erfolgt über das Steuersystem und die Geldordnung. Notwendig sind daher verteilungsneutrale Steuern und eine dem Bürger dienende Geldordnung.

145 Josiah Ober, *Demopolis: Oder was ist Demokratie?* Philipp von Zabern/Wissenschaftliche Buchgesellschaft (Darmstadt) 2017.

*Rückkehr zu individueller Selbstbestimmung:* Gesellschaftliche Eliten haben zur Mehrung ihres Nutzens den Staat gekapert und ihn zur Ruhigstellung der Mehrheit zum behütenden und lenkenden Wohlfahrtsstaat ausgebaut. Dieser behandelt seine Bürger als Mündel und nimmt ihnen die Würde mündiger Gesellschaftsmitglieder. Das Ziel liberaler Erneuerung muss sein, den Bürgern ihre Würde durch mehr Raum zur *Selbstbestimmung* zurückzugeben.[146] Damit einhergeht auch die Übernahme von mehr Verantwortung für eigenes Handeln. Selbstbestimmung erfordert jedoch ein Mindestmaß an Bildung und wirtschaftlicher Versorgung. Ansonsten ist eine selbst bestimmte Teilnahme an gesellschaftlichen Aktivitäten nicht möglich. Daher muss eine Gesellschaft mündiger Bürger für die Grundbildung ihrer Mitglieder und für unverschuldet in Not geratene Mitbürger sorgen.

*Wiederherstellung von Vertrauen:* Der lenkende Wohlfahrtsstaat hat zu einem Niedergang des Vertrauens in den Staat und seiner Bürger untereinander geführt. Erstens wurde wegen eines falsch verstandenen Pazifismus die äußere Sicherheit vernachlässigt. Zweitens hat der Niedergang des Respekts vor gesellschaftlichen Regeln und Recht durch ungesteuerte Zuwanderung und Toleranz von Intoleranz die innere Sicherheit ausgehöhlt. Drittens haben die Eliten ihr Fachwissen zum Nachteil der unmündigen Bürger genutzt. Die Diskussion gesellschaftlicher Fragen wurde von Interessen geleitet, die oft als moralische Ansprüche kaschiert waren. Alte und neue soziale Medien erhöhten die Lautstärke dieser Diskussion, ohne die dahinterstehenden Motivationen zu verdeutlichen. Dies unterminierte die Überzeugungskraft der Argumente, führte zu einem Ansehensverlust der Medien und senkte die Lernfähigkeit der Gesellschaft.

In der liberalen Erneuerung muss das *Vertrauen* wiederhergestellt werden, indem die äußere und innere Sicherheit garantiert wird. Die Eliten müssen den in besonderen Dingen unwissenden

146 Siehe dazu Ober (2017).

Bürger als mündigen Bürger respektieren und ihm auf Augenhöhe begegnen. Um nicht den ihre eigenen Ziele verfolgenden Eliten und Experten ausgeliefert zu sein, muss der in besonderen Dingen unwissende Bürger aber auch genügend Allgemeinbildung und gesunden Menschenverstand mitbringen. Die Größe der liberalen Gesellschaftsordnung ist nicht durch die Zahl ihrer Mitglieder begrenzt. Ihre Grenze ist dort erreicht, wo der Respekt vor gesellschaftlichen Regeln und gewachsenem Recht aufhört. Dies setzt der Fähigkeit der liberalen Gesellschaft Grenzen, Zuwanderer aus fremden Kulturkreisen aufzunehmen. Die Zuwanderer können nur dann mündige Bürger werden, wenn sie die Sprache beherrschen und das für gesellschaftliche Teilhabe nötige Mindestmaß an Allgemeinbildung mitbringen oder schnell erwerben. Wenn dies nicht der Fall ist, geht das Vertrauen in die Zivilgesellschaft verloren und sie zerfällt in Gruppen mehr oder weniger unmündiger Bewohner des lenkenden Wohlfahrtsstaats. Dies dürfte durchaus im Interesse der diesen Staat beherrschenden Eliten sein, denn es festigt ihre Macht, wenn die Bürger unmündig sind.

*Regierung unter dem Recht:* Schließlich hat die Regierung im lenkenden Wohlfahrtsstaat die Funktion des Managements eines auf ein gemeinsames Ziel ausgerichteten Unternehmens angenommen. Die Regierung versteht ihre Rolle darin, eine Mehrheit der Abgeordneten im Parlament hinter sich zu bringen, um Gesetze durchzusetzen, die dem Bürger sagen, wo es langgeht. In der liberalen Erneuerung müssten diese Beziehungen vom Kopf wieder auf die Füße gestellt werden. Der mündige Bürger beauftragt Vertreter, die in der Gesellschaft gewachsenes Recht in Gesetze fassen und die *Regierung* kontrollieren, die diese Gesetze ausführt.

Die Probleme sind gewaltig und der Reformbedarf ist groß. Doch eine liberale Erneuerung wird kaum in einem großen Sprung möglich sein. Möglich sind aber viele kleine Schritte, im Sinne der »Stückwerk-Technik« Karl Poppers. Diese Schritte will ich im Folgenden diskutieren.

# Stärkung von Eigentumsrechten

Artikel 14, Absatz 1 des deutschen Grundgesetzes lautet: *»Das Eigentum und das Erbrecht werden gewährleistet.«* Wie wir in Kapitel 3 gesehen haben, ist das Recht auf Eigentum ein wesentlicher Bestandteil der liberalen Gesellschaftsordnung und die Entstehung einer »Eigentumsgesellschaft« der wohl wichtigste Grund für den wirtschaftlichen Aufstieg des Westens. In Absatz 2 von Artikel 14 GG heißt es jedoch gleich: *»Eigentum verpflichtet. Sein Gebrauch soll zugleich dem Wohle der Allgemeinheit dienen.«* Und Absatz 3 beschäftigt sich dann mit den Modalitäten zulässiger Enteignung. Insgesamt umfasst der Paragraph 83 Wörter, von denen sieben Wörter dem Schutz des Eigentums und 76 Wörter der Einschränkung dieses Schutzes gewidmet sind.

Das Grundgesetz wurde am 23. März 1949 verkündet, zwei Jahre nachdem die Regierungspartei CDU noch das *»kapitalistische Gewinn- und Machtstreben«* abschaffen wollte (siehe Kapitel 4). Womöglich wollten die Väter des Grundgesetzes die Wucht des ersten Satzes von Artikel 14 durch die wortreichen Einschränkungen des Schutzes des Eigentums abmildern, um die Bürger des zerfallenen Nationalreichs, das sich ja auch *»sozialistisch«* genannt hatte, nicht zu sehr zu erschrecken. Doch die Einschränkungen des Eigentumsrechts üben bis heute auf die Bürger der Bundesrepublik Deutschland eine starke Anziehungskraft aus. Für direkte Enteignungen haben die weisen Gesetzgeber der frühen Bundesrepublik hohe Hürden gesetzt, die auch die Nachfahren bis heute nicht einreißen konnten. Aber die indirekte Enteignung über einen stark progressiven Einkommenssteuertarif, höhere Erbschaftssteuern und eine Vermögenssteuer hat viele Anhänger. Über die Notwendigkeit, die Selbstbestimmung der Bürger durch ein neutrales Steuersystem zu stärken, werden wir noch sprechen. Zunächst aber zum Geld.

### *a) Heimliche Enteignung durch das Kreditgeldsystem*

Eine subtilere Art der Enteignung der Bürger wird nicht einmal in der breiteren Öffentlichkeit diskutiert: die Enteignung durch unser staatlich organisiertes Kreditgeldsystem. Geld ist nicht nur ein Mittel zum Tausch, sondern auch ein Mittel zur Aufbewahrung von privatem Eigentum, ohne das es wiederum keine persönliche Freiheit gibt (wie wir von John Locke gelernt haben). Kreiert der Staat Geld im Monopol als »gesetzliches Zahlungsmittel« und manipuliert den Geldwert zur Verfolgung politischer Ziele (zum Beispiel zur Finanzierung seiner Ausgaben, zur Steuerung der Konjunktur oder zum Erhalt des Euro), dann greift er die Freiheit des Einzelnen an und korrumpiert die liberale Gesellschaftsordnung. Wird der Geldwert gezielt verringert, wie bei der unter Zentralbanken heute populären Verfolgung von Inflationszielen, dann läuft das auf eine schleichende Enteignung der Bürger hinaus.

Der lenkende Wohlfahrtsstaat hat den Bürgern das Geld entwunden, um es zur Verfolgung politischer Ziele zu nutzen, die ihm von einflussreichen Interessengruppen eingeflüstert werden. Die Gewerkschaften wollen eine Politik des billigen Geldes, um Lohnerhöhungen für ihre Mitglieder durchsetzen zu können, deren Kosten die Unternehmen in die Preise überwälzen können. Denn sonst müssten die Unternehmen Gewerkschaftsmitglieder entlassen, deren Löhne über ihre Produktivität gestiegen sind. Der Bundesverband der Deutschen Industrie (BDI) ist ein vehementer Befürworter des Euro, denn die Europäische Zentralbank sichert seinen Mitgliedern satte Gewinne durch eine Politik der niedrigen Zinsen und eines schwachen Wechselkurses. Politiker wollen durch billiges Geld von der EZB den Staat finanzieren, den sie zu ihrem Nutzen und dem von ihnen nahestehenden Eliten gekapert haben.

Die Europäische Zentralbank rühmt sich, seit ihrer Gründung für Geldwertstabilität gesorgt zu haben. Tatsächlich hat der Euro jedoch seit seiner Einführung Anfang 1999 rund 38 Prozent an Kaufkraft verloren.[147] Gelingt es der EZB, ihr Inflationsziel von »unter, aber nahe bei« 2 Prozent (sagen wir also 1,9 Prozent) zu erreichen, das sie als Preisstabilität definiert, dann verringert sich die Kaufkraft des Euro alle zehn Jahre um 21 Prozent.

Michael Köhler hat darauf hingewiesen, dass im Kreditgeldsystem durch Geldwertschwund und Umverteilung die gesetzlich garantierten Eigentumsrechte verletzt werden.[148] Doch wird *»der Widerspruch eines privilegierten Zugriffs auf Geldwerte [...] verfassungsrechtlich nicht thematisiert«* und die Manipulation des Geldwerts durch den Staat und seine Zentralbank hingenommen.[149] Der Geldwert werde von der Eigentumsgarantie ausgenommen, denn er sei *»in besonderer Weise [...] gemeinschaftsabhängig. Er bildet sich im Rahmen der staatlichen Währungshoheit und Finanzpolitik wesentlich auch durch das Verhalten der Grundrechtsberechtigten selbst, insbesondere über Preise, Löhne, Zinsen, wirtschaftliche Einschätzungen und Bewertungen. [...] in diesen Abhängigkeiten kann der Staat den Geldwert nicht garantieren.«*[150] Die Tausch- und Wertfunktionen des Geldes, so die vorherrschende Auffassung von Verfassungsrechtlern, seien vom Wirtschaftskreislauf abhängig und daher verfassungsrechtlich nicht zu schützen.

Nach Köhler kommt die Ausnahme des Geldwerts von der gesetzlichen Eigentumsgarantie dadurch zu Stande, dass die Verfassungsrechtler nur den äußeren Geldwert (gemessen an der Konsumentenpreisinflation) sehen und die Verteilungswirkungen des Kreditgeldsystems nicht erkennen. Würden sie diese in Betracht ziehen und den inneren Geldwert (die gesamte Kaufkraft des Geldes im Lauf der Zeit) ins Auge fassen, dann hätte der Gesetzge-

---

147 Bezahlte man im Januar 1999 einen Euro für einen Teil des Warenkorbs des durchschnittlichen Konsumenten im Euroraum, so musste man im November 2017 schon 1,38 Euro dafür aufwenden.

148 Siehe Köhler (2015).

149 Köhler (2015), S. 65.

150 Bundesverfassungsgericht, zitiert nach Köhler (2015), S. 65–66.

ber *»das Prinzip gleichmäßiger Geldwerterhaltung, besonders bei der ›Geldschöpfung‹, mit Vorrang durchzusetzen«* und den Kreditinstituten das Privileg zu nehmen, Geld zu schöpfen.[151]

Die in der Tradition der Deutschen Bundesbank stehenden Gründungsväter der Europäischen Währungsunion wollten eine Zentralbank, die Geld zum Nutzen der Bürger bereitstellt. Das war naiv. Entstanden ist eine Bank zur Finanzierung von politischen Ambitionen. Mit dem Euro wollten die politischen Eliten ihre Vorstellung einer tieferen Integration der europäischen Nationalstaaten herbeizwingen. Sie sind damit gescheitert. Notwendig ist die Rückkehr zum Bürgergeld. Konkurrenz zwischen staatlich und privat emittiertem Geld wäre dafür hilfreich. Doch werden wir unser Kreditgeldsystem nicht in einem Schritt bewusst abschaffen (auch wenn das Schweizer Volk 2018 darüber abgestimmt hat). Allenfalls könnte es in der nächsten Finanzkrise zerfallen – und mit ihm der Euro. Aber wir könnten im Rahmen der Popper'schen Stückwerk-Technik versuchen, es schrittweise zu einem stabileren System zu verändern, das die Eigentumsrechte der Bürger respektiert. Je weiter wir dabei kämen, desto weniger hart würde die nächste Finanzkrise ausfallen.

Auf dem Weg der Rückkehr zum Bürgergeld wäre ein erster, keineswegs revolutionärer Schritt die Schaffung einer sicheren Euro-Bankeinlage. Sicherheit würde dadurch erreicht, dass die Einlage zu 100 Prozent mit Reservegeld der EZB gedeckt würde. Auch wenn die Bank, die die Einlage verwahrt, pleitegehen würde, bliebe die Einlage erhalten. Der Kunde bräuchte nur der Abwicklungsbehörde den Namen einer anderen Bank seiner Wahl nennen, zu der diese Einlage transferiert werden soll.

Die Tür zur Schaffung einer sicheren Bankeinlage haben wir durch das Anleihekaufprogramm der EZB schon aufgestoßen. Die EZB müsste mit diesen Käufen nur fortfahren, bis die Zentralbank-

151 Köhler (2015), S. 71.

reserven der Banken der Geldmenge M1 abzüglich des umlaufenden Bargelds (also den Sichteinlagen der Banken) entsprechen würden. Bis Ende 2017 sind die Einlagen von Zentralbankgeld der Banken bei der EZB durch die Anleihekäufe auf rund 2 Billionen Euro gestiegen und machen somit rund 30 Prozent der Sichteinlagen der Banken aus. Um den gegenwärtigen Bestand der Sichteinlagen vollständig mit Reservegeldeinlagen der Banken zu decken, müsste die EZB noch Anleihen im Umfang von rund 4,75 Billionen Euro kaufen.

Um die Markpreise für Anleihen nicht weiter zu verzerren, könnte die EZB statt weiterer Käufe im Sekundärmarkt für Anleihen die Rückzahlung auslaufender Staatskredite und Staatsanleihen übernehmen. Dazu würde sie zur Tilgung der Schuld den fälligen Betrag einer Geschäftsbank auf ihr Reservegeldkonto zahlen. Die Geschäftsbank würde dagegen eine Bankeinlage schaffen, die sie an den Inhaber der fälligen Anleihe überträgt. Die EZB würde eine Forderung in dieser Summe an den Staat erhalten. Bei ungefähr 10 Billionen Euro ausstehender Staatsschulden und einer durchschnittlichen Laufzeit von um die acht Jahre, würde es schätzungsweise vier Jahre dauern, bis die Reservegeldeinlagen der Banken um 4,75 Billion Euro auf 6,75 Billionen Euro gestiegen sind.

Die Möglichkeit, bei einer Umstellung des Kreditgeldsystems auf ein durch Reservegeld gedecktes Giralgeld die Staatsschuld verringern zu können, spielte schon bei dem im Jahr 1933 als Antwort auf die damalige Bankenkrise in den USA entwickelten »Chicago-Plan« eine Rolle.[152] Heute sind die Eurostaaten so überschuldet, dass sie die EZB als Kreditgeber der letzten Instanz brauchen. So gesehen wäre es durchaus hilfreich, wenn die Umstellung von Kreditgeld auf gedecktes Geld mit einer Verringerung der ausstehenden Staatsschuld verbunden werden könnte. Zu diesem Zweck könnte die EZB Zins

152 Siehe Irving Fisher, »100% Money and the Public Debt«. Economic Forum, April–Juni 1936, S. 406–442.

und Tilgung auf ihre bei der Tilgung der ausstehenden Staatsschulden erworbenen Forderungen aussetzen. Würden schließlich die gesamten Forderungen an die Staaten zur Deckung von 6,75 Billion Euro Sichteinlagen mit Reservegeld auf der Bilanz der EZB stillgelegt, dann würde die übrig bleibende Verschuldung der Eurostaaten am Markt um rund 44 Prozent des Bruttoinlandsprodukts auf ungefähr 45 Prozent des BIP fallen. Ein Wechsel des Geldsystems könnte folglich mit einer erheblichen Entschuldung der Staaten verbunden werden. Damit dies gelingt, müsste der Wechsel aber so angelegt sein, dass eine erneute Rettung überschuldeter Staaten durch die Zentralbank ausgeschlossen werden kann.

Nachdem die gedeckten Bankeinlagen ihre anfängliche Zielgröße erreicht haben, würden sie durch die EZB mit einer konstanten Rate ausgeweitet, die der erwarteten langfristigen Wachstumsrate des realen Bruttoinlandsprodukts entsprechen könnte. Folglich wäre die Wachstumsrate der nun gedeckten Geldmenge M1 der Referenzrate der EZB für das Geldaggregat M3 bis auf einen wesentlichen Unterschied ähnlich: Statt durch die Kreditgewährung der Banken würde die Geldmenge M1 durch neue Zuteilungen von Reservegeld an die Banken ausgeweitet, das diese als »Gelddividende« in Form der Zahlung eines einheitlichen Betrags von Giralgeld an jeden Bürger weitergeben würden. Zur Vermeidung einer aktivistischen »Geldpolitik« sollte die Wachstumsrate von M1 nur mit einer Zweidrittelmehrheit der Mitglieder des Rats der EZB geändert werden können.

Gegen die Schaffung gedeckten Geldes wird oft eingewendet, dass die Nachfrage danach in ruhigen Zeiten gering sein und in Krisenzeiten sprunghaft ansteigen würde. Statt Krisen zu entschärfen, würden sie verschärft. Das muss nicht so sein. Anfänglich könnten die Bankkunden ihre über Kreditvergabe geschaffenen Einlagen zu Parität in sichere Einlagen tauschen. Die Banken müssten dazu nur den zur Schaffung der Einlage gewährten Kredit an die EZB gegen Reservegeld verkaufen, um die sichere Einlage zu schaffen.

Sobald der Zielwert für die gedeckte M1 erreicht ist, würde die EZB den Ankauf von Kredittiteln einstellen und die M1 wie beschrieben durch Zuteilung von Reservegeld an die Banken ausweiten. Möglicherweise würde dann die Nachfrage nach sicheren Bankeinlagen das Angebot übersteigen. In diesem Fall würden die traditionellen Bankeinlagen nicht mehr zu Parität in sichere Einlagen getauscht, sondern würden gegen diese wie andere Schuldverschreibungen der Banken zu einem variablen Kurs gegen sicheres Geld gehandelt. Eine Überschussnachfrage nach sicherem Geld würde dann durch einen Kursrückgang für traditionelle Bankeinlagen ausgeglichen. Die Banken könnten dem entgegenhalten, indem sie die Zinsen auf traditionelle Bankeinlagen anheben. Vermutlich würde die Aussicht auf variable Kurse zum Marktausgleich einen Anreiz zum frühen Austausch traditioneller gegen sichere Einlagen geben, so dass ein Sturm auf sichere Einlagen in einer Finanzkrise vermieden werden könnte.

Wenn Banken aufhören, Kredite zu vergeben, um Einlagen zu erzeugen, werden sie zu Vermittlern zwischen Sparern und Investoren, wie es immer noch irrtümlich in Lehrbüchern für ihre heutigen Geschäfte beschrieben wird. Aus der Sicht des Sparers wäre der Unterschied zwischen einem Investmentfonds mit Anleihen und einer Bank der, dass die Bank eine Versicherung für erste Verluste in Höhe ihres Eigenkapitals bieten würde. Diese Versicherung hätte einen Preis. Denn die von den Banken angebotenen Sparzinsen würden von der Qualität ihres Kreditportfolios und der Höhe ihres Eigenkapitalpolsters abhängen. Unabhängige Ratingagenturen könnten den Bankkunden die dazu nötigen Informationen liefern. In diesem Umfeld könnte der Markt statt staatlicher Bürokratie das Geschäftsgebaren der Banken bestimmen.

Die Schaffung einer sicheren Giralgeldeinlage wäre aber nur der Beginn der Rückgabe des Geldes an den Bürger. Die Manipulation der Geldschaffung zur Verfolgung politischer Ziele und die Enteignung der Bürger durch gezielte Verschlechterung der Kaufkraft des

Geldes wären damit weitaus weniger wahrscheinlich. Aber die besten Produkte entstehen, wenn die Hersteller untereinander konkurrieren. So auch beim Geld. Daher sollte in einem zweiten Schritt die Tür für die Konkurrenz der Geldemittenten geöffnet werden.[153] Staatsgeld sollte nicht länger als »gesetzliches Zahlungsmittel« gelten, und staatliche Behörden sollten privaten Geldanbietern keine Steine in den Weg legen. Entscheidend ist, dass jeder Geldemittent nur sein eigenes Geld und keine auf anderes Geld lautende Schuldtitel herausgeben darf (wie es die Geschäftsbanken mit ihrem Giralgeld heute tun).

Die Entwicklung von digitalen Währungen und den damit verbundenen direkten (Peer-to-Peer) Zahlungsmöglichkeiten sind gute Voraussetzungen für eine künftige multipolare Währungsordnung. Wie von Adam Smith unübertrefflich beschrieben, ist unsere Spezialisierung auf die Tätigkeiten, die wir am besten können, die Grundlage wirtschaftlichen Wachstums. Aus der Arbeitsteilung ergibt sich die Notwendigkeit zum Tausch. Das Verlangen, die Kosten des Tauschs zu verringern, hat die Entstehung des Geldes und die historische Entwicklung seiner Formen vorangetrieben. Mit einer für ein Mittel zum Tausch besonders geeigneten Ware gelang es, die Suche nach zwei zueinander komplementären Tauschpartnern überflüssig zu machen. Die Tauschkosten sanken. Mit papiernen Verwahrscheinen für hinterlegtes Warengeld (Silber und Gold in unserem Kulturkreis) gelang es ein weiteres Mal, die Tauschkosten zu verringern. Papier ließ sich viel leichter transportieren als schweres Silber und Gold. Und mit Kreditgeld, dem auf einem Bankkonto liegenden Geld, wurde die persönliche Aushändigung von Banknoten überflüssig. Nun konnte man Zahlungen aus der Ferne anweisen, und die Tauschkosten sanken weiter.

---

153 Friedrich von Hayek, *The Denationalisation of Money*. Institute of Economic Affairs (London) 1976.

Die Distributed-Ledger-Technologie (DLT), mit der Kryptowährungen konstruiert sind, erlaubt eine weitere Senkung der Transaktionskosten.[154] Mit DLT können Eigentumsübertragungen elektronisch aufgezeichnet werden, so dass sie für jedermann nachvollziehbar und kontrollierbar sind. Nicht eine autorisierte Stelle, sondern die Gemeinschaft der Nutzer überprüft die Übertragung und stellt ihre Rechtmäßigkeit fest. Dadurch entfallen die bisher für Eigentumsübertragungen notwendigen Mittler. Auf dem Gebiet des Geldes heißt dies, dass der Zahlungsverkehr ohne die Vermittlung einer Bank direkt zwischen Zahler und Zahlungsempfänger erfolgen kann.

Kryptowährungen werden nicht über die Kreditvergabe als privates Schuldgeld von Banken, sondern direkt durch ein Computerprogramm erzeugt. Sie stellen daher keine handelbaren Ansprüche an Dritte, sondern einen eigenen Wert dar. Dieser Wert ergibt sich aus dem Vertrauen der Nutzer, dass sie von anderen Nutzern gegen eine Einheit dieser Währung ein von ihnen begehrtes Gut erhalten können. Der Wert von Kryptogeld ergibt sich daher auf die gleiche Weise wie der von Warengeld, nämlich durch die Akzeptanz als Tauschmittel. Im Gegensatz zu Warengeld existiert es allerdings nicht in physischer, sondern nur in virtueller Form. Ich habe die Art virtuellen Warengelds »Aktivgeld« genannt.[155]

Die meisten Kryptowährungen werden in Computerprogrammen nach einem feststehenden Algorithmus geschaffen. Bei diesen Währungen entfällt nicht nur der Mittler im Zahlungsverkehr, sondern auch ein das Angebot steuernder Emittent. Das ist jedoch nicht zwingend so. Denkbar ist auch, dass die Schaffung neuer Kryptowährungen diskretionär erfolgt. So könnte zum Beispiel mit Geld

154 Dies war auch ursprünglich ein Ziel der bekanntesten Kryptowährung, Bitcoin. Allerdings ist der Algorithmus für die Überprüfung der Rechtmäßigkeit von Zahlungen mit Bitcoin so rechenintensiv, dass der Stromverbrauch bei hoher Zahlungsfrequenz prohibitiv hoch wird. Damit hat Bitcoin nur den geringen intrinsischen Wert eines Nischenprodukts.

155 Thomas Mayer (2014).

in der oben vorgeschlagenen sicheren Einlage der EZB durch DLT gezahlt werden. Geld in der sicheren Einlage wäre folglich das virtuelle Pendant von papiernen Banknoten, und die Geldmenge aus Papiernoten und virtuellem Geld könnte wie ebenfalls oben beschrieben vom EZB-Rat bestimmt werden. Denkbar ist auch, dass Kryptowährungen an bestehendes Warengeld gekoppelt werden. Beispielsweise könnte mit Anteilen an einem Gold-Fonds über DLT bezahlt werden, so dass die Kryptowährung das virtuelle Pendant von Warengeld wäre. In diesem Fall wäre die Ausweitung der Kryptogeldmenge an die in dem Fonds verwahrte Menge Gold gebunden.[156]

Wie von Friedrich von Hayek vorgeschlagen, könnte in der Konkurrenz von privatem und staatlichem Kryptogeld das beste Geld im Wettbewerb um die Nutzer bestimmt werden. Geld würde für die Bürger und nicht für die Zwecke von Politikern und Eliten geschaffen, die den Staat gekapert haben. Seinerzeit wurde gegen Hayeks Vorschlag eingewendet, dass durch Diversität von Währungen die Transaktionskosten steigen und die Preistransparenz fallen würden. Die Nutzer müssten verschiedene Geldbörsen mit sich führen, die Preise andauernd umrechnen und mehrere Bankkonten unterhalten. Mit heutiger Technik und dem Internetshopping entfallen diese Hürden. Mit dem Smartphone können leicht verschiedene Geldbörsen (»Wallets«) verwaltet und Preistransparenz für in unterschiedlichen Währungen ausgezeichnete Waren geschaffen werden. Websites können Warenpreise in der bevorzugten Währung anzeigen.

---

156 Siehe dazu Thomas Mayer, Thorsten Polleit, Ulrich van Suntum, »Der ›Gold-Euro‹ – eine Versicherung gegen den Euro-Crash«. *Handelsblatt* vom 14. September 2016 (http://www.handelsblatt.com/finanzen/geldpolitik/gastbeitrag-der-gold-euro-eine-versicherung-gegen-den-euro-crash/14532798.html).

## *b) Verletzung der Eigentumsrechte durch Politisierung des Umweltschutzes*

Eine andere subtile Art der Enteignung hat sich durch einen Naturschutz eingeschlichen, der über die Zeit verabsolutiert wurde und Züge einer Ersatzreligion angenommen hat. Schon im 18. Jahrhundert hatte sich Hans Carl von Carlowitz, dem wir in Kapitel 6 begegnet sind, mit der Nachhaltigkeit in der Forstwirtschaft beschäftigt. Als man wegen extensiven Holzschlags Anfang des 19. Jahrhunderts eine künftige Knappheit von Holz befürchtete, entstanden Bewegungen zum Schutz des Waldes und es wurde kräftig aufgeforstet. Um die Wende vom 19. zum 20. Jahrhundert entwickelte sich daraus eine erste Umweltbewegung, die ihre Wurzeln in der Romantik und der Reaktion auf die Industrialisierung hatte. Die Umweltbewegung sah sich dann jedoch von der Blut-und-Boden-Ideologie und nationalistischen Verherrlichung des Begriffs der Heimat diskreditiert (auch wenn es den Nazis damit nicht so ernst war, wie es schien).

Im Nachkriegsdeutschland war man mit dem Wiederaufbau beschäftigt und suchte Abstand zu den nationalsozialistischen Heimatvorstellungen. Mit der vom neu geschaffenen Wohlstand profitierenden Generation der Achtundsechziger lebte die Umweltbewegung in den 1970er Jahren aber wieder auf. Allerdings wurde die Idee nun aus den USA importiert, wo der Naturschutz eine lange Tradition hatte und schon im 19. Jahrhundert Naturparks geschaffen worden waren. Dadurch fühlte sich die zweite deutsche Umweltbewegung von der nationalen und völkischen deutschen Tradition nicht vorbelastet. Außerdem rückte die Bewegung auf die politisch linke Seite und gewann damit Abstand zu ihrem amerikanischen Impulsgeber. Gleichzeitig schuf sich die Linke mit ihrem Engagement für den Umweltschutz eine nützliche Waffe für den Kampf gegen das »kapitalistische System«, indem sie diesem vorwarf, aus Profitgier die Natur zu zerstören. Es ist sicherlich kein Zufall, dass heute führende Politiker der Grünen, wie Jürgen Trittin, Claudia Roth,

Reinhard Bütikofer oder Winfried Kretschmann, in früheren Jahren im Kommunistischen Bund Westdeutschlands politisch aktiv waren.

Zu den Highlights der zweiten Umweltbewegung gehören der schon erwähnte Kampf gegen das Waldsterben, gegen die Nutzung der Atomkraft und heutzutage der Klimaschutz. Dabei wird »die Natur« oft wie eine eigene Rechtspersönlichkeit betrachtet, die vor dem Menschen zu schützen sei. So sprach die prominente Grünen-Politikerin Katrin Göring-Eckardt davon, dass ihre Partei den Bienen, Vögeln und Schmetterlingen eine Stimme im Deutschen Bundestag geben wolle. Andere reden vom »Erhalt der Schöpfung« und fordern die ihrer Meinung nach dazu notwendigen Maßnahmen ein wie ein Anwalt zur Befriedigung der Ansprüche seines Klienten. Im Auftrag »der Natur« suchen ihre Fürsprecher politische Mehrheiten, um zur Durchsetzung der von ihnen definierten Ansprüche der Natur die Eigentumsrechte der Bürger einzuschränken. Unterstützt werden sie von einem gewaltigen ökologisch-industriellen Komplex, der Steuergeld in Form von Subventionen in seine Taschen lenkt. Die Verbände der deutschen Industrie und Arbeitgeber sind nicht aus Nächstenliebe glühende Verfechter der für den Steuerzahler extrem teuren Energiewende.

Dabei stehen die Ziele des Umweltschutzes und der Stärkung der Eigentumsrechte der Bürger keineswegs im Konflikt zueinander. Im Gegenteil, durch die Stärkung der Eigentumsrechte kann die Umwelt effektiver geschützt werden. In der Ökonomie ist das Problem der Schädigung der Umwelt durch einen wirtschaftlichen Akteur als »negativer externer Effekt« bekannt. »Extern« ist der Effekt insofern, als der Verursacher der Schädigung dafür keine Kosten zu tragen hat. Liegen negative externe Effekte vor, wird die Aktivität zu Lasten Dritter (hier der Umwelt) über den volkswirtschaftlich optimalen Umfang hinaus betrieben. Die Ökonomie hat auf das Problem negativer externer Effekte schon lange eine Lösung anzubieten: die »Internalisierung« dieser Effekte. Darunter versteht man, dass der Verursacher von Kosten, die zu Lasten Dritter gehen, diese übernehmen muss. Erreicht wird dies dadurch, dass Eigentumsrechte entsprechend definiert werden.

Nehmen wir das Beispiel eines Industriebetriebs, dessen Abwasser einen See verschmutzt, in dem Fischer ihren Fang machen. Haben die Fischer ein Recht auf sauberes Wasser im See, können sie den Industriebetrieb zwingen, sein Abwasser zu klären oder ihnen eine Kompensation für die Verschmutzung zu zahlen. Die vordem »externen« Kosten der Verschmutzung werden durch die Durchsetzung von Eigentumsrechten »internalisiert«. Ronald Coase hat in dem nach ihm benannten Theorem gezeigt, dass in einem solchen Fall eine Verhandlung über die Kosten der Schädigung zu einer für beide Seiten vorteilhaften Einigung führen kann. In unserem Beispiel könnten die Fischer darauf bestehen, dass überhaupt kein Abwasser in den See eingelassen wird. Dadurch könnte dem Industrieunternehmen jedoch ein Schaden entstehen, der weit über den Gewinn der Fischer durch sauberes Wasser hinausgeht. Folglich wäre es vorteilhafter, wenn das Unternehmen den Fischern Kompensationszahlungen anbieten würde, um die in geklärtem Abwasser verbleibende kleine Menge Schmutz zuzulassen. Dadurch würde die Verschmutzung auf eine Höhe begrenzt, bei der die für die Fischer anfallenden Grenzkosten der Verschmutzung (monetärer Verlust für die letzte zugeführte Einheit von Schmutz) den Grenzvermeidungskosten des Unternehmens (Kosten für die letzte Einheit entfernten Schmutzes) entsprechen.

Die Definition von Eigentumsrechten hat wichtige Konsequenzen für die Art und Weise, wie der Schutz der Umwelt organisiert wird. Erstens werden die Maßnahmen aufgrund konkreter drohender Schäden für konkrete Eigentümer statt aufgrund der von politischen Mehrheiten definierten Schäden für eine als fiktive Rechtspersönlichkeit verstandene Umwelt bestimmt. Zweitens werden allgemeine und abstrakte Regeln angewendet und im Konfliktfall von Gerichten durchgesetzt statt von politischen Mehrheiten beschlossene, spezifische Maßnahmen. Drittens werden nicht nur der Nutzen, sondern auch die Kosten der Maßnahmen betrachtet. Dadurch würde die Entscheidung über Maßnahmen des Umweltschutzes nicht mehr von ideologisch oder wirtschaftlich motivierten Interessengruppen bestimmt, die zur Verfolgung ihrer Ziele Einfluss über politische Entscheidungsträger suchen, sondern von unabhängigen Gerichten. Statt teuren Maximallösungen würden wirtschaftlich vernünftige Kompromisse über das Ausmaß des Umweltschutzes gefördert.

Für den gegenwärtig politisch vorangetriebenen »Klimaschutz« hätte dies zur Folge, dass rechtlich geklärt werden müsste, wer für eine etwaige Klimaveränderung verantwortlich wäre und wem dadurch welcher Schaden entstehen würde. Dafür wären wie in anderen wirtschaftlichen Streitfällen zunächst normale Gerichte zuständig. Diesen Weg hat der von deutschen Umweltaktivisten unterstützte peruanische Kleinbauer Saúl Luciano Lliuya mit seiner Klage gegen das deutsche Kraftwerksunternehmen RWE vor einem deutschen Gericht beschritten. Lliuya ist Kleinbauer und Bergführer in seiner Heimatstadt Huarez. In seiner Klage argumentiert er, dass der See, der oberhalb der Stadt in den Anden liegt, durch das Schmelzen eines Gletschers überzulaufen drohe. In diesem Fall würde sein Haus beschädigt. Die Ursache dafür sei der Klimawandel, den RWE durch den $CO_2$-Ausstoß seiner Kraftwerke mitverursacht habe. Um sein Haus zu schützen, hat Lliuya nach eigenen Angaben 6.400 Euro für Überflutungsschutz ausgegeben. Von RWE verlangt er nun eine Beteiligung an diesen Kosten. Lliuya und seiner Anwältin zufolge stößt RWE 0,47 Prozent der weltweiten Treibhausgase aus. Diesem Anteil entsprechend solle die Entschädigung ausfallen. Nachdem das Oberlandesgericht in Hamm die Klage angenommen hat, soll nun ein Gutachter unter anderem klären, ob die von RWE produzierten Treibhausgasemissionen das Abtauen eines Gletschers in Peru mitverursacht haben und ob Lliuyas Haus tatsächlich akut durch eine Gletscherflut bedroht ist.[157]

157 Siehe dazu *Zeit Online* vom 30. November 2017 (http://www.zeit.de/wirtschaft/2017-11/klimawandel-rwe-klage-bauer-peru).

Natürlich können auch Verbände im Rahmen von Verbandsklagen gegen sie betreffende und von anderen verursachte Umweltschäden vorgehen. Auch wäre es denkbar, dass bei der Verletzung von durch die Verfassung garantierten Eigentumsrechten unter der bestehenden Gesetzgebung das Verfassungsgericht den Gesetzgeber verpflichtet, Gesetze so abzuändern, dass die Eigentumsrechte gewahrt sind. Und falls dazu internationale Absprachen nötig sind, müsste die Regierung zur Durchsetzung von Eigentumsrechten solche Absprachen anstreben. Das heißt, der Schutz der Umwelt, einschließlich des Klimas, könnte durchaus über die Durchsetzung von Eigentumsrechten statt über eine von Interessenverbänden in ihrem Sinne manipulierte Politik erfolgen.

Ob in einem unparteiischen Gerichtsverfahren die gegenwärtig verfolgte Politik des Klimaschutzes Bestand hätte, ist sehr fraglich. Das »Klima« ist eine von Temperatur, Windrichtung und Windgeschwindigkeit, Luftfeuchtigkeit, Niederschlagsart und Niederschlagsmenge, Wolkenbedeckung und anderem über einen längeren Zeitraum bestehender atmosphärischer Zustand.[158] Es ist ein hochkomplexes System, in dem es keinen einfachen Zusammenhang von Ursache und Wirkung gibt. Über einen historischen Zeitraum beobachtete Zusammenhänge müssen daher mit wissenschaftlichen Klimamodellen interpretiert werden. Alle wissenschaftlichen Modelle müssen aber falsifizierbar sein, um als solche zu gelten. Folglich kann es keine völlige Gewissheit über die mit Klimamodellen gewonnenen Aussagen geben. Da für dieses komplexe System kein eindeutiger Zufallsprozess bestimmt werden kann, sind nicht einmal wissenschaftlich fundierte Wahrscheinlichkeiten über das Eintreten dieser Aussagen möglich. Alle Aussagen über das Klima sind folglich mit nicht quantifizierbaren Irrtümern verbunden.

158 Siehe Andreas Tiedtke, »Der Nachweis eines menschengemachten Klimawandels ist nicht erbracht. Eine erkenntnistheoretische Kritik«, 28. November 2017 (https://www.eike-klima-energie.eu/2017/11/28/der-nachweis-eines-menschengemachten-klimawandels-ist-nicht-erbracht-eine-erkenntnistheoretische-kritik/).

Die von spezifischen Interessen geleitete Politik greift ohne Bedenken in Eigentumsrechte ein, obwohl dieser Eingriff aufgrund einer irrtümlichen Interpretation der Fakten rechtswidrig sein kann. Sie erlegt der jungen und künftigen Generation Kosten in Höhe von bis zu 60 Milliarden Euro pro Jahr für die nächsten 30 Jahre auf. Unabhängige Gerichte können in der Interpretation komplexer Zusammenhänge ebenfalls irren. Deshalb ist es dort Praxis, sehr viel umsichtiger vorzugehen, als dies in der Politik üblich ist. Bestimmt war es nicht die Absicht der Umweltaktivisten, die Lliuya zu seiner Klage gegen RWE gebracht haben, Auseinandersetzungen über den Umweltschutz von der politischen Schaubühne in nüchterne Gerichtssäle zu verlegen. Aber sie weisen damit unabsichtlich einen Weg, der zur Entpolitisierung und Versachlichung des Umweltschutzes führen könnte.

## Rückkehr zu individueller Selbstbestimmung

Das hervorstechendste Merkmal des lenkenden Wohlfahrtsstaats ist sein komplexer Apparat für die Umverteilung von Einkommen und behördliche Vorschriften für das Handeln Einzelner. Individuelle Einkommen werden mit progressiven Sätzen besteuert, um Geld anzusammeln, das entsprechend den politischen Vorstellungen der jeweils Regierenden über soziale Transferzahlungen, soziale Leistungen und Subventionszahlungen für private Aktivitäten verteilt wird. Gesetze und Vorschriften werden erlassen, um individuelles Handeln nach politischen Vorstellungen zu steuern. Am politischen Markt für staatliche Vorschriften, Abgaben und Vergünstigungen setzt sich durch, wer den größten Einfluss auf die politischen Entscheidungsträger ausüben kann. Dies sind in der Regel kleinere Gruppen der Gesellschaft, deren Interessen sich gut organisieren lassen. Friedrich von Hayek hat dieses Modell eine »Schacher-Demokratie« genannt und die chinesischen Kritiker des Westens haben es dafür verantwortlich gemacht, dass die Politik von den kurzfristigen Interessen einzelner Gruppen getrieben wird und die langfristigen Interessen der Gesellschaft ignoriert.

Die Arbeitsweise der Schacher-Demokratie wurde auf eindrucksvolle Art bei der Bildung einer neuen Regierungskoalition von CDU/CSU und SPD unter der Führung von Angela Merkel im Februar 2018 sichtbar. SPD und CSU ging es vor allem darum, ihre Wählerschaft zu bedienen und ihr Führungspersonal mit attraktiven Posten zu versorgen. Der CDU-Vorsitzenden Merkel, die in Jahren harter Arbeit ihre Partei programmatisch entkernt und auf ihre Person zugeschnitten hatte, ging es ausschließlich um den Erhalt ihres Postens als Kanzler. Dafür war sie bereit, politische Inhalte und wichtige Ministerposten zu Lasten ihrer Partei abzugeben. Meist wird das politische Geschacher und die persönliche Bereicherung mit Ämtern als Bemühung um das Wohl des Landes verkleidet. Aufgrund des politischen Dilettantismus und zur Schau gestellten nackten Egoismus des kurzzeitigen SPD-Vorsitzenden Martin Schulz flog die Tarnung jedoch auf und die schamlose Verfolgung persönlicher Interessen durch die jeweiligen Parteivorsitzenden stand im grellen Scheinwerferlicht.

Ihren Gipfel erreicht die Schacher-Demokratie, wenn es um die Besetzung einflussreicher Posten auf europäischer Ebene geht. Immer mehr Regierungskompetenzen werden von den führenden Politikern von der nationalen auf die europäische Ebene verlagert, wo Regeln wenig gelten und eine Kontrolle der Regierungsgewalt durch das Parlament kaum stattfindet.[159] Dies erweitert den

159 Zur mangelnden demokratischen Legitimität des Europäischen Parlaments siehe weiter unten den Abschnitt »Konföderales Europa«. Hinzu kommt, dass die meisten Abgeordneten dieses Parlaments ihre wesentliche Aufgabe nicht in der Kontrolle der Exekutive, sondern in der Erlangung von mehr Kompetenzen für sich selbst und die europäische Exekutive sehen.

Gestaltungsspielraum mächtiger Politiker. Eine herausragende Rolle spielt dabei die Europäische Zentralbank. Nachdem in der Finanzkrise deutlich geworden war, dass der Euro ohne eine politische Union der Euroländer als Einheitswährung nicht überleben kann, eine solche Union aber politisch nicht durchsetzbar ist, hat die EZB im stillen Einvernehmen mit den führenden Politikern die Rolle der Schattenregierung eines vor den Bürgern verborgenen Euroschattenstaats übernommen. Die EZB stützt Staaten und Banken finanziell, wo immer sie es für nötig hält, um die Währungsunion zusammenzuhalten. Sie hat es der Bundeskanzlerin Merkel erlaubt, eine Vergemeinschaftung der Staatsschulden im Euroraum öffentlich auszuschließen, indem sie diese Vergemeinschaftung durch Käufe von Staatsanleihen unter dem Segel der Geldpolitik vorgenommen hat. Wer die EZB beherrscht, regiert Euroland. Deshalb ist das Geschacher um die Führung der EZB die Königsdisziplin der europäischen Schacher-Demokratie.

Eine liberale Erneuerung muss die Fremdbestimmung des Handelns Einzelner durch einen politisch korrumpierten staatlichen Apparat zurückdrängen. Die Maßnahmen dafür sind allseits bekannt und werden von den Anhängern des lenkenden Wohlfahrtsstaats wegen ihrer Effektivität zur Herstellung einer liberalen Ordnung von jeher heftig bekämpft. Dazu gehören (a) das Eindampfen staatlicher Regulierungen, (b) die Verringerung von Steuern und Abgaben und die Verflachung der Steuerprogression, (c) der Abbau von Subventionen und (d) die Rekalibrierung sozialer Transfers und Leistungen.

## *a) Sinnvolle Regeln*

Von Volksvertretern aufgestellte und von staatlichen Stellen überwachte Regeln für privates Handeln sind ein Wesensmerkmal des liberalen Rechtsstaats. Diese Regeln dienen dazu, die Freiheit des einen vor Übergriffen des anderen zu schützen. Sie sind auch nötig, um die Ausbeutung öffentlicher Einrichtungen durch individuelle Nutzer zu verhindern. In der ökonomischen Literatur ist das Problem als die »Tragik der Allmende« bekannt (die durch übermäßigen Gebrauch privater Nutzer zerstört werden kann). Üblicherweise sind solche Regeln abstrakt und von negativer Natur (also Verbote). Doch gibt es eine Unmenge Regeln, die spezifisch und von positiver Natur (also Handlungsvorschriften) sind. Positive Regeln sollten vermieden werden.

Nehmen wir als Beispiel ein bewährtes Regelsystem, die Straßenverkehrsordnung. Der allergrößte Teil der Regeln ist dort negativ formuliert (»nicht schneller als …«, »nicht bei rotem Licht über die Ampel …« usw.). Im Straßenverkehr hat es sich bewährt, keine »Geschwindigkeitspflichten« oder »Beförderungspflichten« für alle zu haben. Doch auch hier haben sich Grenzverschiebungen eingeschlichen. Zum Beispiel wurde aus dem Verbot von Sicherheitsmängeln am Auto das Gebot »in bestimmten zeitlichen Abständen zur technischen Überprüfung«. Das hört sich zunächst sehr vernünftig an, öffnet aber die Tür zu technischen Sicherheitsvorschriften, die an Schikane grenzen oder einfach als Maßnahmen des Handelsprotektionismus eingesetzt werden.[160]

## *b) Neutrale Steuern*

Die vornehmste Aufgabe des Staates ist die Bereitstellung öffentlicher Güter. Wo die Konsumenten nicht um diese Güter »rivalisieren« (zum Beispiel öffentliche Sicherheit), kann die Bereitstellung nicht durch die Erhebung von Gebühren erfolgen. Steuern sind also nötig zur Finanzierung der Aufgaben des Staates. Nur sollten der Umfang und die Erhebung dieser Steuern so sein, dass sie die Handlungen der Bürger so wenig wie möglich beeinflussen. Wenn

160 Wer schon einmal versucht hat, ein in den USA zugelassenes Auto in Deutschland zuzulassen, weiß, was ich meine.

wie in Deutschland jedoch Staatsausgaben in Höhe von 44 Prozent der gesamtwirtschaftlichen Leistung finanziert werden müssen, so dürfte das nicht ohne Beeinflussung privater Wirtschaftsaktivitäten gehen. Außerdem führt die Gestaltung der Steuererhebung zu erheblichen Verzerrungen.

Die aus liberaler Sicht wohl eleganteste Steuererhebung wäre eine einheitliche Besteuerung des Konsums, des letzten Ziels allen wirtschaftlichen Handelns. Somit wären alle Umwege über Sparen und Investieren bis zu diesem Ziel allein der Entscheidung des wirtschaftlich Handelnden überlassen. Doch eine Umstellung des Steuersystems in einem großen Sprung dürfte politisch kaum möglich sein. Bei Anwendung der Stückwerk-Technik könnte man jedoch über eine schrittweise Reform dorthin kommen. Parallel zur Vereinheitlichung der Mehrwertsteuer und der Abschaffung spezifischer Konsumsteuern müsste die Progression der Einkommenssteuer bis hin zur »Flat Tax« (dem einheitlichen Einkommenssteuersatz) vermindert werden.[161] Daraus sich ergebende Steuerausfälle würden einen heilsamen Druck auf die Staatsausgaben ausüben, da dem deutschen Staat der Ausweg in die Verschuldung zum Glück durch die Verfassung versperrt ist.

### *c) der Abbau von Subventionen*

Subventionen werden in Form von staatlichen Transfers oder Steuererleichterungen von der Politik zur Beeinflussung privaten wirtschaftlichen Handelns eingesetzt. Subventionen sind auch aus

161 Wie der lenkende Wohlfahrtsstaat das Steuersystem pervertiert, hat Frank Schäffler am Beispiel der Weihnachtsbäume beschrieben. Wird der Baum künstlich hergestellt, fällt der allgemeine Steuersatz von 19 Prozent an. Wird er natürlich produziert, wird erst einmal unterschieden, welchen Beruf der Verkäufer hat. Ein Gewerbetreibender muss 7 Prozent abführen. Ist der Verkäufer Landwirt, hat er die Wahl, sich für die 7-Prozent-Variante zu entscheiden oder die Mehrwertsteuer zu pauschalisieren. Pauschalisiert er sie, kommt es darauf an, ob der Baum zufällig im Wald gewachsen ist – dann müssen 5,5 Prozent abgeführt werden – oder ob er in einer Sonderkultur gezogen worden ist – dann werden 10,7 Prozent fällig. Siehe Frank Schäffler, »Vereinfachen und Senken!«, *Tichys Einblick*, 02/18.

liberaler Sicht nicht grundsätzlich schlecht. Es sind Fälle denkbar, wo der am Markt erzielbare Preis für eine wirtschaftliche Aktivität unter ihrem gesellschaftlichen Nutzen liegt. Zum Beispiel kann die bäuerliche Landwirtschaft zur Pflege der Landschaft beitragen, die dem Tourismusgewerbe nutzt. In der Ökonomie spricht man in solchen Fällen von einem positiven externen Effekt einer wirtschaftlichen Aktivität. Dann kann es vorkommen, dass das aus dieser Aktivität kommende Angebot geringer als die Nachfrage ist, wenn diese nur durch Erlöse am Markt finanziert wird. Eine steuerfinanzierte staatliche Subventionierung kann das Angebot an die tatsächliche Nachfrage anpassen.

Allerdings dürfte die Subvention zum Ausgleich positiver externer Effekte von relativ geringer Bedeutung sein. Laut des Subventionsberichts des Kieler Instituts für Weltwirtschaft vom November 2016 hat der deutsche Staat im Jahr 2015 rund 169 Milliarden an Subventionen verteilt.[162] Dies entsprach rund 13 Prozent der gesamten Staatsausgaben oder gut 5,5 Prozent des Bruttoinlandsprodukts. Ein großer Teil dieser Subventionen wurde zur Beeinflussung privater wirtschaftlicher Aktivität zur Verfolgung politischer Ziele vergeben. Dabei muss die Subventionierung der Produktion von erneuerbarer Energie noch hinzugezählt werden. Da diese über eine Umlage abseits der staatlichen Haushalte finanziert wird, sind die dafür aufgewendeten Mittel (an die 23 Milliarden Euro pro Jahr allein aus der sogenannten EEG-Umlage) in diesen Zahlen nicht enthalten. Natürlich führt jeder Abbau von Subventionen zu einem großen Geschrei der betroffenen Empfänger. Deshalb wurde in der Vergangenheit versucht, die Subventionen insgesamt durch eine einheitliche prozentuale Verringerung für alle Begünstigten zu verringern (die sogenannte Rasenmähermethode).

162 Siehe https://www.ifw-kiel.de/medien/medieninformationen/2016/kieler-subventionsbericht-hochststand.

## *d) Rekalibrierung sozialer Transfers und Leistungen*

Im Jahr 2016 gab der deutsche Staat 918 Milliarden Euro für soziale Unterstützung aus.[163] Das entsprach rund 29 Prozent des Bruttoinlandsprodukts. Obwohl die Wirtschaft brummte, stiegen die Sozialausgaben um beinahe 4 Prozent gegenüber dem Vorjahr. Finanziert wurden die Ausgaben durch Sozialbeiträge und Steuern. Die Finanzierung über Steuern betrug 326 Milliarden Euro oder rund 10 Prozent des BIP. Zumindest dieser Teil reflektiert eine Umverteilung vom Steuerzahler zu den Empfängern der Sozialleistungen. Die Sozialausgaben sind folglich Teil des staatlichen Apparats zur Umverteilung von Einkommen.

Auch in der liberalen Ordnung soll für diejenigen, die ohne eigene Schuld in Not geraten sind, gesorgt werden. Das Motiv ist jedoch Nothilfe und nicht Umverteilung. Daher sollten steuerfinanzierte Sozialleistungen allein nach Bedürftigkeit vergeben werden. Die Kriterien der Bedürftigkeit sind zum einen die notwendigen Kosten für den Lebensunterhalt und zum anderen die Fähigkeit des Einzelnen, diese Kosten durch eigene Anstrengung zu erwirtschaften. Während die Kosten für den Lebensunterhalt von staatlicher Seite allgemeingültig definiert werden können, muss die Fähigkeit zur Erwirtschaftung dieser Kosten im Einzelfall geprüft werden. Sicherlich ist eine solche Prüfung schwierig, aber sie ist nötig, damit der Bedürftige nicht über Gebühr die Allgemeinheit belastet oder sich mit einem Arbeitgeber darauf einigt, einen Teil seines Lohns aus der Sozialkasse zu holen.

Auch Nothilfe fällt in unserer wohlhabenden Gesellschaft üppiger aus als das Erwerbseinkommen in vielen ärmeren Ländern. Deshalb muss die Einwanderung in den Sozialstaat strikt auf politisch Verfolgte und Kriegsflüchtlinge begrenzt werden. Für alle anderen Zuwanderer sollte die Aufenthaltsgenehmigung an ein Beschäfti-

163 Bundesministerium für Arbeit und Soziales, *Sozialbericht 2017*. Bonn, Juli 2017.

gungsverhältnis gebunden sein und sie sollten für mindestens fünf Jahre von Sozialleistungen ausgeschlossen bleiben. Eine Karenzzeit für die Aufnahme in den Sozialstaat soll verhindern, dass die Aufnahme einer Beschäftigung nur dazu verwendet wird, Sozialleistungen zu erschleichen.

Im Falle tatsächlicher Bedürftigkeit ist es für alle Seiten besser, wenn ein kleines Lohneinkommen durch staatliche Zuschüsse auf das zur Deckung der Lebenshaltungskosten notwendige Minimumeinkommen angehoben wird, als dass durch einen staatlich fixierten Mindestlohn ein Beschäftigungsverhältnis verhindert wird. Aber staatliche Prüfung der Notwendigkeit eines Zuschusses ist nötig, um zu verhindern, dass sich Arbeitnehmer und Arbeitgeber zu Lasten des Staates ohne Not auf ein nicht kostendeckendes Lohneinkommen einigen.

In der liberalen Ordnung sollte die Finanzierung der Nothilfe aus einer allgemeinen Abgabe oder Steuer erfolgen. Dies kann aus dem Aufkommen aus einer Konsumsteuer, einer »Flat Tax« oder einer besonderen Sozialabgabe mit einheitlichem Satz geschehen. Die gegenwärtige Finanzierung mittels einer progressiven Einkommenssteuer widerspricht jedoch dem Prinzip der Neutralität von Steuern und Sozialleistungen für das wirtschaftliche Handeln des Einzelnen.

Der deutsche Sozialstaat hat eine lange Tradition. Sein Grundstein wurde durch die Sozialgesetzgebung Otto von Bismarcks gelegt (siehe Kapitel 4). Folglich wäre eine vollständige Privatisierung der Renten- und Krankenversicherung kaum vermittelbar. Doch sollten die Leistungen dieser öffentlichen Versicherungen auf die gezahlten Beiträge bezogen sein, wie bei Versicherungen allgemein üblich. Die staatlichen Versicherungen können damit begründet werden, dass die Allgemeinheit davor geschützt wird, dass Einzelne ihr zur Last fallen, weil sie es unterlassen haben, für sich vorzusorgen. Folglich sollten sich staatliche Versicherungen auf die

Grundversorgung der Versicherten konzentrieren. Darüber hinausgehende Leistungen müssten privat versichert werden.

In den alternden Bevölkerungen des Westens ist die Vorsorge für das Alter besonders wichtig. In Deutschland wird die staatliche Altersvorsorge über das Umlageverfahren finanziert: Die von den Erwerbstätigen durch Abgaben aufgebrachten Mittel werden an die Rentner ausgezahlt. Dem sogenannten Äquivalenzprinzip folgend sollen die von einem Erwerbstätigen im Laufe seines Berufslebens bezahlten Abgaben die Höhe seiner Rente bestimmen. Durch die Alterung der Bevölkerung sinkt jedoch das Verhältnis der Zahl von Erwerbstätigen zu der von Rentnern. Die Folge davon ist, dass auch die über das Umlageverfahren finanzierten Rentenleistungen sinken müssen, wenn die Erwerbstätigen nicht über Gebühr belastet werden sollen. In zehn Jahren dürfte die staatliche Rente deutlich weniger als die Hälfte des durchschnittlichen Lohneinkommens des Rentners während seiner Erwerbstätigkeit betragen.

Der zukünftige Rentner kann den sozialen Abstieg nur dadurch vermeiden, dass er Finanzmittel zur Aufstockung seiner staatlichen Altersversorgung anspart. In unserer Zeit des politisch nach unten manipulierten Zinses lässt sich Kapital nur noch über die Aktienanlage effektiv bilden. Der deutsche Sparer scheut jedoch vor der Anlage in Aktien zurück. Ein Grund dafür ist, dass ihn staatliche Anreize in der Vergangenheit dazu gebracht haben, unverantwortliche Aktienanlagen zu tätigen. So wurden zum Beispiel die früheren Staatsunternehmen Volkswagen und Deutsche Telekom privatisiert, indem ein Teil der neu emittierten Aktien mit staatlicher Unterstützung an unerfahrene Privatanleger verkauft wurden. Die nach dem Erstverkauf eintretenden Kursverluste haben viele dieser Anleger dazu gebracht, die Aktienanlage in der Zukunft zu meiden.[164]

164 Siehe dazu Marius Kleinheyer, »Aktien für alle!«. Flossbach von Storch Research Institute, 15. Dezember 2017.

Zum Ausgleich dieser staatlichen Verfehlung wäre es denkbar, dass der Staat einen Bürgerfonds zur Altersvorsorge organisiert, der es unerfahrenen Anlegern erlaubt, in einem global breit diversifizierten Portfolio zu geringen Verwaltungskosten Mittel für die private Altersvorsorge anzusparen.[165] Ein solcher Fonds müsste rechtlich als Treuhandvermögen für den Bürger aufgestellt werden, auf das der Staat selbst keinen Zugriff hat. Bei entsprechend langer Ansparzeit könnte der Staat ohne großes Risiko für ihn selbst sogar den Kapitalwert oder eine geringe Mindestverzinsung der eingezahlten Ersparnisse garantieren. Denn das Risiko, dass ein global diversifiziertes Aktienportfolio bei einer Haltedauer von mehreren Jahrzehnten nur mit Verlust verkauft werden kann, ist extrem gering. Das Modell eines Bürgerfonds ist ein Stück öffentlich durchgeführter Erwachsenenbildung in Finanzfragen. In einer liberalen Wirtschaftsordnung kann ein staatlich organisierter Bürgerfonds natürlich nur ein Angebot sein, das mit alternativen privaten Angeboten im Wettbewerb steht.

## Wiederherstellung von Vertrauen

Vertrauen in die liberale Gesellschaftsordnung und Vertrauen der Mitglieder der liberalen Gesellschaft untereinander sind notwendige Voraussetzungen für die Ordnung der Freiheit. Der lenkende Wohlfahrtsstaat hat beides beschädigt. Die Fähigkeit zur Verteidigung gegen äußere Feinde wurde sträflich vernachlässigt. Und die von der Generation der Achtundsechziger vorangetriebene Ge-

165 Siehe dazu Daniel Gros und Thomas Mayer, »Ein Vermögensbildungsfonds für Deutschland«. *Frankfurter Allgemeine Zeitung* vom 22. November 2013 (http://www.faz.net/aktuell/wirtschaft/wirtschaftspolitik/gastbeitrag-ein-vermoegensbildungsfonds-fuer-deutschland-12674947.html?printPagedArticle=true#pageIndex_0) und Hessisches Ministerium der Finanzen, Pressestelle, »Staatsminister Al-Wazir, Grüttner und Dr. Schäfer stellen Deutschland-Rente vor«, 28. April 2017 (https://www.hessen.de/presse/pressemitteilung/staatsminister-al-wazir-gruettner-und-dr-schaefer-stellen-deutschland-rente).

ringschätzung der liberalen Gesellschaftsordnung, die sich im fehlenden Respekt vor gesellschaftlichen Regeln und der Toleranz der Intoleranz äußerte, hat zum Verlust an Vertrauen in die innere Sicherheit der Gesellschaft geführt. Schließlich hat die Kaperung des Staates durch die Eliten in Wirtschaft und Finanzen das Vertrauen in die Funktion der arbeitsteiligen Wirtschaftsordnung zerstört.

Wie in Kapitel 3 erklärt, braucht es für die Tauschvorgänge in einer wissensteiligen Dienstleistungsgesellschaft Vertrauen. Dienstleistungen sind flüchtige Produkte, die nur in bestimmten Bereichen standardisiert werden können. Werden sie von individuellen Anbietern in einer für den Kunden maßgeschneiderten Form erbracht, muss der Kunde der Kompetenz und Kundenorientierung des Dienstleisters vertrauen. Eine der gravierendsten Folgen der Finanzkrise für die Gesellschaft war der Verlust an Vertrauen in die Dienstleister des Finanzgewerbes und in die Politik (siehe Kapitel 7). Zur Wiederherstellung des Vertrauens in die liberale Gesellschaftsordnung muss die äußere und innere Sicherheit gewährleistet werden. Und zum Vertrauen in die arbeitsteilige Wirtschaftsordnung braucht es mehr Vertrauen in die Kompetenz und Ehrlichkeit der Dienstleister. Insbesondere im Finanzbereich gibt es auf diesem Gebiet einen hohen Nachholbedarf.

## *a) Verbesserung der äußeren und inneren Sicherheit*

Die Grenzen der liberalen Zivilgesellschaft und des Rechtsstaats werden nicht von der Zugehörigkeit zu Stamm oder Nation gezogen. Sie liegen dort, wo der Respekt vor gesellschaftlichen Regeln und gewachsenem Recht aufhört. Aufgabe des liberalen Rechtsstaats ist es, seine Bürger gegen Grenzüberschreitungen von äußeren und inneren Feinden zu schützen. Beides hat der lenkende Wohlfahrtsstaat sträflich vernachlässigt. Nach dem Ende der militärischen Bedrohung durch die Sowjetunion wurden die Ausgaben für Verteidigung in Deutschland drastisch verringert und die allgemeine Wehrpflicht abgeschafft. Doch die These vom Ende der Geschichte wurde durch die Entstehung einer multipolaren Welt widerlegt. Diese Welt ist keineswegs weniger gefährlich als die vergangene bipolare Welt, die von der Gegnerschaft zwischen Ost und West bestimmt war. Dringend notwendig ist daher die Wiederherstellung der militärischen Verteidigungsfähigkeit gegen äußere Gegner.

Dazu braucht es höhere Rüstungsausgaben und eine engere militärische Zusammenarbeit in Europa. Der lenkende Wohlfahrtsstaat ist ohne Bedenken bereit, 1 bis 2 Prozent des deutschen Bruttoinlandsprodukts für das fragwürdige Projekt des Klimaschutzes auszugeben und zur Stützung der maroden Europäischen Währungsunion nicht mehr einzutreibende Kredite zu gewähren. Aber er schafft es nicht, die Ausgaben für seine Verteidigung auf das von ihm akzeptierte NATO-Ziel von 2 Prozent des Bruttoinlandsprodukts zu heben, obwohl die Bundeswehr zum Schutz der Außengrenzen kaum einsatzfähig ist. Es wäre viel gewonnen, wenn nur ein kleiner Teil des Geldes, das zum Schutz von Klima und zur Stützung der Europäischen Währungsunion aufgewendet wird, für die äußere Sicherheit durch die Wiederherstellung der Einsatzfähigkeit der Bundeswehr und den Aufbau einer effektiven europäischen Verteidigungsgemeinschaft verwendet würde. Denn was sollte Schutz des Klimas und des Euros, wenn die Freiheit verloren ginge?

Die gegenwärtig größte Bedrohung der inneren Sicherheit ist durch die ungesteuerte und unkontrollierte Zuwanderung aus anderen Kulturkreisen entstanden. Eine steigende Bevölkerungszahl und zunehmende Diversität fördern die wirtschaftliche Entwicklung. Doch darf Zuwanderung nicht auf Kosten der Funktionsfähigkeit der Zivilgesellschaft gehen. Das dafür notwendige Vertrauen der Bürger untereinander wird zerstört, wenn die Erwartung gesellschaftlich korrekten und rechtstreuen Verhaltens durch eine besondere Gruppe in der Gesellschaft weithin sichtbar widerlegt wird.

Die Ereignisse der Kölner Silvesternacht von 2015, in der eine große Gruppe nordafrikanischer junger Männer, davon viele ohne Aufenthaltsberechtigung in Deutschland, weithin ungestraft Frauen bis zur Vergewaltigung sexuell belästigte und andere Besucher bestahl, hatte im ganzen Land einen schweren Vertrauensverlust in den Rechtsstaat und die Zivilgesellschaft zur Folge.[166] War davor die Rede von der »Willkommenskultur«, in der sich Deutschland weltoffen und barmherzig zeigen wollte, so war nun die Rede von Staatsversagen angesichts von Überfremdung.

Zuwanderung aus anderen Kulturkreisen muss sich deshalb an der Aufnahmefähigkeit der Gesellschaft orientieren und entsprechend gesteuert werden. Solange klar ist, dass politisch Verfolgte und Flüchtlinge aus Kriegsgebieten nur vorübergehend aufgenommen werden, kommt es für die Aufnahme dieser Gruppen vor allem auf deren Bedrohung im Heimatland und weniger auf ihre Fähigkeit zur Integration an. Dennoch sollte auf die Nähe der Zuwanderer zur heimischen gesellschaftlichen Kultur Wert gelegt werden. Kulturfremde Verfolgte und Flüchtlinge sind in Ländern besser untergebracht, die ihnen kulturell näher sind. Dagegen müssen allein heimischer Bedarf und Integrationsfähigkeit der Bewerber die Zuwanderung von Arbeitskräften bestimmen.

## *b) Die Rolle von Berufsvereinigungen*

Zur Wiederherstellung von Vertrauen müssen die Rechte des Kunden gegenüber inkompetenten oder nur den eigenen kurzfristigen Vorteil suchenden Anbietern gestärkt werden. Eine Möglichkeit, dies zu erreichen, wäre, freiwilligen Berufsvereinigungen statt Kammern mit Zwangsmitgliedschaft im Dienstleistungsgewerbe eine größere Rolle zu geben. Diese Vereinigungen könnten sich ers-

166 Siehe dazu Alexander Haneke, »Angst in der Stadt«. *Frankfurter Allgemeine Zeitung* vom 30. Dezember 2017.

tens mehr um die berufliche Bildung und Weiterbildung ihrer Mitglieder kümmern. Dazu könnten sie Kompetenznachweise geben und die erworbene Kompetenz regelmäßig überprüfen. Durch ein entsprechendes »Gütesiegel« würde das Vertrauen des Kunden in einen dieser Berufsvereinigung angehörenden Anbieter gestärkt. Im Handwerk gibt es dieses Modell in Form des Meisterbetriebs.

Zweitens könnten die freiwilligen Berufsvereinigungen unabhängige Schiedsgerichte zur Lösung von Konflikten zwischen den Anbietern und Nachfragern von Dienstleistungen betreiben. Würden sich die Mitglieder der Berufsvereinigung verbindlich verpflichten, die Urteile dieser Schiedsgerichte anzuerkennen, könnte der Kunde darauf vertrauen, für eine mangelhafte Dienstleistung entschädigt zu werden, ohne den komplizierten Rechtsweg zur Kompensation von Schäden durch inkompetentes oder grob fahrlässiges Verhalten des Anbieters gehen zu müssen. Eine Versicherung für die von den Schiedsgerichten festgestellte Pflicht zur Haftung würde das Vertrauen der Kunden festigen, auch bei einem Zahlungsausfall des Anbieters die zugesicherte Kompensation zu erhalten. Angehörige einer solchen Berufsvereinigung könnten einen größeren Vertrauensvorschuss erwarten als Nichtmitglieder.

### *c) Die Rolle eines Wissenschaftsrats*

Vertrauen ist nicht nur in die gewerblichen Anbieter von Dienstleistungen, sondern auch in die Wissenschaft verloren gegangen. Ein wichtiger Grund dafür ist die Art und Weise, wie wissenschaftliche Erkenntnis voranschreitet. Karl Poppers Idealvorstellung war, dass wissenschaftliche Hypothesen unvoreingenommen getestet werden und so lange gültig bleiben, bis sie schließlich falsifiziert werden können. In Wirklichkeit neigen Wissenschaftler aber zur Bildung von Dogmen, die sie wie die Vertreter einer Religion mit Absolutheitsanspruch verfechten. Nach Ansicht des Wissenschaftsphilosophen Thomas S. Kuhn wird die Wissenschaft im Normalzustand von einem allgemein akzeptierten »Paradigma« (man könnte auch »Grundüberzeugung« sagen) geleitet. Wissenschaftler beschäftigen sich in diesem Zustand mit Problemen, deren Lösung das geltende Paradigma nicht in Frage stellt. Mit der Zeit verhärtet sich ein geltendes Paradigma zu einem starren Dogma, der Blick verengt sich und Kritiker daran werden ausgegrenzt. Treten »Anomalien« auf, Fakten, die nicht ins Paradigma passen, gerät das herrschende Paradigma in eine Krise.

Während alte Anhänger des herrschenden Paradigmas dieses verteidigen, lehnen sich junge Häretiker dagegen auf. Es beginnt die Phase der außerordentlichen Wissenschaft, in der grundlegende Gewissheiten nicht mehr tabu sind. In der dadurch ausgelösten wissenschaftlichen Revolution entsteht ein neues Paradigma und das Weltbild ändert sich. Kuhn vergleicht den Wandel mit einer religiösen Konversion, da es kein rationales Kriterium für die Entscheidung gibt, ob das neue Paradigma besser ist. Deshalb können auch die Anhänger eines neuen Paradigmas keinen Normalwissenschaftler argumentativ von diesem überzeugen, weil sie beide von unterschiedlichen Weltanschauungen ausgehen und darum keine Argumentation der einen Seite für die andere logisch erscheint. Am Ende wird das alte Paradigma durch das neue einfach verdrängt.[167]

Der Wissenschaftstheoretiker Imre Lakatos spricht von Forschungsprogrammen, die ein Paradigma als Kern haben. Nach Lakatos vollzieht sich der Paradigmenwechsel jedoch nicht schlagartig, sondern in einem zähen Kampf zwischen den Verteidigern des alten Paradigmas in den alten Forschungsprogrammen und den Herausforderern, die dieses Paradigma in Frage stellen. Setzen neue Fakten ein Paradigma unter Druck, finden die Verteidiger

167 Lange vor Thomas S. Kuhn schrieb der Physiker Max Planck dazu: »Eine neue wissenschaftliche Wahrheit pflegt sich nicht in der Weise durchzusetzen, dass ihre Gegner überzeugt werden und sich als belehrt erklären, sondern vielmehr dadurch, dass ihre Gegner allmählich aussterben und dass die heranwachsende Generation von vornherein mit der Wahrheit vertraut gemacht ist.« (*Wissenschaftliche Selbstbiografie*, Barth Verlag (Leipzig) 1948, S. 22).

stützende Hilfshypothesen, um es zu retten. Aber der ursprüngliche Kern des Paradigmas wird schwächer. Lakatos nennt dies »degenerative Problemverschiebung«. Dagegen finden die Herausforderer neue Erklärungen für die Fakten und entwickeln eine Theorie mit höherem Erklärungswert. Es kommt zur »progressiven Problemverschiebung«. Im Gegensatz zu Kuhn, der Paradigmenwechsel mit radikalen Brüchen verbindet, sieht Lakatos kontinuierliche Erkenntnisgewinne durch die Problemverschiebungen in den Forschungsprogrammen.

In Phasen von »Paradigmenwechsel« oder »Problemverschiebungen« kann es zu sehr unterschiedlichen, mit großer Überzeugung vorgetragenen Aussagen der Wissenschaftler kommen, die die Öffentlichkeit verwirren. Da in unserer wissensteiligen Dienstleistungsgesellschaft die Wissenschaften vielfach als Kronzeugen für die dort jeweils vertretenen Denkschulen herangezogen werden, kann der Eindruck entstehen, die Wissenschaft sei parteiisch und verdiene daher kein Vertrauen. In unserer heutigen Gesellschaft kommt jedoch der Verlust des Vertrauens in die Wissenschaft dem Verlust des Glaubens an die göttliche Weisheit in der vorwissenschaftlichen Gesellschaft gleich.

Gegenwärtig gibt es einen heftigen Paradigmenstreit auf dem Gebiet der Klimaforschung und im Finanzbereich. In der Klimaforschung gilt das Paradigma der Erderwärmung durch Ausstoß von Kohlendioxid. Dagegen führen Häretiker neue Fakten ins Feld, die von den Verteidigern ignoriert oder zurückgewiesen werden (siehe Kapitel 6). Dieser Paradigmenstreit hat oft Ähnlichkeit mit einem Religionsstreit, außer dass glücklicherweise bisher niemand als Ketzer verbrannt wurde. Im Finanzbereich streitet man sich auf ähnlich religiöse Weise, ob die Zentralbanken bei der Überwindung der Finanzkrise Teil der Lösung oder Teil des Problems sind (siehe Kapitel 5). In beiden Fällen sieht die Öffentlichkeit dem Streit hilflos zu, und am Ende entscheiden gut organisierte Interessengruppen durch ihren Einfluss auf die Politik über die »Wahrheit«.

Entsprechend der vorher diskutierten Rolle von durch Berufsvereinigungen organisierten Schiedsgerichten könnte ein von einer entsprechenden Wissenschaftsvereinigung gebildeter Wissenschaftsrat öffentliche Debatten über den Stand der wissenschaftlichen Forschung zu aktuellen Themen anstoßen. Die wichtigste Aufgabe dieses Rats wäre es, auf den Stand der wissenschaftlichen Debatte und die mit den jeweiligen Thesen verbundene Anfälligkeit für Irrtum hinzuweisen, so dass überzogene wissenschaftliche Begründungen für gesellschaftliche Entscheidungen vermieden werden können. Der Rat müsste aus einer Gruppe von Wissenschaftlern gebildet werden, die selbst keine eigene Denkschule begründet, aber die vorhandenen Denkschulen als unabhängige Geister kritisch begleitet haben und die den Zenit ihrer wissenschaftlichen Karriere überschritten haben. Wer unabhängig denkt und mit seinen Beiträgen keine Karriereabsichten mehr verfolgt, wäre geeignet, als Aufklärer in komplexen wissenschaftlichen Debatten das Vertrauen der Öffentlichkeit in wissenschaftliche Erkenntnisse wiederherzustellen.

## Regierung unter dem Recht

Wie in Kapitel 3 diskutiert, besteht der Kern liberaler Sozialphilosophie in dem Anliegen, dem mündigen Bürger die größtmögliche Freiheit zur Verfolgung seiner eigenen Ziele zu verschaffen. Dazu sollten Regeln des gesellschaftlichen Zusammenlebens aufgestellt werden, welche die Freiheit des einen nur dort begrenzen, wo die Freiheit des anderen beginnt. Die Vertreter der Bürger im Parlament sollten diese Regeln finden und sie in Gesetze fassen. Die Regierung sollte den Bürgern keine eigenen Ziele aufzwingen, sondern die Gesetze durchsetzen und dabei von den Abgeordneten der Bürger kontrolliert werden. Die Bürger sollten also über die Abgeordneten und diese über die Regierung wachen. Heute scheint man die Dinge auf den Kopf gestellt zu haben: Die Parteien bilden Regierungen mit dem Anspruch, den »allgemeinen Willen« des Wahlvolks zu repräsentieren. Die Regierungen bringen die Abgeordneten auf ihre Linie, um Gesetze zu machen, die den Bürgern sagen, wo es langgeht. Das erinnert mehr an das Staatsverständnis Rousseaus und das sich daraus ergebende frühere sozialistische Volksheim als an die klassische liberale Demokratie.

Ferdinand Kirchhof, Vizepräsident des Bundesverfassungsgerichts, listet zum Verhältnis zwischen Regierung und Parlament die folgenden Fakten aus der jüngeren Vergangenheit auf:

> *»In der Finanzkrise versprach die Regierung im September 2008 vor laufenden Kameras, die Spareinlagen der Bürger würden gesichert. Das nachfolgende Finanzmarktstabilisierungsgesetz regelte allein die Rettung der Banken. Der Bundestag hat sich erstmals im Rahmen einer Aktuellen Stunde im März 2013 mit der Einlagensicherung befasst. Zwar war diese Finanzkrise eine Stunde der Not, in der es naturgemäß der Exekutive zukommt, schnell zuzupacken. Nach dem Ergreifen vorläufiger Maßnahmen wäre es aber Sache des Parlaments gewesen, diese Sicherung normativ nach eigenen Vorstellungen langfristig zu bestimmen. Die Wehrpflicht wurde vom Verteidigungsminister am 1. März 2011 ausgesetzt, obwohl keinerlei Zeitdruck bestand; das Wehrrechtsänderungsgesetz des Bundestages dazu wurde erst drei Wochen später vom Bundestag beschlossen. Er konnte letztlich nur noch dem ministeriell vorgegebenen Faktum zustimmen. Der Atomausstieg begann mit einer Vereinbarung zwischen Bundesregierung und Energieversorgungsunternehmen vom 14. Juni 2000. In das Atomgesetz eingefügt wurde sie erst im Jahr 2002. Nach der Katastrophe von Fukushima verkündete die Bundesregierung im März 2011 ein Dreimonatsmoratorium und am 6. Juni die Pflicht zum Abschalten aller Kernkraftwerke. Die Novelle zum Atomgesetz wurde jedoch erst am 30. Juni 2011 vom Bun-*

*destag beschlossen. Die Öffnung der Grenzen für Migranten ist am 4. September 2015 von der Bundeskanzlerin initiiert worden. Bis heute fehlt es dazu an jeglicher Beteiligung von Bundestag oder Bundesrat.«*[168]

## a) Gesetzgebende Kammer

Friedrich von Hayek hat in seinem Spätwerk *Recht, Gesetz und Freiheit* das Modell einer Verfassung vorgeschlagen, die uns auf den Boden der liberalen Demokratie zurückbringen kann. Die in der Verfassung niedergelegten Regeln für das gesellschaftliche Zusammenleben sollten für eine unbestimmte Zahl von in der Zukunft liegenden unbekannten Fällen gelten. Sie sollten für die Bildung und Bewahrung einer abstrakten Ordnung sorgen, deren konkrete Inhalte unvorhersehbar sind. Sie sollten aber nicht zur Verwirklichung konkreter Zwecke dienen und keine Vorschriften enthalten, die besondere und vorab bekannte Individuen oder gesellschaftlichen Gruppen betreffen. Auch sollte die Verfassung nicht die Aufgaben der Regierung regeln, sondern nur die Grenzen staatlicher Macht bestimmen.

Hayek schlägt für das Parlament zwei Kammern vor: die eine sollte sich ausschließlich mit der Gesetzgebung und die andere mit der Regierung befassen. Beide Kammern würden sich aus den gleichen Parteien im gleichen Stärkeverhältnis zusammensetzen. Die gesetzgebende Kammer sollte sich allerdings nicht von parteilichen Interessen, sondern nur von Überlegungen darüber leiten lassen, welche gesellschaftlichen Handlungen richtig oder falsch sind. Handlungsgrenzen sollten nur dort gesetzt werden, wo sich individuelle Handlungen gegenseitig beeinträchtigen. Als Mitglieder für diese Kammer

168 Ferdinand Kirchhof, »Demo-crazy?«. *Frankfurter Allgemeine Zeitung* vom 21. Dezember 2017 (http://plus.faz.net/politik/2017-12-21/e1adde4d9a3e49cfa3d116ef17ba5353/?GEPC=s9).

würden sich am besten Frauen und Männer eignen, die schon im fortgeschrittenen Alter sind. Die Mitglieder sollten für eine längere Periode gewählt werden, so dass sie sich weniger um ihre Wiederwahl und ihre Stellung in ihrer Partei zu sorgen bräuchten. Die regierende Kammer würde unseren gegenwärtigen Parlamenten ähneln, aber sie wäre an die von der gesetzgebenden Kammer aufgestellten Regeln für gesellschaftliches Verhalten gebunden.

In unserer gegenwärtigen parlamentarischen Ordnung kümmern sich sowohl der Bundestag als auch der Bundesrat primär um Regierungsangelegenheiten: die erste Kammer aus der Sicht der Zentralregierung, die zweite aus der Sicht der Regionalregierungen. Eine Änderung der bestehenden Ordnung im Sinne des Vorschlags von Hayek würde eine umfassende Änderung des Grundgesetzes benötigen und ist deshalb aussichtslos. Allerdings könnte Hayeks Idee einer besonderen gesetzgebenden Kammer bei gutem Willen aller Parteien in unsere bestehende Ordnung eingebracht werden. Im Bundestag gibt es einen Ältestenrat, der aus dem Bundestagspräsidenten, seinen Stellvertretern sowie 23 weiteren Abgeordneten besteht. Dabei handelt es sich nicht unbedingt um die ältesten Parlamentarier, wohl aber um sehr erfahrene. Der Ältestenrat soll den Bundestagspräsidenten bei seiner Arbeit unterstützen und für einen koordinierten und möglichst reibungslosen Arbeitsablauf im Bundestag sorgen.

Der Bundestag könnte dem Ältestenrat die Formulierung von Gesetzen übertragen, welche die abstrakten und ihrem Charakter nach meist negativen Regeln für gesellschaftliches Verhalten in der liberalen Ordnung (also Verbote schädigenden Handelns) aufstellen. Dazu müsste natürlich die Zahl der Mitglieder des Ältestenrats erheblich ausgeweitet werden. Parteien könnten entsprechend ihrer Stärke im Bundestag ältere Mitglieder für den Rat nominieren. In diesem Fall ist das Alter ein positives Kriterium für die Auswahl, denn neurologische Untersuchungen haben ergeben, dass ältere Menschen aufgrund ihrer Lebenserfahrung komplexe soziale Situationen besser erfassen können. Sie haben eine stärker ausgeprägte Fähigkeit, Konflikte durch Kompromisse zu lösen, und können sich besser in den anderen hineindenken.[169]

Der 19. Deutsche Bundestag hat eine Rekordzahl von 709 Abgeordneten. Bei dieser Zahl würden die laufenden Regierungsgeschäfte sicherlich nicht leiden, wenn sich ein Drittel oder ein Viertel der Abgeordneten im Ältestenrat mit für die Gesellschaftsordnung grundlegenden Gesetzen befassen würde. Mittelfristig könnten durch eine Änderung des Bundeswahlgesetzes die Abgeordneten von den Wählern direkt in den Ältestenrat gewählt werden. Langfristig wäre auch denkbar, die Mandatszeit für Mitglieder im Ältestenrat zu verdoppeln, dafür aber eine Wiederwahl auszuschließen. Auf diese Weise könnten die Anreize für die Mitglieder des Ältestenrats erhöht werden, sich unabhängig von Partikularinteressen und geringerer Sorge um das eigene Fortkommen mit der Gesetzgebung für eine gute Gesellschaftsordnung zu befassen.

## *b) Abschaffung der Elitenherrschaft*

Die repräsentative Demokratie führt zur Herrschaft weniger über viele, wenn die Eliten den Staat zu ihrem Nutzen kapern. In der Plutokratie, in der die Reichen den Staat gekapert haben, ist dies offensichtlich. In der Expertokratie, in der die Eliten ihre Herrschaft mit ihrem überlegenen Wissen begründen, geschieht dies verdeckt. Eine Ausprägung der Expertokratie ist der lenkende Wohlfahrtsstaat, in dem Berufspolitiker und »ewige Kanzler« unter dem Einfluss mächtiger Interessengruppen für die unmündigen Bürger sorgen und ihnen den Weg weisen. Eine notwendige Bedingung für die Abschaffung der Elitenherrschaft ist die im vorigen Abschnitt beschriebene Wiederherstellung der Herrschaft des Parlaments über die Regierung. Aber dies ist nicht hinreichend. Für die demokrati-

169 Siehe z. B. André Aleman, *Wenn das Gehirn älter wird: Was uns ängstigt. Was wir wissen. Was wir tun können.* C. H. Beck (München) 2016.

sche Ausübung von Herrschaft im liberalen Rechtsstaat braucht es ebenso die Herrschaft der mündigen Bürger über das Parlament. Dazu müssen die Bürger auch zwischen den Wahlen im Zweifel in der Lage sein, ihre gewählten Repräsentanten über Volksabstimmungen in die Schranken zu verweisen.

Volksabstimmungen haben bei Politikern einen schlechten Ruf. Die Gegner von Volksabstimmungen führen an, dass der Ausgang wesentlich von der Fragestellung und den Finanzmitteln abhängt, die von Interessengruppen zur Beeinflussung des Ergebnisses eingesetzt werden. Außerdem würde der Ausgang stark von den höheren Einkommensgruppen bestimmt, da die Armen und weniger Gebildeten sich dafür nicht interessierten.[170] Doch ob Bürger über die anstehende Frage gut informiert sind und eine wohlbegründete Entscheidung treffen können, hängt wesentlich davon ab, wie die Abstimmung organisiert ist.

Der Altertumswissenschaftler Josiah Ober beschreibt, wie die Athener Bürger im Jahr 481 vor Christus über die Frage abstimmten, wie sie dem bevorstehenden Einfall der Streitmacht des persischen Reichs begegnen sollten.[171] Im ersten Schritt bereitete ein demokratisch gewählter Rat von 500 Bürgern die Geschäftsordnung für die Vollversammlung der Bürger vor. Der Rat sollte die politischen Optionen definieren. Diese bestanden in (1) Flucht, (2) Kampf an Land und (3) Kampf zur See. Der Rat identifizierte die für jede Option wichtigsten Aspekte und berief geeignete Experten, wobei den Ratsmitgliedern mit entsprechenden Erfahrungen Führungsrollen zukamen.

Zu Aspekten, die beleuchtet werden sollten, gehörte die Einschätzung der Haltung der Götter (was wichtig für die Kampfmoral war), der militärischen Strategie der Perser, der militärischen Kapazität Athens, der Haltung und militärischen Kapazität verbündeter Mächte

170 Siehe dazu »Pro und Kontra Volksentscheide«. *taz* vom 8. November 2017 (http://www.taz.de/!5458823/).

171 Ober (2017).

und einer möglichen Bedrohung der Einheit Athens. Der Rat stimmte über die jeweilige Wichtigkeit der Aspekte und die Berufung der entsprechenden Experten ab. Auf dieser Grundlage hielt die Bürgerversammlung eine Debatte ab, in der sich die Beteiligten eine Meinung bilden konnten. Schließlich entschied sich die Mehrheit für den Kampf zur See, wobei die vorgetragenen Experteneinschätzungen eine wichtige Rolle spielten. Das Ergebnis wurde als Entscheid des Volkes von Athen und nicht nur einer Mehrheit verstanden.

Die Entscheidung war richtig und Athen siegte in der Schlacht von Salamis. Dieser Sieg legte den Grundstein für den Aufstieg Athens zur Hegemonialmacht in der griechischen Welt. Ober folgert daraus, dass die Fähigkeit, vorhandenes Wissen über demokratische Prozesse in gute Entscheidungen zu verwandeln, Athen zu einem außergewöhnlich erfolgreichen, sicheren und wohlhabenden Stadtstaat machte. Seiner Einschätzung nach könnte das Athener Modell dazu dienen, in unseren weit größeren Gesellschaften Volksabstimmungen so vorzubereiten und durchzuführen, dass sie zu guten Entscheiden führen könnten. Eine Herausforderung stellt dabei allerdings die Fähigkeit einzelner Bürger dar, am gesellschaftlichen Diskurs teilzunehmen. Dazu sind neben der Bereitschaft zum bürgerlichen Engagement die Kenntnis der Sprache und Kultur sowie ein Mindestmaß an Allgemeinbildung erforderlich. Wo eine kritische Masse diese Voraussetzungen nicht mitbringt, ist jedoch eine freie Bürgergesellschaft sowieso unmöglich.

## *c) Konföderales Europa*

Auf der Ebene der Europäischen Union würde die Rückkehr zu einer Regierung unter dem Recht bedeuten, dass die nationalen Parlamente der EU-Mitgliedsländer die Hoheit über die EU-Verträge ausüben, in denen die Kompetenzen der EU-Institutionen geregelt sind. Das Europäische Parlament ist dafür aus zwei Gründen ungeeignet: Erstens gibt es keinen europäischen *demos* (altgr.: Volk), dem es verantwortlich sein müsste, sondern nur nationale *demoi* (Plural von *demos*), die es nicht repräsentieren kann. Ferdinand Kirchhof schreibt dazu:

> *»Ein direktdemokratischer Kontakt zwischen den Vertragsorganen und dem Volk findet praktisch nicht statt. Die Kommission und der Rat nehmen weder ein europäisches Volk noch europäische Medien wahr, obwohl deren Existenz eigentlich unausgesprochene und selbstverständliche Bedingung einer funktionierenden Demokratie ist. Sie stoßen allein auf die Meinungen individueller Mitgliedstaaten und ihrer Presse. Auf ein europäisches Volk, auf europäische Parteien oder auf europaweite Medien treffen sie nicht.«*[172]

Der liberale Rechtsstaat lebt aber vom Austausch zwischen seinen Bürgern und ihren Repräsentanten. Nur so können gelebte Regeln zu Recht wachsen, das in staatliche Gesetze überführt wird.

Zweitens fehlt ihm die nötige demokratische Legitimität. Im Europäischen Parlament repräsentiert ein maltesischer Abgeordneter nur 67.000, ein deutscher oder französischer aber 854.000 Einwohner seines Landes. Dazu hat das Bundesverfassungsgericht in seinem Urteil zum Lissabon-Vertrag festgestellt:

> *»Das Europäische Parlament ist [...] kein Repräsentationsorgan eines souveränen europäischen Volkes. Dies spiegelt sich darin, dass es als Vertretung der Völker in den jeweils zugewiesenen nationalen Kontingenten von Abgeordneten nicht als Vertretung der Unionsbürger als ununterschiedene Einheit nach dem Prinzip der Wahlgleichheit angelegt ist.«*

Folglich kann die Europäische Union zumindest auf absehbare Zeit nicht in einen Bundesstaat nach amerikanischem oder deutschem

172 Kirchhof (2017).

Vorbild überführt werden. In seiner Rechtsprechung zu den Verträgen von Maastricht und Lissabon hat das Bundesverfassungsgericht die Europäische Union als eine über einen Staatenbund hinausreichende Verbindung ohne bundesstaatlichen Charakter definiert und als »Staatenverbund« bezeichnet:

> *»Der Begriff des Verbundes erfasst eine enge, auf Dauer angelegte Verbindung souverän bleibender Staaten, die auf vertraglicher Grundlage öffentliche Gewalt ausübt, deren Grundordnung jedoch allein der Verfügung der Mitgliedstaaten unterliegt und in der die Völker – das heißt die staatsangehörigen Bürger – der Mitgliedstaaten die Subjekte demokratischer Legitimation bleiben.«*

Des Weiteren stellt es fest:

> *»Die Ermächtigung, supranationale Zuständigkeiten auszuüben, stammt allerdings von den Mitgliedstaaten einer solchen Einrichtung. Sie bleiben deshalb dauerhaft die Herren der Verträge. Die Quelle der Gemeinschaftsgewalt und der sie konstituierenden europäischen Verfassung im funktionellen Sinne sind die in ihren Staaten demokratisch verfassten Völker Europas. Die ›Verfassung Europas‹, das Völkervertrags- oder Primärrecht, bleibt eine abgeleitete Grundordnung. Sie begründet eine im politischen Alltag durchaus weitreichende, aber immer sachlich begrenzte überstaatliche Autonomie. Autonomie kann hier nur […] als eine zwar selbständige, aber abgeleitete, das heißt von anderen Rechtssubjekten eingeräumte Herrschaftsgewalt verstanden werden.«*

Im Staatenverbund geht staatliche Gewalt also von den Völkern aus, die Teile der Staatsgewalt nach dem Prinzip der Subsidiarität vertraglich auf die europäische Ebene übertragen können, dabei aber

Herren über die Verträge und damit die europäische Ebene bleiben. Dabei soll eine freiwillige vertiefte Zusammenarbeit verschiedener Gruppen von Völkern in ausgewählten Bereichen möglich sein. Wie in jedem wohlgeordneten Gemeinwesen müssen untere Ebenen das Recht haben, Kompetenzen zurückzufordern, um auf sich ändernde Verhältnisse institutionell reagieren zu können. Die Beweislast für zentralisierte Aufgaben fällt dabei stets der Zentralgewalt zu.[173]

173 Siehe dazu auch Justus Haucap, Stefan Kooths, Thomas Mayer und Frank Schäffler, »Plädoyer für ein konföderales Europa«. *Frankfurter Allgemeine Zeitung* vom 8. November 2015 (http://www.faz.net/aktuell/wirtschaft/wirtschaftspolitik/plaedoyer-fuer-ein-konfoederales-europa-13896058.html).

# 10

# FAZIT

Die Botschaft der liberalen Sozialphilosophie hat eine ethische und eine wirtschaftliche Dimension. Vom ethischen Standpunkt aus betrachtet ist für sie kennzeichnend, dass sie die Selbstbestimmung des Menschen in den Mittelpunkt stellt. Jeder Mensch ist frei und nicht als Untertan eines anderen Menschen oder einer anderen Menschengruppe geboren. Die Freiheit des Menschen kann naturrechtlich als Wesensmerkmal des Menschseins oder religiös mit der Gleichheit vor Gott begründet werden. Auf jeden Fall ist der Mensch nicht bei sich selbst, wenn er unfrei ist. Da der Mensch jedoch in der Gemeinschaft lebt, kann seine Freiheit nicht grenzenlos sein. Denn sonst gäbe es Freiheit nur für einen oder wenige und Unfreiheit für alle anderen. Die durch kollektive Weisheit über die Zeit entstandene liberale Gesellschaftsordnung ist die Antwort auf die Frage, wie freie Menschen in der Gemeinschaft leben können. Der dort ausgeübte Zwang dient nur dazu, die Freiheit des einen dort zu begrenzen, wo die Freiheit des anderen beginnt. Zwang, um den Einzelnen auf gemeinsame Ziele zu verpflichten, wie dies in der organisierten Gesellschaft geschieht, widerspricht dem Wesen der liberalen Gesellschaftsordnung.

Vom wirtschaftlichen Standpunkt aus betrachtet hat die liberale Gesellschaftsordnung der Menschheit einen bis dahin nicht gekannten Wohlstand ermöglicht. Die Quelle dieses Wohlstands ist die Möglichkeit für jeden Einzelnen, durch sein freies Handeln zur

Mehrung des Wohlstands beizutragen. In der Sprache der Ökonomie könnte man sagen: Jeder Mensch hat ein positives wirtschaftliches Grenzprodukt, wenn man ihn nur in Freiheit so handeln lässt, wie er es am besten kann. Da jeder Mensch unterschiedliche Fähigkeiten besitzt, führt freies Handeln zur Arbeitsteilung und in der hoch entwickelten Gesellschaft zur Wissensteilung. Die Genialität der liberalen Gesellschaftsordnung besteht nun darin, einen Mechanismus zur Koordination der Handlungen freier Menschen geschaffen zu haben. In der zugehörigen liberalen Wirtschaftsordnung ist der Markt der Ort der Koordination wirtschaftlicher Handlungen und die sich dort beim Tausch bildenden Preise sind die Instrumente der Koordination. Durch den Tausch am Markt kann das Handeln von Menschen koordiniert werden, die sich nicht kennen, ja die nicht einmal von ihrer jeweiligen Existenz wissen. Wenn jeder frei handelnde Mensch ein positives wirtschaftliches Grenzprodukt hat, dann wächst der wirtschaftliche Wohlstand mit jedem Menschen, der am Tausch im Markt teilnimmt.

Friedrich von Hayek hat zu der These von der Verelendung durch Überbevölkerung von Thomas Malthus eine Gegenthese aufgestellt.[174] Mit der Intensivierung des Handels und der Verbesserung der Techniken für Kommunikation und Transport steigt der Vorteil der Arbeitsteilung durch die Zunahme der Bevölkerung und die Dichte der Besiedlung. Dadurch wird eine immer tiefere Spezialisierung und Differenzierung der individuellen Wirtschaftsaktivitäten möglich. Malthus ging davon aus, dass das wirtschaftliche Grenzprodukt des Menschen mit zunehmender Zahl gegen null geht. Hayek setzt dem entgegen, dass mit der Zahl auch die Diversität der Menschen steigt. Dadurch bleibt das wirtschaftliche Grenzprodukt jedes neuen an den Markt kommenden Menschen so hoch, dass die Produktivität (gemessen als Produktion pro Kopf) trotz wachsender Bevölkerungszahl steigt.

174 Friedrich von Hayek, *The Fatal Conceit*. Routledge (London) 1988.

Die wirtschaftlichen Erfolge der »Globalisierung« im Verlauf der letzten Jahrzehnte bestätigen Hayeks These eindrucksvoll. In der Zeit von 1960 bis 2016 stieg die Weltbevölkerung um 147 Prozent von 3 Milliarden auf knapp 7,5 Milliarden Menschen. Nach der Theorie von Malthus hätte damit ein Rückgang des Einkommens pro Kopf verbunden sein sollen, da die neu hinzugekommenen Menschen immer weniger zusätzliches Einkommen erwirtschaften würden. Tatsächlich stieg aber das in Preisen von 2010 ausgedrückte globale Bruttoinlandsprodukt pro Kopf von rund 3.700 US-Dollar im Jahr 1960 um 181 Prozent auf rund 10.400 US-Dollar. Die Produktivität der Menschen wuchs schneller als ihre Zahl. Besonders stark wuchs die Produktivität in Ländern, die auf den Markt als Koordinierungsinstrument für die wirtschaftlichen Handlungen Einzelner setzten und ihren Bürgern den Zugang zum Weltmarkt öffneten. Das prominenteste Beispiel dafür ist China.

Das Prinzip der liberalen Gesellschaftsordnung ist der Respekt vor der Selbstbestimmung des Einzelnen. Dieses Prinzip kann mit Erfolg auf die politische Weltordnung übertragen werden. Im Dreißigjährigen Krieg zerfleischten sich die Völker Europas, bis sie schließlich im Zustand völliger Ermattung im Jahr 1648 in der Stadt Münster in Westfalen Frieden schlossen. Der nach diesem Ort genannte Westfälische Friede stellte eine Zäsur in der Weltgeschichte dar, weil in ihm erstmals das Prinzip der Gleichberechtigung von Staaten und der Nichteinmischung in innere Angelegenheiten festgelegt wurde. Der frühere amerikanische Außenminister und Politikwissenschaftler Henry Kissinger befand, dass das Prinzip der gegenseitigen Anerkennung und Nichteinmischung deshalb zum Durchbruch kam, weil sich in dem von religiösen Differenzen bestimmten Krieg kein Anspruch auf eine alleinige Wahrheit durchsetzen konnte.[175] Als die am Konflikt beteiligten Parteien am Ende ihrer Kräfte waren, blieb nur noch die gegenseitige Anerkennung

175 Henry Kissinger, *World Order*. Penguin Press (New York) 2014.

der jeweiligen inneren politischen Strukturen und religiösen Bekenntnisse. Eine der liberalen Gesellschaftsordnung entsprechende liberale politische Weltordnung wäre daher vom Prinzip der Nichteinmischung von Staaten in die Angelegenheiten anderer Staaten bestimmt.

Das Westfälische Prinzip der Nichteinmischung ging in die Charta der Vereinten Nationen (UN) ein. Nach Artikel 2 steht die UN auf dem

> *»Grundsatz der souveränen Gleichheit aller ihrer Mitglieder«. Diese »legen ihre internationalen Streitigkeiten durch friedliche Mittel so bei, dass der Weltfriede, die internationale Sicherheit und die Gerechtigkeit nicht gefährdet werden«. Außerdem unterlassen »alle Mitglieder jede gegen die territoriale Unversehrtheit oder die politische Unabhängigkeit eines Staates gerichtete oder sonst mit den Zielen der Vereinten Nationen unvereinbare Androhung oder Anwendung von Gewalt«.*

Oft wurde das Prinzip der Nichteinmischung in die inneren Angelegenheiten von Staaten jedoch gebrochen und oft geschah dies mit guten Vorsätzen, etwa dem Schutz der Menschenrechte (wie im Libyenkrieg von 2011) oder der Verbreitung der demokratischen Staatsform (wie im Zweiten Irakkrieg von 2003). Selten war die Einmischung von außen jedoch von Erfolg gekrönt (wie im Bosnienkrieg von 1995).

Die westliche Gesellschaft steht heute vor drei großen Herausforderungen. Erstens hat der durch die gebrochenen Versprechungen eines »Dritten Wegs« zwischen Liberalismus und Sozialismus heraufbeschworene Vertrauensverlust in den Herkunftsländern des Liberalismus gesellschaftliche und politische Vertrauenskrisen ausgelöst. Der »Neoliberalismus« wird für die Misere verantwortlich gemacht. Die Lösung wird bei »sozial-nationalen« Heilsbringern gesucht. Zweitens unterminiert die Völkerwanderung dieses Jahrzehnts die Fähigkeit, Regeln für das Zusammenleben in der liberalen Gesellschaft aufzustellen. Zuwanderern aus Kulturen, in denen die Religion den Anspruch erhebt, die absolute Wahrheit zu verkünden, fällt es schwer, andere Überzeugungen zu akzeptieren. Das Prinzip der Nichteinmischung in innere Angelegenheiten, solange von diesen nicht andere betroffen sind, ist aber die Grundlage für Freiheit in der liberalen Gesellschaft. Wenn eine kritische Masse in der Gesellschaft keinen Wert mehr auf individuelle Freiheit legt, dann geht diese unweigerlich für alle verloren.

Die dritte und wahrscheinlich größte Herausforderung für den Westen ist die Perfektionierung des lenkenden Wohlfahrtsstaats in China. Dort will der Staat mit Big Data und künstlicher Intelligenz auf eine Art für die Wohlfahrt seiner Mündel sorgen, von der westliche Anhänger des lenkenden Wohlfahrtsstaats nur träumen können. Da die Idee der individuellen Freiheit keine der westlichen Kultur vergleichbaren Wurzeln in der chinesischen Kultur hat, kann der chinesische Staat modernste Techniken zur Lenkung seiner Bürger einsetzen, die im Westen auf heftigen Widerstand stoßen würden. Ein technisch effektiv gelenkter chinesischer Wohlfahrtsstaat ist aber einem ineffektiv gelenkten westlichen Wohlfahrtsstaat in jeder Hinsicht überlegen.

Der Westen hat zwei Möglichkeiten, auf die chinesische Herausforderung zu reagieren. Er kann erstens versuchen, das chinesische Modell nachzuahmen. Damit würde er die Rolle Chinas aus der Zeit einnehmen, als das Land zur Stärkung seiner Wirtschaft liberale Prinzipien vom Westen übernommen hat. Der Preis für diese Strategie wäre aber der endgültige Verzicht auf individuelle Freiheit in der liberalen Gesellschaftsordnung. Allenfalls bliebe dem Einzelnen noch begrenzte Freiheit bei wirtschaftlichen Handlungen, die allerdings in einem vom Staat gesetzten und streng kontrollierten Rahmen zu erfolgen hätten. Damit würde der Westen seine Seele verkaufen. Zweitens kann er sich auf seine liberalen Werte besinnen und die liberale Gesellschaftsordnung erneut stärken. Meine Vorstellungen dazu habe ich im vorangegangenen Kapitel erläutert. Da die Weisheit vieler der Weisheit weniger immer überlegen ist (weil eben jeder Mensch ein positives wirtschaftliches Grenzprodukt hat), könnte sich der Westen damit gegen China sehr wahrscheinlich gut behaupten. Er würde die Führung in der Entwicklung von Technik und Wirtschaft behalten, die er seit Entstehung der liberalen Gesellschaftsordnung einnahm. Diese Führung würde nur von solchen anderen Regionen in Frage gestellt werden können, die sich selbst zur liberalen Gesellschaft entwickeln. Doch wäre das kein Beinbruch. Im Gegenteil, die Erweiterung der liberalen Gesellschaft ist ein sogenanntes »Positivsummenspiel«, da jeder dazukommende frei handelnde Mensch zur Erweiterung der Diversität und dadurch zur Erhöhung der Produktivität beiträgt.

# LITERATUR

Abelshauser, Werner, »Die verflixte Bürgerversicherung«. *Frankfurter Allgemeine Sonntagszeitung* vom 4. Februar 2018

Aleman, André, *Wenn das Gehirn älter wird: Was uns ängstigt. Was wir wissen. Was wir tun können*. C. H. Beck (München) 2016

Allen, Larry, *The Global Economic System Since 1945*. Reaktion Books (London) 2005. S. 87

Batthyani, Philipp, *Zwang als Grundübel in der Gesellschaft?* Mohr Siebeck (Tübingen) 2007

Beyer, Jürgen, »Deutschland AG a. D.: Deutsche Bank, Allianz und das Verflechtungszentrum großer deutscher Unternehmen«. Max-Plank-Institut für Gesellschaftsforschung Working Paper 02/4, März 2002 (http://www.mpifg.de/pu/workpap/wp02-4/wp02-4.html#Uber2)

Bude, Heinz, *Gesellschaft der Angst*. Hamburger Edition (Hamburg) 2014

Bundesministerium für Arbeit und Soziales, *Sozialbericht 2017*. Bonn, Juli 2017

Carlowitz, Hans Carl von, *Sylvicultura oeconomica*. Oekom Verlag (München) 2013

Chancellor, Edward, *The Interest Rate Trap: Monetary Policy and its Consequences in the Post-Lehman Era*. Unveröffentlichtes Buchmanuskript, Oktober 2017

Cicero, Marcus Tullius, *De re publica II* (übers. von Georg Heinrich Moser). Metzler (Stuttgart) 1828

Demandt, Alexander, »Das Ende der alten Ordnung«. *Frankfurter Allgemeine Zeitung* vom 22. Januar 2016

Demmler, Horst, *Wider den grünen Wahn*. MV Verlag (Münster) 2015

*Die Tageszeitung* (*taz*), »Pro und Kontra Volksentscheide«. 8. November 2017 (http://www.taz.de/!5458823/)

Duesterberg, Thomas J., »5G: China's Dream to Dominate World Technology«, 19. Dezember 2017 (https://www.theglobalist.com/china-united-states-europe-technology-internet/)

Engels, Friedrich, »Herrn Eugen Dührings Umwälzung der Wissenschaft«. In: Karl Marx/Friedrich Engels, *Werke*. Dietz Verlag (Berlin) 1962, Bd. 20, S. 106

Erhard, Ludwig, *Wohlstand für Alle*. Econ Verlag (Düsseldorf) 1957, S.251-252

Fisher, Irving, »100% Money and the Public Debt«. *Economic Forum*, April–Juni 1936, S. 406–442

Flossbach von Storch AG, *Kapitalmarktbericht 2017*

Foster, John Bellamy, »The Financialization of Capitalism«. *Monthly Review*, April 2007 (https://monthlyreview.org/2007/04/01/the-financialization-of-capitalism/)

Freud, Sigmund, *Selbstdarstellung*. S. Fischer (Frankfurt a. M.) 1971, S. 87

Friedman, Milton, *Capitalism and Freedom*. The University of Chicago Press (Chicago) 1962

Friedman, Milton, »Illegal Immigration only helps when it's Illegal«. Veröffentlicht auf YouTube am 26.09.2012 (https://www.youtube.com/watch?v=C52TlPCVDio)

Fritz, Gerhard, *Geschichte der Sexualität*. Verlag Regionalkultur (Ubstadt-Weiher) 2016, S. 379

Fukuyama, Francis, »The End of History?«. *The National Interest* 1989 (16), S. 3–18

Giddens, Anthony, *The Third Way: The Renewal of Social Democracy*. Polity Press (Cambridge) 1999

Gros, Daniel und Thomas Mayer, »Ein Vermögensbildungsfonds für Deutschland«. *Frankfurter Allgemeine Zeitung* vom 22. November 2013 (http://www.faz.net/aktuell/wirtschaft/wirtschaftspolitik/gastbeitrag-ein-vermoegensbildungsfonds-fuer-deutschland-12674947.html?printPagedArticle=true#pageIndex_0)

Hahn, Ulla, *Wir werden erwartet*. Deutsche Verlags-Anstalt (München) 2017, S. 28

Haneke, Alexander, »Angst in der Stadt«. *Frankfurter Allgemeine Zeitung* vom 30. Dezember 2017

Haucap, Justus, Christiane Keder und Ina Loebert, *Eine liberale Rundfunkordnung für die Zukunft*. Prometheus Institut, Mai 2015

Haucap, Justus, Stefan Kooths, Thomas Mayer und Frank Schäffler, »Plädoyer für ein konföderales Europa«. *Frankfurter Allgemeine Zeitung* vom 8. November 2015 (http://www.faz.net/aktuell/wirtschaft/wirtschaftspolitik/plaedoyer-fuer-ein-konfoederales-europa-13896058.html).

Hayek, Friedrich von, »Gibt es einen Widersinn des Sparens?«. *Zeitschrift für Nationalökonomie*, Bd. I, Heft III, 1929

Hayek, Friedrich von, *The Road to Serfdom*. Routledge (London), 1944; deutsch: *Der Weg zur Knechtschaft*. Olzog (München) 2003

Hayek, Friedrich von, *The Denationalisation of Money*. Institute of Economic Affairs (London) 1976

Hayek, Friedrich von, *Recht, Gesetz und Freiheit.* Gesammelte Schriften. Mohr Siebeck (Tübingen) 2003

Hayek, Friedrich von, *Die Verfassung der Freiheit.* Gesammelte Schriften. Mohr Siebeck (Tübingen) 2005

Hayek, Friedrich von, *The Fatal Conceit.* Routledge (London) 1988

Hayek, Friedrich von, *Die verhängnisvolle Anmaßung. Die Irrtümer des Sozialismus.* Gesammelte Schriften. Mohr Siebeck (Tübingen) 2011

Heinsohn, Gunnar und Otto Steiger, *Eigentumsökonomik.* Metropolis (Marburg) 2008, S. 19

Henning, Hans-Martin und Eberhard Umbach, »Die Energiewende retten«. *Frankfurter Allgemeine Zeitung* vom 29. Dezember 2017

Hessisches Ministerium der Finanzen, Pressestelle, »Staatsminister Al-Wazir, Grüttner und Dr. Schäfer stellen Deutschland-Rente vor«, 28. April 2017 (https://www.hessen.de/presse/pressemitteilung/staatsminister-al-wazir-gruettner-und-dr-schaefer-stellen-deutschland-rente)

Hilferding, Rudolph, *Das Finanzkapital.* Dietz Verlag (Berlin) 1955, Kapitel X (https://www.marxists.org/deutsch/archiv/hilferding/1910/finkap/index.html)

Hudson, Michael, *The lost tradition of Biblical Debt Cancellation.* Internetveröffentlichung, 1993 (https://michael-hudson.com/wp-content/uploads/2010/03/HudsonLostTradition.pdf )

Huerta de Soto, Jesús, *Sozialismus, Wirtschaftsrechnung und unternehmerische Funktion.* De Gruyter (Oldenburg) 2013

Immenkötter, Philipp, »FVS Vermögenspreisindex Q4-2017 – Inflation erstmals über 9 Prozent«. Flossbach von Storch Research Institute, Februar 2018

*International Business Daily*, »Despite What You've Heard, Global Warming Isn't Making Weather More Extreme«. 4. Januar 2018 (https://www.investors.com/politics/editorials/despite-what-youve-heard-global-warming-isnt-making-weather-more-extreme/)

Kirchhof, Ferdinand, »Demo-crazy?«. *Frankfurter Allgemeine Zeitung* vom 21. Dezember 2017 (http://plus.faz.net/politik/2017-12-21/e1adde4d9a3e49cfa3d116ef17ba5353/?GEPC=s9)

Kissinger, Henry, *World Order.* Penguin Press (New York) 2014

Kleinheyer, Marius, »Aktien für alle!«. Flossbach von Storch Research Institute, 15. Dezember 2017

Köhler, Michael, *Humes Dilemma – Das Geld und die Verfassung.* Duncker & Humblot (Berlin) 2015

Krell, Christian, »Kapitalismuskritik, war da was? Was die europäische Sozialdemokratie tun muss, um ihren Niedergang zu bekämpfen«. *Internationale Politik und Gesellschaft*, 3. November 2017 (http://www.ipg-journal.de/

schwerpunkt-des-monats/krise-der-repraesentation/artikel/detail/kapitalismuskritik-war-da-was-2404/)

Lamby, Stephan und Egmont R. Koch, *Bimbes – Die schwarzen Kassen des Helmut Kohl*. Dokumentarfilm, von der ARD gesendet am 4. Dezember 2017

Le Pen, Jean-Marie, *Les Français d'abord*. Carrere (Paris) 1984

Manow, Philip, »Links und rechts – zwei Spielarten des Populismus«. *Frankfurter Allgemeine Zeitung* vom 29. Januar 2018

Marcuse, Herbert, »Über den affirmativen Charakter der Kultur« (1937). In: Herbert Marcuse, *Kultur und Gesellschaft*, Bd. 1, Suhrkamp (Frankfurt a. M.) 1965, S. 56–101

Marcuse, Herbert, »Der Kampf gegen den Liberalismus in der totalitären Staatsauffassung« (1934). In: Herbert Marcuse, *Kultur und Gesellschaft*, Bd. 1, Suhrkamp (Frankfurt a. M.) 1965, S. 17–55

Marx, Karl und Friedrich Engels, *Manifest der Kommunistischen Partei*. Veröffentlicht im Februar 1848

Marx, Karl und Friedrich Engels, *Das Kapital*. Dietz Verlag (Berlin) 1968

Mayer, Thomas, *Die neue Ordnung des Geldes*. FinanzBuch Verlag (München) 2014

Mayer, Thomas, Thorsten Polleit, Ulrich van Suntum, »Der ›Gold-Euro‹ – eine Versicherung gegen den Euro-Crash«. *Handelsblatt* vom 14. September 2016 (http://www.handelsblatt.com/finanzen/geldpolitik/gastbeitrag-der-gold-euro-eine-versicherung-gegen-den-euro-crash/14532798.html)

Georg Meck (im Interview mit Götz Werner), »1.000 Euro für jeden machen die Menschen frei«. *Frankfurter Allgemeine Zeitung* vom 15. August 2010 (http://www.faz.net/aktuell/wirtschaft/arbeitsmarkt-und-hartz-iv/dm-gruender-goetz-werner-1000-euro-fuer-jeden-machen-die-menschen-frei-1623224.html?printPagedArticle=

true#pageIndex_0)

Meinhof, Ulrike, »Das Konzept Stadtguerilla« (1970). In: Christiane Schneider (Hrsg.): *Ausgewählte Dokumente der Zeitgeschichte: Bundesrepublik Deutschland (BRD) – Rote Armee Fraktion (RAF)*. Verlagsgesellschaft Politische Berichte (Köln) 1987

Meissner, Mirjam, »Chinas gesellschaftliches Bonitätssystem«. *MERICS China Monitor* Nr. 39, August 2017

Nietzsche, Friedrich, *Jenseits von Gut und Böse. – Zur Genealogie der Moral*. Hofenberg (Berlin) 2016, S. 206

Neuhof, Ansgar, »Große Koalition bedeutet große Kosten«. *Tichys Einblick*, 02/18

Ober, Josiah, *Demopolis: Oder was ist Demokratie?* Philipp von Zabern/Wissenschaftliche Buchgesellschaft (Darmstadt) 2017

Ohlberg, Mareike, Shazeda Ahmed, Bertram Lang, »CENTRAL PLANNING, LOCAL EXPERIMENTS – The complex implementation of China's Social Credit System«. *MERICS China Monitor*, 12. Dezember 2017

Olson, Mancur, *The Logic of Collective Action: Public Goods and the Theory of Groups*. Harvard Economic Studies, Bd. 124, 1965

Olson, Mancur, *Power and Prosperity*. Basic Books (New York) 2000

Orbán, Viktor, »Speech at the 25th Bálványos Summer Free University and Student Camp«. 26. Juli 2014, Tusnádfürdő (Băile Tuşnad), Rumänien (http://www.kormany.hu/en/the-prime-minister/the-prime-minister-s-speeches/prime-minister-viktor-orban-s-speech-atthe-

25th-balvanyos-summer-free-university-and-student-camp)

Petersen, Thomas, »Der lange Abschied vom Christentum«. *Frankfurter Allgemeine Zeitung* vom 20. Dezember 2017 (http://plus.faz.net/politik/2017-12-20/e85411a5868b1913837c06a053114326?GEPC=s9).

Planck, Max, *Wissenschaftliche Selbstbiografie*. Barth Verlag (Leipzig) 1948, S. 22

Popper, Karl, *Die offene Gesellschaft und ihre Feinde*. Mohr Siebeck (Tübingen) 1992

Popper, Karl, *Ausgewählte Texte zur Erkenntnistheorie, Philosophie der Naturwissenschaften, Metaphysik, Sozialphilosophie*. Mohr Siebeck (Tübingen), Uni-Taschenbücher 2000, 1997

Rawls, John, *A Theory of Justice*. Harvard University Press (Cambridge, Mass.) 1971

Rhonheimer, Martin, »Das Ende des Menschlichen«. *Neue Zürcher Zeitung* vom 23. Februar 2018

Rothbard, Murray, *Das Scheingeldsystem – Wie der Staat unser Geld zerstört*. Resch (Gräfelfing) 2005

Sawyer, Malcolm, »What is Financialisation?«. *International Journal of Political Economy* 42 (2013), Bd. 4

Schäffler, Frank, »Vereinfachen und Senken!«. *Tichys Einblick*, 02/18

Schönwiese, Christian-D., »Konstant ist nur der Wandel – Das Klima seit Beginn der Erdgeschichte« (http://www.uni-frankfurt.de/48356569/Sw_Pr_208K.pdf)

Schröder, Gerhard und Tony Blair, *Der Weg nach vorne für Europas Sozialdemokraten, Ein Vorschlag von Gerhard Schröder und Tony Blair* (London, 8. Juni 1999)

Schultes, Stefan, »Von Europa war nicht die Rede«. *Frankfurter Allgemeine Zeitung* vom 22. Dezember 2017

Schunke, Anabel, »Anonyme Krankenscheine«. *Tichys Einblick*, 02/18

Siemons, Mark, »Mao reloaded«. *Frankfurter Allgemeine Zeitung* vom 25. Oktober 2017

Smith, Adam, *An Inquiry into the Nature and Causes of the Wealth of Nations* Book 1, Chapter 2 (Of the Principle which gives occasion to the Division of Labour) (1776)

Tett, Gillian, »In the Vanguard: Fund giants urge CEOs to be ›Force for Good‹«. *Financial Times* vom 1. Februar 2018

Thaler, Richard H. und Cass R. Sunstein, *Nudge: Wie man kluge Entscheidungen anstößt.* Ullstein Taschenbuchverlag (Berlin) 2010

Tiedtke, Andreas, »Der Nachweis eines menschengemachten Klimawandels ist nicht erbracht. Eine erkenntnistheoretische Kritik«, 28. November 2017 (https://www.eike-klima-energie.eu/2017/11/28/der-nachweis-eines-menschengemachten-klimawandels-ist-nicht-erbracht-eine-erkenntnistheoretische-kritik/)

Tocqueville, Alexis de, »Über die Demokratie in Amerika« (1835/1841) (https://etwasanderekritik.files.wordpress.com/2012/05/17alexis_de_tocqueville.pdf)

Unabhängigkeitserklärung der Vereinigten Staaten von Amerika, 4. Juli 1776 (https://usa.usembassy.de/etexts/gov/unabhaengigkeit.pdf)

Varoufakis, Yanis, *Adults in the Room – My Battle with Europe's Deep Establishment.* The Bodley Head (London) 2017

Winkler, Heinrich August, *Der lange Weg nach Westen.* C. H. Beck (München) 2014, Bd. 1, S. 216

Winkler, Heinrich August, »Zur Wiederholung nicht empfohlen«. *Frankfurter Allgemeine Zeitung* vom 6. November 2017

Wagenknecht, Sarah, *Freiheit statt Sozialismus.* Eichborn Verlag (Frankfurt a. M.) 2011

Zhu, Marcel, »Deutsche Politik als Negativ-Lehrstück in China«. *Tichys Einblick*, 11/2017 (https://www.tichyseinblick.de/kolumnen/aus-aller-welt/deutsche-politik-als-negativ-lehrstueck-in-china/)

# DANKSAGUNG

Für hilfreiche Anmerkungen und Kommentare zu einer früheren Fassung des Texts danke ich meinen Jugendfreunden Professor Dr. Gerhard Fritz, der schon damals die Generation der Achtundsechziger viel kritischer sah als ich, und Dr. Kurt Eckstein, der mit spitzem Rotstift durch das Manuskript ging. Dank geht auch an meinen Kollegen Norbert Tofall, dessen Urteilsvermögen ich zu schätzen gelernt habe, und Matthias Michel, ohne dessen Lektorat viele Schlaglöcher in meinem Text verblieben wären. Und ohne Georg Hodolitsch, der mich nun schon zum dritten Mal als Verleger begleitet hat, läge dieses Buch nicht vor. Alle verbleibenden Irrtümer und Dummheiten gehen dennoch allein auf mein Konto. Ich widme dieses Buch meinem Vater, der 1920 geboren wurde, mit 19 Jahren zur Luftwaffe eingezogen wurde, den Krieg als Flieger überlebt hat und sich 1945 mit dem Glauben an die Freiheit des Menschen an den Wiederaufbau machte.

# ÜBER DEN AUTOR

Thomas Mayer ist Gründungsdirektor des Flossbach von Storch Research Institute und Honorarprofessor an der Universität Witten/Herdecke. Von 2010 bis 2012 war er Chefvolkswirt der Deutsche Bank Gruppe, zuvor war er für Goldman Sachs und Salomon Brothers in London und Frankfurt tätig. Bevor er in die Privatwirtschaft wechselte, bekleidete er verschiedene Funktionen beim Internationalen Währungsfonds in Washington und beim Institut für Weltwirtschaft in Kiel. Er ist Kolumnist der *Frankfurter Allgemeinen Sonntagszeitung*.

# PERSONENREGISTER

# STICHWORTVERZEICHNIS

# Die neue Ordnung des Geldes

**Thomas Mayer**

Seit der Finanzkrise stehen die Banken unter Generalverdacht und nicht wenige ihrer Kunden fühlen sich von Bankern ausgebeutet. Im Sog der öffentlichen Empörung überzieht die Politik das Bankgewerbe mit Strafen und will es bis ins kleinste Detail regulieren. Die Hohepriester der Ökonomie an den Universitäten und den Zentralbanken liefern dazu bereitwillig die Blaupausen. Thomas Mayer – einer der renommiertesten deutschen Wirtschaftsexperten – wagt es, sich dem Konsens der Experten entgegenzustellen und die konventionelle Makroökonomik und Finanztheorie herauszufordern. Seine Antwort auf die Frage nach einer besseren Geldordnung ist eine Geldreform, die unsere gegenwärtige Passivgeldordnung durch eine Aktivgeldordnung ersetzt.

256 Seiten | Softcover | 17,99 € (D) | ISBN 978-3-89879-840-2